黑龙江省哲社办专项项目「中国传统法律制度的现代化研究13D001」最终成果

中国传统法律制度的

现代化研究

房　丽　夏婷婷　著

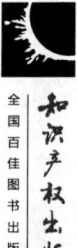

知识产权出版社

全国百佳图书出版单位

图书在版编目（CIP）数据

中国传统法律制度的现代化研究／房丽，夏婷婷著 . —北京：知识产权出版社，2017. 8

ISBN 978 - 7 - 5130 - 5044 - 9

Ⅰ.①中… Ⅱ.①房… ②夏… Ⅲ.①法制史—研究—中国 Ⅳ.①D929

中国版本图书馆 CIP 数据核字（2017）第 182992 号

责任编辑： 齐梓伊　唱学静

封面设计： SUN 工作室　韩建文　　　　**责任出版：** 刘译文

中国传统法律制度的现代化研究

房　丽　夏婷婷　著

出版发行： 知识产权出版社 有限责任公司		**网　　址：** http：//www. ipph. cn	
社　　址： 北京市海淀区气象路 50 号院		**邮　　编：** 100081	
责编电话： 010 - 82000860 转 8176		**责编邮箱：** qiziyi2004@ qq. com	
发行电话： 010 - 82000860 转 8101/8102		**发行传真：** 010 - 82000893/82005070/82000270	
印　　刷： 北京中献拓方科技发展有限公司		**经　　销：** 各大网上书店、新华书店及相关专业书店	
开　　本： 787mm×1092mm　1/16		**印　　张：** 17	
版　　次： 2017 年 8 月第 1 版		**印　　次：** 2017 年 8 月第 1 次印刷	
字　　数： 210 千字		**定　　价：** 48.00 元	

ISBN 978 - 7 - 5130 - 5044 - 9

前言 preface

　　这部著作是黑龙江省哲学社会科学专项项目"中国传统法律制度的现代化研究"的最终成果。其中积累了自项目立项以来的研究成果，也是笔者从事中国法制史教学十年来的经验总结。既有对在科研中产生的疑问的继续探讨，亦有对课堂中同学们提出的问题进行深入研究后得出的一些心得。

　　本书前三章是房丽的研究成果的总结。第一章重点介绍传统法律思想对现代法律制度的影响，通过儒家的"礼治"思想、法家的"法治"思想及"礼法之治"研究其对现代法律制度的影响。传统社会的"礼法之治"与"以法治国与以德治国相结合"有着异曲同工之处，是当代社会如何确定法律和道德界限可借鉴的经验。第二章和第三章通过研究传统法律制度中具体的民事、刑事、司法制度等内容，寻找其中对现代法治社会建设有指导借鉴意义的内容。如传统家庭制度中由伦理观念规定的各项义务、家长负责制度对解决现代社会留守儿童、空巢老人等社会问题可提供有效的解决方案。传统刑事法律制度中的传统刑罚制度体系演变过程、刑事政策的演变过程、传统刑法原则等内容对现代刑法改革都有值得介鉴的经验。

　　本书后两章是夏婷婷副教授的心血结晶。第四章研究了传统司法官吏管理制度中对司法官吏的考核标准和方法，有值得现代法官参考的因素。第五章介绍传统司法判决制度，通过具体判决来衡量法官政绩，其审判方法、审判原则的运用都可指导现代法官的审判及判决书的制作。这些传统法律思想及制度是我们中华民族遗留下来的宝贵财富，值得我们深入挖掘并运用到现代法治社会建设中。

　　本书还有诸多不足之处，希望各位同人能不吝赐教，让我们的研究可以百尺竿头，更进一步！

作者

2017 年 5 月

目录 contents

绪论

　　现代社会由于资讯的发达，人们总会对一些事例在网络上展开激烈的争论，包括早期的老人倒地无人敢扶现象、食品安全问题、留守儿童的教育问题、空巢老人的赡养问题以及国人在外国表现道德素质普遍低下等问题。这些问题虽涉及人们生活的各个方面，也体现了如养老、医疗等社会福利与产品质量责任追究等法律问题，但最终似乎都可以归结为由于传统文化的缺失引发的问题。近期引发热议的如八岁女孩儿将邻居家的小孩儿从高楼扔下的案件，最近频频发生的校园欺凌事件，以及引爆微信朋友圈的"罗一笑事件"和新春佳节中发生的"因逃票被老虎咬伤至死"事件等。这些事件既体现了国人道德缺失、信仰欠缺，又表明了国人缺乏规则意识，乃至更深层次的人生观、价值观问题。从中让我们不得不深思中国家庭教育的弊病，在大部分国人将提高孩子学习成绩、提供孩子温饱作为家长责任的今天，对于孩子人格培养的缺失已经成为一个巨大的社会问题。现代社会发生的很多问题可以归结于没有爱心、没有责任感、没有规则意识、没有同情心却追求自我的满足、追求金钱至上这种畸形的人生观与价值观。社会问题必须由社会解决，作为社会构成基本要素的"家庭"在我国古代社会中为维护社会秩序稳定曾发挥过巨大的作用，在新时代中我们当然要摒弃封建时代"家族、家庭"遏制个人自由发展的一面，但对于其中的精华我们仍应理智继承并赋予其新的时代意义，使传统家庭法律文化中的家风、家训以及一些法律制度在当代发挥有益的作用，以改善我国现代社会中的问题。近年来，随着党和国家领导人对中国传统文化的重视，在全社会已经掀起了发掘传统文化优良传统的热潮。尤其是党的十八大报告中重申要"建设优秀传统文化传承体系，弘扬中华优秀传统文化的精神，要树立有中国特色的社会主义法治理念"后，习总书记更明确提出家风建设是推动国家发展、民族进步、社会和谐的重要基点，良好家风是社会主义核心价值观的重要体现，家风建设是作风建设的重要内容等命题。这些政策为法律史学界也注入了新的研究热点，将中国传统法律文化与建设有中国特色社会主义法治社会连接，寻求切入点以求传统法律能对现代法治社会建设提供切实帮助。

中国传统法律制度经过几千年的传承与发展已经形成了独具特色的法律体系，其具体制度既体现了当时的立法思想，又体现了高超的立法技术。尤其值得当代社会注意的是具体法律制度在历史的演变中所体现出的法律制度自我完善与自我修复的功能。中国的历史虽然经历朝代更迭，但中国传统法律制度却有着独立的传承与发展，各个朝代的法典均有迹可循，尤其以《唐律疏议》为代表，其上承隋律，下延宋至明清，使中华法系在世界上占据了独特的重要地位。以中国传统法律制度的现代化研究为题主要源自于多年讲授与研究法制史的过程中积累起来的自己对传统法律制度的看法，尤其是将传统法律制度与当代法律制度比较时激发了自己研究具体法律制度的热情；另一方面也是在大环境的影响下日益感受到传统文化对当代社会法治建设的重要意义。中国法制史研究是与建设社会主义法治社会最接近的传统文化研究，本选题立足于中国古代的法律制度研究，对传统法律制度制定的背景、某项具体制度的演变进行分析，通过中国传统法律制度的现代化使中国现代国情能和中国传统文化接轨，希望能改变现代社会中道德缺失、信仰缺乏等弊病，通过继承传统法制的精华改善现代法制观念与法制环境。改善清末修律时照搬西方的法治理念与法律制度的弊病，结合中国国情重新阐释法治的内涵，以更好地建设有中国特色的法治社会。

一、学界对中国传统法律制度的研究述评

2003 年，张晋藩、焦利在《新视野》发表文章《传统法律文化与现代法治理念的冲突与互动》，提出让优秀的传统文化在现代的法治建设中重放异彩，并提出制度与观念的互动及传统的"壳资源"可以注入现代的法治理念的观点。这篇文章在法史学界引发了一场关于传统法律文化与现代法治关系的研讨。张晋藩教授认为中国的传统法文化充满着现实主义的批判精神，是理性思维的结果。中华民族的先哲们在思想学说、制度设计以及各司法、行政行为中所体现出的跨越时空的建树，这些都是建设具有中国特色社会主义法制所不可或缺的营养成分，它为我们提供了很好的历史借鉴。在此之后，国内法律史学者将更多的注意力投入到研究传统文化与现代法治的关系中。

诸多法律史学者对传统文化与现代法治的关系在自己的研究领域都做出了精辟的论述。霍存福老师通过多年对中国"情理法"、契约精神、汉语言中透视中国传统法律文化的研究，将中国传统法律文化概括为：宽恕戒残、悲悯仁恤的宽宏精神；本乎人情、据于事理的情理精神；关注反省、释赦并举的自新精神；各别对待、分化瓦解的策略精神；和同公信、约定同法的契约精神；哀矜惟良、听明断平的司法精神等。[①] 并将这些精神与西方法律精神相衔接，使其

---

① 霍存福："中国传统法文化精神论纲"，《吉林公安高等学科学报》，2009 年第 5 期。

成为构建新型法治的"中国元素"。张中秋教授则从中国传统的"道德"原理出发，对传统中国法的道德原理的内涵，即除三纲以外的仁、义、礼、智、信这五常的法律结构从价值与理念、原则与规范、感觉与态度这三个层面进行解读；由此得出传统中国法在对人、法、社会这三方面都有积极的意义，其宗旨是肯定、保护和追求有德的人、向善的法与和谐的社会。① 武树臣教授立足于古代社会"三合一"（自然经济、守法社会、集权专制）的特征，说明中国封建法律伦理化这一独有的特征，并提出中国法律传统当中有四个方面的精神：政体上的共和精神，国家社会管理上的贤哲精神，司法上的劲士精神，法律样式上的混合法精神，这些精神值得我们汲取和借鉴。② 齐延平教授认为中国文化传统仍然是我们探讨中国现代法治的逻辑起点，"礼""民本""天人合一"是中国的法文化传统的精华。中国古代法传统为伦理法传统，现代法治强调的法律权威、法律独立、程序正义，在强调伦理、圣贤的中国传统思想背景下，缺乏的恐怕不仅仅是如何证明自身价值的机会，它缺乏的更多的是能被中国人接受的意识形态发展的过程和传统。在本土化之"民本"思想与外来化之"人权"理念存在诸多相通之处，今人在接受"人权"观念时才能融会贯通，领悟其中奥妙，进而打造出中国现代法治下人权思想的基石。"天人合一"思想让中国人在接受判例法的问题上不存在阻碍。在处理具体问题时，"天人合一"要求人与人之间协调，人与自然之间协调，选择"中庸"为最佳方案。③ 而冯春萍教授则反其道认为中国传统法律制度中固然不乏值得称道的部分内容，但是封建司法制度的使命在于维护封建集权的君主专制政权，

① 张中秋："传统中国法的道德原理及其价值"，《南京大学学报》，2008 年第 1 期。
② 武树臣："法律传统与法治智慧"，《河北法学》，2014 年第 5 期。
③ 齐延平、孟雯："中国法文化传统与现代法治"，《法学杂志》，2012 年第 8 期。

不可能实行现代法治技术。封建君主专制所孕育的中国法文化传统与现代法治精神具有本质上的差异，中国传统法律制度在整体上应该被改造、被置换，但是其中与现代法治相适应的部分优秀法律文化应该被继承和吸收。① 2011 年，由曾宪义先生作为主编出版了十卷本的"中国传统法律文化研究"丛书，在这部集中了五十多名法律史学者的丛书中，先从"礼与法"这个中国传统法律文化的成长环境入手，接着从"罪与罚""身份与契约""狱与讼""官与民"这些传统法律中的刑事、民事、司法、行政各方面进行了探讨。然后又针对传统法律文化与境外法律的影响与互动，提出我国传统法律文化的输出与反应以及对域外文化的借鉴与移植。并且结合现代法治社会的建设，提出传统法律文化与现代法治的冲突与转型以及传承与创新。近年来，也有学者开始重视传统家庭法律文化研究，如从具体的"孝"出发，认为孝道遂成为传统立法与司法的核心价值，形成独特而又一以贯之的孝道法文化，对古代社会的秩序构建和人性磨砺发挥了至关重要的作用，今日建构和谐社会若能对其进行创造性转化，于弘扬中华民族优秀传统文化、推进法制建设必大有裨助。② 有的学者立足于"家"，认为从自由出发的现代法治只是一种权力与权利的对峙结构，那么从"家"观察，法治还内含一个守护生命成长与衰微的存在结构，它包括家庭自治、父爱主义、生存保障等。家与个体自由因而是包容而又竞争的关系，法律秩序构建应以家价值为参照系，而非以个体自由为圭臬。家就此成为中国人生活世界的思维根据，也是化约其他价值和范畴的基本单位。③ 有

---

① 冯春萍、张红昌："也论中国法文化传统与现代法治——与齐延平教授等商榷"，《法学杂志》，2013 年第 10 期。
② 龙大轩："孝道中国传统法律的核心价值"，《法学研究》，2015 年第 3 期。
③ 张龑："论我国法律体系中的家与个体自由原则"，《中外法学》，2013 年第 4 期。

学者将齐家视为宪制问题，有关基层社会组织和秩序。并从农耕村落的社会组织结构和功能的层面集中论证了"父为子纲""长幼有序"等儒家教义发生的社会机理。[①] 还有学者将家庭、家户和家区别研究，认为当代户籍、教育、社会保障和福利制度对家庭成员异地居住增加的作用尚比较明显，对家庭功能的发挥、家庭关系的维护所产生的负面影响较大。[②]

我国国内学者对中国传统法律文化的研究可以分成两大部分。他们或专研于传统思想的精髓及其对现代文明社会的影响；或专注于中国传统法律制度的内容、演变寻求传统法律制度自身的发展规律以及其对建设现代法治社会的影响。现在的法律史学界已经将研究领域纵向拓展，不再局限于研究历史中的法律，更多的是将历史与现代相联。2015 年法律史学年会的中心议题即为传统法律文化与现代法治文化研讨，在这次年会中，诸多学者对传统法律文化对现代社会的影响、意义进行了深刻的讨论与研究。在法律史学界内，将传统法律文化与现代法治社会建设互相关照已经成为大势所趋，因此，笔者提出中国传统法律制度的现代化研究正是在此大势之下寻求研究的突破点。与着重于研究传统法律文化的宏观思想及整体法律特点对现代法治社会的影响不同，笔者更注重于传统法律制度中的具体制度对现代法治建设的意义。传统法律的具体制度不可避免会带有传统法律文化的烙印，因此此项研究会在前人研究的基础上，参考借鉴前人对传统法律文化特点的分析，试图找出具体法律制度在自身的设定、演变过程当中对现代法治建设的参考意义。由于此项制度历经几千年的历史，具有传统文化的

---

① 苏力："齐家：父慈子孝与长幼有序"，《法制与社会发展》，2016 年第 2 期。
② 王跃生："中国当代家庭、家户和家的'分'与'合'"，《中国社会科学》，2016年第 4 期。

特点，对大众的潜意识影响更深刻，因此，借鉴此类具体制度应用于现代法律制度之中应更易于令大众接受，从而达到法治治理的目标。

国外学者早在 17 世纪即开始研究中国传统文化。进入 20 世纪以后西方对中国传统文化关注度有很大提高，起初主要集中在传统思想、哲学方面的研究上。如德福赫伯的《中华帝国》、德鲍吾刚的《中国人的幸福观——论中国思想史的天堂、空想和理想观念》、美史华兹的《古代中国的思想世界》；后开始研究中国传统法律文化，有的偏向制度研究，以仁井田陞为代表的日本学者代表作为《唐令拾遗》。也有学者对某一方面的制度进行研究，如秋野巽的《中国家族研究（上、下）》、牧野巽《近世中国宗族研究》等。有的偏重于传统法律思想研究，如英国教授马若斐，著有《中国传统刑法》《传统中国法的精神》等专著，对中国传统法律文化进行了阐述。进入 21 世纪以后，更多的学者关注中国传统法律文化，包括美国、德国、韩国、日本等多个国家的学者研究中国传统法律制度及法律文化，如博德、滋贺秀三等学者。

由于中华法系对东亚诸国的影响，日本、韩国对中国传统法律文化研究比较深入。如滋贺秀三在其《中国家庭法原理》一书中对中国传统家族中家庭成员的地位、家的法律构造以及财产的分割进行了翔实且有特色的论述。寺田浩明早期研究侧重于我国明清时期的土地立法研究，发表多篇论文，包括从概念出发分析研究我国土地法惯例，通过对清代土地契约文书的整理研究土地法秩序等；后将研究重点转入到明清时期民间契约和民事审判内容，分析中国民间契约形态及效力并通过与西方契约史比较研究中国古代的契约内容；后其研究对象从传统中国审判的性质如何等问题拓展到传统法秩序整体的存在方式，以及成文法规在其中的位置等更加广阔的领域。① 高见泽磨从人际关系符号化的法与作为行为定量评价的法分析中国传统法，并提出中国固有法是功罪赏罚的定量评价行为型的法，自近代以来，国际关系的原因使得权利义务型的法被引进中国，虽然如此，固有法的要素不但没有消除，反而渗入到了权利义务型法的条文之中，并继续发挥着效用。② 很多日本学者还将研究方向集中于中国传统法律的某一角度，如冈野诚著《唐户婚律立嫡违法条论考》，专门研究《唐律疏议》中的一个条文，引发出对中国古代"立嫡以长不以贤，立子以贵不以长"的继承传统。赤城美惠子专门研究清代的秋审制度，著有《清代的秋审处与秋审条款》一文，对清朝秋审处的成立缘由以及秋审条款的出台以翔实的佐证材料加以证明，研究结论有据可查，有史可考。韩国任大熙从研究"存留养亲"制度的变迁分析中国儒家"教化"对法律制度的影响，认为存留养亲和留养承祀制度是中国儒家孝道文化之根所产生的刑罚执行制度，以此来公告亲伦关系，强化人们的忠孝价值观念。并强调传统中国是一个家庭本位的社会，与西方的个人本位截然相反，该项制度有其产生时代的合理性，它带有"理性和智慧"的光芒，是统治者大智慧的体现。③

随着世界对中国传统文化研究的重视，除了日本、韩国等受中华法系影响较大的东亚国家的学者外，美国、英国、德国等国的学者也对中国传统文化中的特色问题进行了研究。美国学者本杰明·史华兹（Beniamin I. Schwart）研究中国的法律观，将儒家礼视为"福音"，阐明其对中国的影响，并研究了儒家思想对"个人权利"

① ［日］寺田浩明：《权利与冤抑》，清华大学出版社 2012 年版，第Ⅲ页。
② 张中秋编：《中国法律形象的一面》，中国政法大学出版社 2012 年版，第 43 页。
③ 张中秋编：《理性与智慧：中国法律传统再探讨》，中国政法大学出版社 2008 年版，第 179 页。

的干涉，得出儒家观念不仅决定了中国法律的基本特征，而且影响着人们对法律的认识和判断。① 德克·博德（Derk Boddle）从宗教和经济对法律产生的影响并结合欧洲、古埃及论述中国法律产生于政治性的独特性，中国法律是作为对付无序状态的政治工具而产生的，所以侧重于刑罚，与其他大多数文明的成文法赋予其神意起源不同，中国法从一开始就是纯粹世俗化的。并分析孝、忠和人道主义及宇宙和谐观在中国法律的体现。② 英国学者崔瑞德（Denis C. Twitchtt）系统论述了中国唐朝自中央至地方的法律体系及官员实施法律的状况，对初唐的行政制度中的户籍制度、地方官员处理诉讼进行了系统的研究，并对州、县长官的责任进行了详细描述，分析出在唐朝法律制度中，地方习惯和先例只能在县级以下的地方使用，在中央政府认可并在认为有必要干预的程度上才能适用。③ 英国学者马若斐（Geoffrey MacCormack）系统地研究了中国传统法文化的精神，以其独特的视角分析中国传统法律制度与伦理的关系，分析家庭关系，分析社会与政治关系等内容。④ 英国马若斐的专著《传统中国法的精神》中对中国法以行政法、民间法、刑事法分类，对法的保守性与象征性以及法的伦理基础进行研究，并深入探讨了中国社会与政治关系、基本的家庭关系，分析道德与法在中国的特殊性关联。除此之外，还对中国古代立法的技术特性等立法技术问题进行了剖析，是一部对中国传统立法综合研究的经典著作。德国学者陶安以汉代文书资料为中心研究"断狱""听讼"与"诉讼"的分

---

① ［美］本杰明·史华兹："论中国的法律观"，《中外法学》，1991 年第 3 期。
② ［美］德克·博德："传统中国法律的基本观念"，刘健译，《中外法学》，1992 年第 1 期。
③ ［英］崔瑞德："初唐法律论"，张中秋译，《中外法学》，1993 年第 3 期。
④ 张中秋编：《理性与智慧：中国法律传统再探讨》，中国政法大学出版社 2008 年版，第 191～224 页。

别，文章中以出土的汉简为第一手资料，对汉朝的司法进行研究，认为断狱与听讼两种程序是执行行为，而不是诉讼行为。并有见地的提出裁判是进行判断的法律行为，与实现某种规范内容的执行行为泾渭分明，早在战国时代国家已经能够通过日常的行政工作控制人民的财产、自由以及生命，因而能够维持执行能力。[1]

国外学者对中国传统法律的研究兴趣范围非常广泛，对传统法律文化、法律起源、法律思想以及具体的法律制度均有涉猎，充分表明外国学者对中华传统文化的强烈兴趣。中国悠久的文化历史使外国学者对神秘的中国的传统文化、传统法律制度、传统哲学思想有很大的研究热情。因此，外国学者研究中国传统法律制度并没有明确的目的性，研究范围和内容也都是本源研究，不会涉及传统制度对中国现状的影响，这也是受外国学者的身份所限。但外国学者利用他们对西方文化的了解，用独特的眼光看待中国文化，能给中国传统法律研究赋予新的视野，有很重要的价值。

二、中国传统法律制度对现代法制的影响

现代中国社会中弥漫的浮躁与诚信缺失等社会问题固然与改革开放以来社会的巨大变革相关，而中国传统法律与现代法制的断层也导致了中国现代法治缺少本土人文特征，很多法律制度不被民众理解与支持。清末被动的"变法修律"与新中国成立之初借鉴苏联立法的做法使我国传统法律制度未能在新中国得到有效继承，其中相关的文化因素也被湮灭。中国传统法律制度的现代化课题研究致力于找出中国传统法律制度中的某些具体制度将其应用于现代法制

---

[1] 张中秋编：《理性与智慧：中国法律传统再探讨》，中国政法大学出版社 2008 年版，第 78 页。

中，但这种寻找并非直接将传统制度直接拿过来运用于现代法治社会，那将必然导致该制度的不适用，历经几千年的变迁，社会环境的巨大变化注定不可能将一项古代的制度照搬至现代社会。因此，此课题的研究重点是对传统法律制度的内容寻本溯源，分析确立该制度的立法指导思想，中国传统哲学对其的影响与体现等内容；还应研究此项制度在执行过程中被人民大众所接受的程度。在此基础上，分析该制度在我国现代建设法治社会进程中的可借鉴性，设计该制度在当代法律制度中的位置与应用可能性并设想该制度在实施过程中的影响等内容。本书共分为五章，首先研究"传统法律思想对现代法律制度的影响"。通过儒家的"礼治"思想、法家的"法治"思想及"礼法之治"研究传统法律思想对现代法律制度的影响。传统社会的"礼法之治"与"以法治国与以德治国相结合"有着异曲同工之处，是当代社会如何确定法律和道德界限可借鉴的经验。然后通过研究传统法律制度中具体的民事、刑事、司法制度等内容，寻找其中对现代法治社会建设有指导借鉴意义的内容。如传统家庭制度中由伦理观念规定的各项义务、家长负责制度对解决现代社会留守儿童、空巢老人等社会问题可提供的有效解决方案。传统刑事法律制度中的传统刑罚制度体系演变过程、刑事政策的演变过程、传统刑法原则等内容都对现代刑法改革提供了经验。传统司法官吏管理制度中对司法官吏的考核标准和方法也有值得现代法官参考的因素。传统司法判决制度更是通过具体判决来衡量法官政绩，其审判方法、审判原则的运用都可指导现代法官的审判及判决书的制作。这些传统法律思想及制度是我们中华民族遗留下来的宝贵财富，值得我们深入挖掘并运用到现代法治社会建设中。这一研究内容要涉及中国古代几千年历史时期内的具体法律制度，时间跨度巨大，对该研究造成的难度主要在于历史资料复杂烦琐、对考证资料来源的真实性要经过反复证明以避免出现结论错误的问题，案例的寻找过程需要付出大量时间才可能找到合适的，对于制度设计的分析需要深厚的人文历史功底等，这些问题都为本项研究带来了诸多困难，是在研究过程中要逐步克服的。

　　中国传统法律制度的内容博大精深，远非此本书可以囊括的。仅希望通过此书中对于传统法律制度等内容的分析能对当代社会主义法治建设提供些许有益的建议，引发同仁的一些思考足矣。

第一章

传统法律思想对现代法律制度的影响

第一节
"礼治" 思想对现代法律制度的影响

作为中华传统文化象征的"礼"在中国传统法律文化中占有重要作用，对中国传统社会秩序的形成与完善起着关键作用。在建设现代法治社会的今天，"礼"虽然不再起到行为规范的强制性作用，但"礼"所注重的对人们道德观念的培养仍可发挥其深远的影响，通过对传统道德的创造性转化培养新时期的社会主义道德，完善以德治国，以达到对现代法治社会建设提供有力支持的目的。

一、传统中国的"礼治"

"礼治"思想作为中国传统法律思想中极为重要的内容其起源于儒家的"礼"的思想，并在此基础上形成了相应的治国思想与理念。孔子在继承整理"周礼"的基础上创设了儒家"礼"的概念，将"礼"的核心思想"尊尊、亲亲、男女有别、长长"等内容作为指导国家立法和司法活动的依据。虽然儒家思想历经孔子、孟子、荀子、董仲舒、朱熹、王阳明等儒家大师的修正，但对于"礼治"思想却从未动摇过，只是对"礼"的内容稍有调整，以使其更适合于当时统治阶级的统治需要。

（一）传统"周礼"治国

西周初期周公在继承商代礼制的基础上，为进一步稳定动荡的时局，明确天子与诸侯的地位，对礼制进行了大规模的修正和完善，形成了空前完备的一套非常详细的典章制度及礼仪，史称"周公制礼"。

周礼是以宗法等级制为中心的行为规范，其内容涵盖了政治、经济、军事、行政、法律、婚姻家庭、风俗习惯、道德伦理等各个方面的内容。从君主贵族的权利义务以及国家各行政部门的行政规章到人们的衣食住行、婚丧嫁娶等日常生活小事，几乎无所不包。通过对这些大事小情的逐一规范，形成社会上统一遵守执行的"礼制"。依据这些礼制规定，人们自然而然地接受了其中蕴含的伦理道德要求与政治信仰，即"亲亲"与"尊尊"。作为中国社会结构中最重要的组成部分——"家庭"应控制在"家长"的权力之下，子孙卑幼必须无条件地执行家长的命令，听从家长的指挥，否则会以"不孝""不友"等罪名论处。而在国家的层面上，臣子必须听从君主的命令，下级必须服从上级，以示"尊尊"之意。由于西周是以宗法等级制度为基础并通过"同姓不婚"的婚姻原则缔造的一个"家国一体"的独特的社会结构，在这个亦国亦家的社会中，君长即家长，"礼"亦行使着"法律"的职责，通过规范人们日常生活行为规范以及各个部门机构的行事准则达到保证社会良好秩序的目的。"礼制"在西周获得了巨大的成功，其不仅保证了社会各机构的稳定运行，更通过对人们行为的指引渗透伦理观念，这也是后世儒家对其大为推崇的主要原因。

(二) 儒家之"礼治"思想

孔子在继承"周礼"的基础上进一步发展了"礼"的内容，与周礼强调礼的规范仪式等形式方面的内容不同，孔子更注重于礼所体现的对人们内心伦理道德的指引。如孔子强调"孝"的本质应在于"敬"而不只是"能养"，他认为动物亦有供养的本能，人之所以区别于畜生主要就在于人对父母有尊敬之心。因此，孔子在提出他的核心思想内容"仁"这一概念时提到"克己复礼为仁"，将周时的礼与春秋时期他所提出的"仁"结合在一起。与西周时期相比，孔子的"礼治"思想中更注重以教化作为推行礼的方法手段，提出"不教而诛谓之虐"的主张，不在遵循西周时期"出礼则入刑"的做法。孔子主张"有教无类"，作为民间办学的第一人，孔子将教育的内容概括为"孝、悌、忠、信、恭、宽、敏、惠"等可称为"义"的思想精神。他相信所有的人都能够被教化、感化，因此提出"以德治国"的理念，使"德治、礼治、人治"与"刑治、法治"对立起来，形成了中国传统治国思想中最重要的内容。

孟子在孔子"德治"的基础上提出了"仁政"的学说，孟子提出"民为贵，社稷次之，君为轻"的理论，但这并不意味着孟子不注重贵贱等级。相反，孟子是在"重民"的思想基础上依然强调贵贱有序的政体，提出"劳心者治人，劳力者治于人"的社会分工理论。其礼治思想主要表现在寄希望于"圣君"的出现，因为其可以得民心、顺民意，而且通过圣君的高尚品德教化百姓，必能使国家长治久安。孔孟的礼治思想基本一脉相承，都以"礼"作为治理国家各个方面的主要手段，维护世袭制、世卿世禄制的贵族等级制度。

荀子在孔孟二人的基础上，提出"隆礼重法"的主张。他提出"德礼政刑相互为用"的思想，强调将礼适用于家族内部维护宗法秩序，而在国家层面上则应以法治国。因此，荀子时期的礼治思想有别于前期儒家的将礼治视为唯一治国手段的思想。荀子亦注重对百姓的教化，提出"先教后诛"，但他亦重视法律的治国作用，提出"法者治之端也"的见解。荀子的治国思想体现为"礼法并重"。一方面，荀子强调世人要确定"名分"遵守礼所确定的等级差序；另一方面，荀子强调治理国家应制定和公布成文法，而不能仅依据礼制规范，这样才能使官吏和百姓都有法可依，并且司法上要"信赏必罚""罪刑相称"。荀子的思想更适合于已经步入封建社会的战国后期，满足了当时新兴地主阶级清除旧贵族守旧势力并建立新型官僚政体的需要。因此，后世的儒家思想基本上都以荀子的思想为基础成为真正影响中国传统法律制度的基本思想。

董仲舒的法律思想标志着中国封建正统法律思想的形成和确立，他的思想既继承和发展了传统儒家孔子、孟子的"礼治""仁政"等思想，又借鉴了荀子"礼法并重"的思想，并同时兼采当时社会上影响较大的阴阳五行学说，使其思想带有神秘的色彩，创造了"天人合一"的神学体系。他所创设的"三纲五常""天谴"等理论一方面将中央集权的君主专制政体神化，使其获得天然的崇高地位，另一方面又以天谴说制约皇帝个人的专断行为。而其作为治国思想的"德主刑辅"说则奠定了之后封建王朝统治思想的基础。汉代之后，无论是唐代的"德礼为政教之本，刑罚为政教之用"思想或是明代的"明刑弼教"思想都可以找到"德主刑辅"的影子。将儒家所提倡的"德礼教化"的内容与法家所主张的"以刑去刑"的思想通过阴阳五行学说统一，虽然使该论调带上了天生神秘的色彩，但在当时中国的社会条件下该学说结束了儒法两家无休止的争论，并将这两个对治国都有效用的思想合为己用，既符合汉代的社会治理需要，也使其成为封建正统法律思想的重要支柱。由此而引发的在司法实践中的"春秋决狱"使大量儒家经典融入司法当中，并进而影响了对立法的解释，使"法律儒家化"成为封建正统法律思想的一大特色。

朱熹作为理学的集大成者，处于封建正统思想被宗教思想威胁的时代，由于佛教、道教的盛行以及自皇帝至百姓广泛的信徒群，使原有的儒家"大一统"思想无用武之地，达到崩溃的边缘。朱熹集前人思想之大成而确立的客观唯心主义理学体系，以其思辨的、精致的理论形式取代了粗糙的"天命"论，把儒家经典哲理化，使儒家思想具备了比其他诸家更加完善的理论体系，而真正获得了封建社会意识形态领域中的独尊地位，从而也使封建正统思想进入了一个新阶段，使它透过朱熹理学的棱镜折射出哲理思辨的光环，显得更缜密，更系统化。① 在"存天理，灭人欲"的基本思想影响下，朱熹认为治国应该遵守"德礼政刑相为终始"，他认为"若夫道德性命之与刑名度数，则其精粗本末虽若有间，然其相为表里，如影随形，则又不可得而分别也"（《朱文公文集卷七十》）。他认为政刑是限制"人欲"的有效手段，从而为德治教化创造条件，但朱熹和传统的儒家学者一样，认为德礼教化才是治国之本。

自西周始，经儒家孔孟等人修正并历经各朝不断损益的"礼治"思想对于中国传统法律制度的影响是极其深远的，其治国的理念渗透到治国的各项规章制度中，形成了独具中国特色的伦理道德及与其配套的治国策略。这种治国理念在中国历史上经无数贤才君子的演绎赋予其更深层的含义，自齐家到治国，自修身到处世，无一不渗透着"礼"的精髓。"礼"这一传统思想在当代社会仍有其重要的含义与作用。

二、"礼"具有深厚的人文底蕴作用

（一）"礼"的道德感化作用

"礼"在延续几千年的中华文明史中扮演着道德伦理、法律规范等诸多重要角色。在儒家文化的渲染下，礼的核心思想"尊尊、亲

---

① 武树臣：《儒家法律传统》，法律出版社 2003 年版，第 138 页。

亲"已深入人心，究其根本则在于礼所反映的是符合人类社会发展，符合人之为人内在规律的内容。依《礼记·曲礼上》："道德仁义，非礼不成；教训正俗，非礼不备；纷争辩讼，非礼不决；君臣上下，父子兄弟，非礼不定；宦学士师，非礼不亲；班朝治军，莅官行法，非礼威严不行；祷词祭祀、供给鬼神，非礼不诚不庄。是以君子恭敬撙节退让以明礼。"社会上不论何种身份，不论何种事务均应在礼的调整之下，社会在礼控制之下自然而然形成了依礼的标准设定的道德价值观。

《论语》中有一个有趣的例子，一个人认为他们当地的人很正直，原因是父亲偷羊儿子可以去告发，但孔子却不以为然，认为"父为子隐，子为父隐，直在其中矣"。显然礼所反映的正直是人情、人伦之下的正直，其所强调的道德首先应符合情理，其次才是公平；或认为只有符合情理的正义才是真正的正义，才是有价值的正直。当整个社会都能依据一套全面有序的规则而做出相应行为时，这套规范体系所倡导的道德价值观自然而然即渗透到每个社会组成人员的内心深处，历经几代人的口耳相传后，这套行为体系即可成为该社会的文化传统。在我国礼所倡导的"忠孝节义"做人准则，在现代社会仍有众多的支持者，当然，随着历史的变迁，其包含的具体内容已经有了很多改变。但礼的这种潜移默化规范人的道德观的作用却应继续在现代社会起作用，尤其应注意要通过制定具体的行为准则而非空洞的口号式的宣讲，令所有公民形成新的道德价值体系。

（二）"礼"的教育教化作用

"礼"之所以能作为儒家治理社会的根据，主要原因即在于礼所具有的教化作用。所谓礼教，即礼义教化，通过国家、社会、宗族、家庭等各种教育手段，以礼义来统一人们的思想，指导人们的言行。《孟子·滕文公上》说："教以人伦——父子有亲，君臣有义，夫妇有别，长幼有序，朋友有信。"礼义教化的目的即让所有人都懂得最基本的"人伦"，而教化的手段，则包括国家的正规教育、民间教育，以及潜移默化的社会环境熏陶、社会舆论诱导等。"父母是孩子最好的老师""言传身教"等教育名言无不说明环境对儿童教育的重要作用。要达到教化的目的，不能依靠法律，由于法律需要通过严密的立法程序才能得以实行，进而实现规范的目的，有一定的滞后性。并且法律作为道德底线的存在，不适合以不违反法律作为教化的依据，否则，全民整体的道德要求将会下滑。因此，礼或"道德行为规范"更能达到教化的目的。贫富和强弱固然能决定一个国家的命运，但一国的长治久安，则取决于风俗之薄厚，民众道德素质之高低。《礼记·学记》："君子如欲化民成俗，其必由学乎？玉不琢不成器，人不学不知义。是故古之王者，建国君民，教学为先。"礼，作为一种规范性的力量，对于人类的个体行为、人伦关系和社群生活秩序之所以能够发挥其制约和引导的作用，主要在于它是经由长期的历史延续或人类生活经验的长期积淀以及一代又一代人的不断损益完善而形成的一种富有意义的传统的因素或文化的力量。礼并不仅仅是一种明分秩序的手段和方式，其规范性意义足可以彰显一种文化意义上的厚度，亦即礼的规范本身便体现了人之所以为人以及人类社群伦理与文明生活的本质特征所在，而且具有宗教、伦理和政治教化三个方面的根本重要性。[①] 而且礼仪所形成的仪式对于传统文化的传承有很重要的作用，近年来人们普遍会谈到过

---

① 林存光：《政治的境界——中国古典政治哲学研究》，中国政法大学出版社 2014 年版，第 409 页。

年的"年味儿"越来越淡了，很多人将其归结于人们经济生活水平提高了，原来到过年才能吃上一顿饺子、换上一件新衣的新鲜与渴盼已经没有了，所以"年"除了回家团聚，更多的成为一个人们企盼的长假。但在传统社会中，过年是一个举国上下都非常重视的节日，固然有改善生活的意味，但更多的是人们对祖先的祭祀，祈求天神赐福的含义。尽管当代已剔除了迷信的内容，但缅怀先人以体现尊老之情的文化传统应该继续得以保留。

以我国传统文化精髓引导人们的信仰，利用传统文化融合儒、释、道三家的思想而形成的信仰既易于让大众接受也能得到净化心灵的教化目的。现代社会层出不穷的邪教组织正是利用了人们信仰缺失的空隙扰乱社会。缺乏信仰，没有心灵寄托的人行事时会轻易地放弃许多原则导致行为差异不符合社会主流。"礼"以教导人们如何做人为目的，通过一系列的行为范式达到教化目的。因此，重新确立"礼"的内容与地位，充分发挥礼的教化作用才是当务之急。由于礼所提倡的是"知行合一"的教育方式，可适当弥补现代教育体制下因唯考试论、唯分数论造成的诸多教育弊端，如"高分低能"等分数上的"高材生"极度缺乏生活自理能力的怪象。现代社会应重视礼所强调的对个人行为的要求，在不断重复的行为中磨炼行为人的意志，并通过全社会的推广以形成全民化的道德行为准则，使社会秩序井然有序。

（三）澄清"礼"的负面影响

"尊尊"作为礼的核心思想之一在等级鲜明的封建社会中要求"以贱事贵"，造成百姓对地位高的人具有天生的畏惧心理，现代社会"官本位"的思想即由来于此。在古代社会中，地方的官员均处于尊位，在礼治思想下，其地位与家族中的家长一致，因此有"父母官"之称。而官员若想成为一任好官也需在治理期限内如同家长般关心管辖区内的民生民情。在这种历史背景熏陶下，现代社会中的一些官员也会不自觉地以"高人一等"的心态处理其职务，网络上所曝光的"为领导打伞""小学生在烈日下暴晒，领导在主席台纳凉"等现象正是"官本位"思想的体现，"领导阶层"成为一个高出普通民众的阶层。市场经济的发展令一部分人先富之后，当今社会上出现了比较大的贫富差距，"富人阶层"似乎成为另一个高层阶级，当"经济赔偿"作为一种法律规定的赔偿方式之后，富人似乎又具备了一些法律赋予的优势地位。这两大阶层可以利用其所处的职位和拥有的财产获得诸多便利，形成了当代社会新的阶层。而"官二代""富二代"们也成为媒体所关注的群体，俨然与普通民众形成泾渭分明的两个层次。这一现象的产生很多人归因于传统文化的糟粕在现代社会的影响，从而更对传统敬而远之。

但"尊尊"的本义必须得以澄清，追根溯源，礼所强调的等级地位依据并非是身份高低以及财产多寡，而是人的品行才能。如孔子在《论语·雍也》篇评价颜回"一箪食，一瓢饮，在陋巷，人不堪其忧，回也不改其乐"。而颜回的志向为"愿贫如富、贱如贵，无勇而威，与士交通，终身无患难"（《韩诗外传》卷十）。颜回虽终身未仕，但后世对其的评价都非常高，称其为"复圣"。礼所强调的"尊尊"虽然在封建社会中不可避免地因等级阶层的差异导致官民贫富的差别，但究其本质，儒家更注重的是以人的道德才华区分人的等级，而这种以人的品德才华为依据评价人的等级的方式在现代社会应有很大的借鉴意义，消除礼在封建社会形成的等级差异的负面影响，将公众的视野更多地关注在人的操守才能上，滤掉浮华表象而关注人的内心品德，使"尊尊"的含义体现为尊重长辈、尊重才华、尊重品洁高雅之士。

三、礼刑关系在现代法治社会的意义

(一) 礼刑关系的内涵

礼与刑是中国古代社会中存在的最普遍的治理社会的两种方式，西周周公曾提出"明德慎罚"思想，至战国时期儒法两家曾对礼与刑哪个更适合治理国家发起了论战，儒家主张以道德教化作为治理国家的手段，而法家则坚持应通过刑罚惩治达到社会治安的目的，两家论战各有千秋未能分出胜负。但在此之后，礼与刑的关系始终以一种相辅相成的姿态存在，汉代董仲舒提出"德主刑辅"，至《唐律疏议》则明确"德礼为政教之本，刑罚为政教之用"，明太祖则提出"明刑弼教"的立法思想，礼与刑的关系经历了偏重德礼教化而仅将刑罚视为工具手段到将刑罚与教化视为同等重要的治国方针的过程。"出礼则入刑"则直白地说明了礼刑之间的辅助关系，凡是礼所不容的行为则将由刑来惩治。刑罚作为维护礼的强制性手段保证礼的执行与宣扬，礼刑互为表里，缺一不可。

(二) 礼刑关系和道德与法律

作为抽象精神原则的礼义，可归纳为"亲亲、尊尊"。作为具体的礼仪形式，通常有五礼、六礼和九礼之说。实施礼治的方法有两种，即教化与刑罚。以教化推行礼义，以刑罚维护礼制。[①]"礼"所强调的核心思想是通过一系列的行为规范体现出来的，而非空洞的言辞教诲。以清朝李毓秀所作《训蒙文》为例，其以简练的文笔勾勒出做人对父母、对兄弟、对朋友以及做人应有的行为准则。如子对父母应"父母呼，应勿缓；父母命，行勿懒；晨则省，昏则定"；

---

① 曾宪义、马小红主编：《礼与法：中国传统法律文化总论》，中国人民大学出版社2012年版，第104~105页。

为人处世应"凡出言，信为先"等内容。这篇后世所称《弟子规》的文章是在参考《论语·学而》"弟子，入则孝，出则悌，谨而信，泛爱众，而亲仁，行有余力，则以学文"的文义而成的，可谓是从几千年礼教内容简化而来的做人准则典范。通过这些日常行为准则渗透礼的内涵，传播礼要求的基本道德观与价值观。虽然礼仪要求的"繁文缛节"常给人浪费时间、浪费人力物力的感觉，但很多礼节就是通过繁复的程序达到其教化目的的。如古时的祭祀为最重要的礼仪，对祭祀的要求是非常复杂的，从祭品到参加人及祭品的内容、数量都有诸多要求。参加祭祀的人要提前焚香沐浴，祭祀过程中的礼仪更是烦琐。但当人们按这些要求去做的时候，会自然而然被当时的气氛所洗礼，从而达到整个礼仪的目的。礼仪的这种作用在现代社会依然适用。看过阅兵式的人都会被当时庄严肃穆的氛围所感染，随之生发出对祖国富强的自豪感。当我们身处升旗仪式中时，也会被整个过程所打动而激发出爱国之情。礼仪的作用即是通过人们在参与仪式的过程中被潜移默化地感染达到教化的目的。而且这种以具体行为规定的方式达到教化的目的值得当代社会借鉴的又一个原因是可以明确人们平时的行为。以《小学生守则》为例，我国现在的小学生守则通篇为口号式的内容，而相对具体的小学生日常行为规范则常被学校忽略，通过行为方式培养小学生的道德观本应受到足够的重视，但在现代社会却忽略了此重要性。

在古代社会中，与礼关系密切的刑对礼的维护是直接的，"出礼则入刑"是礼刑关系最直接的体现。礼所规定的行为规范并非无的放矢，当行为不符合礼的要求时，刑即会对此行为给予惩罚。如家庭生活中子女对父母不孝，自我国夏朝始即有"不孝罪"的规定，至《北齐律》"重罪十条"中将不孝列入之后，"十恶"之中都有不孝罪。还有如影响家庭生活正常秩序的"不睦""不义""内乱"都是对不符合"礼"所规定的家庭规范行为的处罚。"十恶"重罪是不许赦免的重罪。除《名例律》概括地规定十恶重罪外，法典中对具体行为仍有规定，如唐律中规定的"居父母丧匿不举哀""居父母丧娶妻生子"，清朝时规定的"子孙违反教令"等。这些律文中对于有不孝行为的子孙处以杖刑乃至徒刑甚至流刑的处罚，以刑罚做后盾推行礼的规则，从而使礼的规范深入人心成为人们的生活习惯，人们长时间地普遍遵守行为规范即可形成具有普适性的道德观与价值观。而律对违反此价值观的行为以严厉的惩罚督促人们行为守礼，二者形成完美互动。礼还通过"令"的立法形式体现为国家意志，与"律"互为补充。自秦朝开始律令就成为法律体系中最重要的两个组成部分，律令体制的逐渐完善，体现着"礼"通过"令"的方式或法律渊源，融入国家成文法律的历史进程的逐步推进；中国人的法律渊源和法律体系意识实际上以"礼刑关系"理念（正如荀子所云"治之经，礼与刑"）为基础或出发点。[①] 这种在礼刑关系引导下形成的法律意识符合中国传统文化，是应被继承的法律意识。

在现代法治社会中，法律作为调整人们行为规范的手段并非是唯一的，法律规范的空白还需要道德礼义的调整才能保证社会的和谐发展。现代社会经济的急速发展以及传统中国文化因外来侵略以及诸多原因导致的文化断裂使社会中弥漫着浮躁、迷失、怀疑等诸多负面情绪。社会的乱象是任何社会发展过程中均不可避免的，对此我国古代先贤即有过精辟的见解。如《荀子·大略》中指出："水行者表深，使人无陷；治民者表乱，使人无失。礼者，其表也。先王以礼表天下之乱，今废礼者，是弃表也。故民迷惑而陷祸患，

---

① 范忠信："律令关系、礼刑关系与律令制法律体系演进"，《法律科学》，2014 年第 4 期。

此刑罚之所以繁也。"荀子认为社会乱象频繁的根本原因即在于礼的缺失,由于废礼而不得不求助于刑罚来治理乱象。而另一位儒家学者孟子则认为,世间的乱象是由人们缺乏孝悌仁义的教养或放失其良心善性而导致的,故须反思以求,加以存养,并扩充推广而实行传下,方能使世人过上一种合乎人性要求的伦理道德的美好生活。[①]在现代社会,法律的漏洞随处可见,而社会行为规范并不能完全发挥作用,公路上无视斑马线上的行人飞驰而过的汽车有之;人行道上痕迹未干的痰痕有之;高速公路上禁止搭乘牌子下面等车的行人有之;没有监控的灯岗下闯红灯的有之;公众场合下骂人的打人的有之……诸多触犯社会公德的行为给我们生活的社会画上了几笔不和谐的色彩。诸如此类行为,全部依靠法律调整显然不切实际,而提高全民素质仅靠宣传标语也起不到太大作用,何不借鉴我国古代律令体系,将"礼"调整的这些接近于道德守则的行为以社会行为准则这类规范方式明确下来,作为补充法律的行为规范,令公民在社会中的行为有据可依,并充分利用现代高速发展的网络等大众传媒的作用,对于违反社会规范公众道德的行为鼓励大众给予监督,利用微信等平台曝光于大众之中,对可以确认的违法行为令行政监管部门予以惩罚,如此可让每个违反社会规范的公民对其不当行为均承担良心谴责及经济赔偿的责任,终能使每个公民都能自觉自愿地遵守社会行为,达到社会有序治理的目的。

四、"礼"的价值依归与法意

(一)历史维度下礼的当代价值

礼的价值所示,也就是中国传统法的精神或灵魂决定了中国传

---

① 林存光:《政治的境界——中国古典政治哲学研究》,中国政法大学出版社2014年版,第409、第331页。

统法的特色。如中国传统法中的人情观、道德观、自然观等。简单地说，礼所追求和提倡的是人伦道德，也就是直到今天乃至将来，中国人也无法完全割舍的"忠孝节义"。① 这一基本的伦理道德在自古追求"大同"社会至今仍渴望建造和谐社会的国度里仍有着强大的生命力，由于传统道德缺失造成的社会问题使人们的视野又重返传统去寻求解决之道。无论是食品安全问题或是留守儿童、空巢老人问题，究其根本固然是市场经济条件下人们逐利本性的体现，但更多的是经商者丧失了诚信、为人父母者丢弃了教养责任、为人子女者忘记了孝这些为人的根本道德伦理。

传统儒家追求"大同"世界，致使传统中国人视和谐圆满为终极目标，对和谐的追求使中国文化呈现出圆通特征。形象一点说，可以把中国传统文化比喻为一个圆，社会的一切皆在圆中。政治、经济、军事、教育、法律、道德、哲学、宗教、科技等皆为圆之一部分。各个部分互相依赖，密不可分。而这个圆的核心可以用一个字高度地概括，那就是"礼"。② 在当代社会，虽然社会经济基础发生巨大变迁，但礼所包含的道德伦理内容，追求社会和谐秩序的包容精神在现代社会仍体现着其独特的价值。不管社会经济发生如何变化，人类社会存在的基础并不会改变，而且一旦在社会发展中缺失了礼的内容，社会就会出现各类问题。礼所包容的博大精深的内容对于内政外交都有深刻的价值，礼对每个人各个人生阶段应具备的礼仪进行了详细规范，以做人为圆点，辐射社会生活的各个角落。因此，有必要重视传统礼的当代价值，接纳礼对社会的多重影响，

---

① 曾宪义、马小红主编：《礼与法：中国传统法律文化总论》，中国人民大学出版社2012年版，第200页。

② 曾宪义、马小红主编：《礼与法：中国传统法律文化总论》，中国人民大学出版社2012年版，第7页。

让传统伦理道德依然规范人的行为方式，通过礼的感化教育方式纠正人的过激行为，降低因经济快速发展以及信息迅猛发展导致的社会动荡等不稳定因素的发生率，建设和谐社会。

（二）礼体现的法意

法意或法律精神本是从西方传过来的名词，意指法律应具有的公平、公正等特征，更暗含着法律应该被信仰、法律至上的含义。传统中国社会礼法合一，互为表里，法律精神蕴含于礼法传统之中。正如陈景良教授在 2015 年法律史年会论文中所定义的，"礼法传统"是中华法制文明在数千年世代相传的历史进程中，所具有的以"礼"之精神为指导，以维护宗法等级秩序及"差序格局"为依归的立法精神、司法理念及执法原理。在立法、司法、执法的各个阶段中，礼均体现着其独特的法律精神。人性是一种历史存在，人类理性也是一种历史的成长和多元展现的普遍存在。由此，人类生活本质上是内在于历史之中的，世界成为一阕在时间之旅中咏颂的人道主义赞歌。经由漫长的历史之轮的砥砺，法律与民族情感和民族意识逐渐调适，契合不悖，融合无间，从而赋予法律以自在自为的功用与价值，而法的功用和价值，也正在于表现和褒扬民族情感与民族意识。法律精神，一如民族的性格和情感，含蕴并存在于历史之中，其必经由历史，才能发现，也只有经由历史，才能保存和广大。① 就古典中国的法意精神来看，则亲亲而尊尊的守法伦理、奉天敬德的正义法精神、追求实质公正的实用理性、崇古法圣的历史主义气质、推究名实之际的逻辑思维和刑名律学的修辞艺术等，辗转推陈，可堪提携。②

由于中国古代情理法的特点使中国人对法律与情理发生冲突时

---

① 许章润：《汉语法学论纲》，广西师范大学出版社 2014 年版，第 168~169 页。

② 许章润：《汉语法学论纲》，广西师范大学出版社 2014 年版，第 9 页。

会不自觉地偏向于情理处理问题，似乎留下了中国传统社会重人情轻律法的印象，而且相较西方对法律的信仰而言，中国人的确没有西方人将法律视为神圣的信仰。与西方有悠久的宗教历史不同，中国神话中的神源自于人，与人间也有千丝万缕的关系，与西方宗教中不食人间烟火高高在上的神有本质差别。中国的礼自然就包含着如何做人做事的内容，无须额外的忏悔去清洗灵魂。佛教引入中国后，礼佛成为一些人追求超脱方外、心灵宁静的方法而非调整生活方式的必需品。因此，在中国社会中存在着其独特的法律精神，是将情理融入立法的独特思维方式，其本质是要求法律应服从礼所规范的社会伦理规则，即最基本的人性基础上的立法。这种良法的要求与西方追求正义、公平、自由的精神有异曲同工之妙。中国古代立法思想中"明德慎罚""明刑弼教"等内容即是注重德礼中包含的基本道德伦理思想，亦即"良法"思想。政治必须认识到自己的行为建立在良知的基础之上，套用圣奥古斯丁说过的那句老话，良知就是"写入我们心中的法律"。一个铭记自己良知的人……会让人认识到他自己愿意为其行为向任何人做出辩解，这种向所有人负责的普遍视野不能从政治行为中省略掉。①

现代法治社会中，要求国家权力和社会运行都要依据明确的法律秩序运行，而成熟的法治社会应包含精神和制度两个层面。我国近几年来不断地制定新的法律法规，修正不适当的法律，在建设法治社会制度层面已经有了长足的进展，随之而来亦引发了社会各界对法治精神的探讨。清末修律将近代法制引入我国的同时也将西方的法治理念引入我国，近些年对西方法治理念的研讨更是深入与细

---

① ［德］瓦尔特·施威德："信念与责任之间的政治家"，转引自单继刚、孙晶、容敏德主编：《政治与伦理——应用政治哲学的视角》，人民出版社 2006 年版，第 65 页。

致。但不得不考虑的问题是，西方的法治理念并不能完全与我国现状融合，除传统的"杀人偿命"等法律规定外，很多人对法律法规规定的秩序并不能完全遵守，未能形成对法律源于内心的确信与遵从。而传统文化中的礼则以其包含的朴素的伦理思想更易得到人们的接受与服从。不论是西方的自然法抑或中国的礼，其本源都可追溯到"人"，为维护由人所组成的社会国家的安定与和谐，礼所包含的法律精神并未过时。

党的十八届四中全会以来，重视传统文化的研究，在建设现代法治社会中以传统法律文化为依托寻求优秀的文化法律资源解决现代问题已经成为一项共识。"礼"作为传统法律文化中的核心内容必然会给现代法治社会建设带来有益的参考与借鉴，使"礼"这一中华文明的标志继续发挥其独特的作用。

第二节
传统"法治"与"礼法之治"对现代法律制度的影响

一、中国传统法律文化的"法治"与"礼法之治"

"法治"思想是在春秋时期出现的，不同于儒家"礼治"的思想，一些社会改革者提出通过公布成文法等活动利用"律"治理国家而不在依靠于"礼"。在春秋时期各个诸侯国的变革当中，一系列改革先行者成为法家的创始人，如管仲等，他们积累了变革中的经验与理念，提出了以法治国的思想。后经商鞅、慎到等人对"法治"

和对刑罚作用的论述，尤其商鞅变法使秦国一跃成为强国以及秦始皇统一六国的壮举使法治思想一度成为超越各家的学派，韩非作为法家的集大成者，更将"法治"思想论述得逻辑严密，自成体系。但随着秦朝的二世而亡，"法治"思想也渐渐走到了尽头，但法并未自此消亡，而是与道家、儒家合流。如汉初的黄老思想以及汉武帝时董仲舒儒法结合的思想，使"礼法之治"取代了"法治"成为封建正统法律思想。自此，礼与法，德与刑便成为治国的两种手段相辅相成延续下来。

正如前文所述，中国正统封建法律思想是以儒家思想为主导的，礼法之治中礼、德、教化始终占据主要地位，律法刑罚只是推行礼教的手段或保障而已。但即使在此类大背景下，传统法律思想中法家的法治思想仍有其强大的生命力，在礼法结合之治中亦体现了法家思想的传承，尤其是在一些主张变革的思想家那里，严法重刑仍不失为治国的重要手段。

（一）法家的"法治"思想

在中国历史上最早的带有法家背景的事件应该数子产在中国首次铸刑书，公布成文法。使"法"第一次成功地成为治国的重要内容，一别于西周时期的以礼治国。其著名的治国思想当以"论政宽猛"说为代表，其思想对后世的儒家与法家治国思想均有影响。子产在病重期间对其子言："唯有德者能以宽服民，其次莫如猛。夫火烈，民望而畏之，故鲜死焉。水懦弱，民狎而玩之，则多死焉，故宽难"（《左传·子产论政宽猛》）。孔子从这段言论中引申出"宽以济猛；猛以济宽，政是以和"的感叹，成为许多朝代治国政策的基础，即使是在当代中国刑法政策依然阐述为"宽严相济"，不得不说此思想对中国影响之深无人能比。

而起源于春秋早期的前期法家代表人物管仲则系统地论述了法在治国中的重要性："有功而不能赏，有罪而不能诛；若是而能治民者，未之有也。是必立，非必废，有功必赏，有罪必诛；若是安治矣？未也。是何也？曰：形势、器械未具，犹之不治也。形势、器械具，四者备，治矣。……故曰：治民有器，为兵有数，胜敌国有理，正天下有分。"《管子·七法》管仲明确地表明"有功必赏，有罪必诛"在治国中的重要作用，是天下安定的重要保障。管仲相齐桓公成就了齐国的霸业，在实践中证明了法家治国思想在乱世中的巨大积极作用。

商鞅作为法家的代表人之一，在他所著的《商君书》中第一章《更法》中就明确反对将西周时期的"礼治"用于战国时期的秦国，他针对秦孝公对"更礼用法"的迟疑指出："及至文、武，各当时而立法，因事而制礼。礼、法以时而定；制、令各顺其宜；兵甲器备，各便其用。臣故曰：治世不一道，便国不必法古。汤、武之王也，不脩古而兴；殷、夏之灭也，不易礼而亡。然则反古者未必可非，循礼者未足多是也。君无疑矣。"接着商鞅对于"以法治国"进行了全面的分析论述，从如何治理百姓、农业、军队等各个方面阐述法治的重要性，如《去强》中所说："以刑去刑，国治，以刑致刑，国乱，故曰：行刑重轻，刑去事成，国强；重重而轻轻，刑至事生，国削。刑生力，力生强，强生威，威生惠，惠生于力。举力以成勇战，战以成知谋。"他还从法律对于治理民众、军队以至治国的角度说明法律的重要性，如《说民》中所说："民胜法，国乱；法胜民，兵强。故曰：以良民治，必乱至削；以奸民治，必治至强。"他还明确法令制定后稳定性的重要，如《靳令》中所说："靳令，则治不留；法平，则吏无奸。法已定矣，不以善言害法。"同时，商鞅还论述了刑罚的作用，如《开塞》中所说："故王者以赏禁，以刑劝；求过不求善，藉刑以去刑。"他还总结了前期其他法家的一些经验，将治国的依据概括为三点，如《修权》中所说："国之所以治者三：一曰法，二曰信，三曰权。法者，君臣之所共操也；信者，君臣之所共立也；权者，君之所独制也，人主失守则危。君臣释法任私必乱。故立法明分，而不以私害法，则治。"商鞅不遗余力地将其法治理念渗透到治理国家的各个方面，推动其变法的进行，而实践也证明了其变法的巨大作用。由此以来，法治思想便成为治国的有效思想。

商鞅之后的法家代表人当属韩非，后人都称其为法家的集大成者，因为韩非不仅继承了商鞅所主张的"法"，而且还综合了慎到所主张的"势"以及申不害所主张的"术"，使"法、势、术"三者有机结合成为系统的法家思想理论。韩非所著的《韩非子》被称为帝王书，是秦统一六国的理论依据。在此本著作中，韩非引经据典，用史实论证其理论的正确性，说明其依法治国的观点。韩非认为"国无常强，无常弱。奉法者强，则国强；奉法者弱，则国弱。故当今之时，能去私曲就公法者，民安而国治；能去私行行公法者，则兵强而敌弱"（《有度》），"从是观之，则圣人之治国也，固有使人不得不爱我之道，而不恃人之以爱为我也。……至治之法术已明矣，而世学者弗知也"（《奸劫弑臣》）。将一国能否以法治理国家作为国家强弱的评判标准，并通过远至尧舜近至战国的史实证明此观点，论证充分可靠，非常有说服力。韩非对儒家所推崇的圣人治世之道予以毫不留情的批判，他总结"圣人之所以为治道者三：一曰'利'，二曰'威'，三曰'名'"（《诡使》）。但这三者却不能保证社会的稳定是由于"上之所贵与其所以为治相反也"。由此原因出发，经过严密的论证，韩非得出以下结论："所以治者，法也；所以乱者，私也。法立，则莫得为私矣。故曰：道私者乱，道法者治。"

（《诡使》）故此他将以法治国的手段概括为两点："二柄者，刑德也。何谓刑德？曰：杀戮之谓刑，庆赏之谓德。为人臣者畏诛罚而利庆赏，故人主自用其刑德，则群臣畏其威而归其利矣。"（《二柄》）将儒家"德"的概念内涵完全更换为法家的"庆赏"，德不再是圣人贤者所具有的高尚品德，不再是可以感化民众的高风亮节；而是君主手中的一项治国利器，利用人们都有逐利避害的本性，以庆赏激励大臣为君所用，这已经是将"术"融入法治思想中的体现。韩非还进一步将"术"在治国中的作用进行了分类，即"安术有七，危道有六。安术：一曰，赏罚随是非；二曰，祸福随善恶；三曰，死生随法度；四曰，有贤不肖而无爱恶；五曰，有愚智而无非誉；六曰，有尺寸而无意度；七曰，有信而无诈。危道：一曰，断削于绳之内；二曰，断割于法之外；三曰，利人之所害；四曰，乐人之所祸；五曰，危人于所安；六曰，所爱不亲，所恶不疏。如此，则人失其所以乐生，而忘其所以重死。人不乐生，则人主不尊；不重死，则令不行也"（《安危》）。将"以法治国"作为治国的根本，韩非进一步论述了治国的手段——"重刑"。韩非针对儒家所提倡的教化轻刑的言论进行了反驳："今不知治者皆曰：'重刑伤民，轻刑可以止奸，何必于重哉？'此不察于治者也。夫以重止者，未必以轻止也；以轻止者，必以重止矣。是以上设重刑者而奸尽止，奸尽止，则此奚伤于民也？所谓重刑者，奸之所利者细，而上之所加焉者大也。民不以小利加大罪，故奸必止者也。所谓轻刑者，奸之所利者大，上之所加焉者小也。民慕其利而傲其罪，故奸不止也。"（《六反》）

在韩非的诸多著述中都明确表达了其以法、刑结合术势治理国家的主张，在韩非之后，不再有类似于春秋战国时期的法家存在，但以法治国的理念并未消亡，而是与礼以及之后与道家乃至佛教互相渗透，在治国理念上更体现为一种融合之势，体现为"礼法之治"。正如前文所述，自西汉董仲舒提出"德主刑辅"的主张后，礼法合治就成为中国传统法律思想的主流。

（二）传统社会中的"礼法之治"思想

作为封建正统法律思想，礼法之治才是真正作为治国理念影响中国几千年的思想，其对应于德刑之治。自董仲舒提出"德主刑辅"后，礼法合流在法典中也逐步通过法律儒家化体现出来，司法实践中更是通过春秋决狱等方式将儒家的德治教化思想渗透到守法执法领域。

封建正统思想家主张的德主刑辅思想虽然摒弃了原有儒家与法家针锋相对的矛盾，使二者合一，但是，自汉董仲舒起，历经晋张斐、杜预等人以儒家经典注律，唐韩愈对儒家"道统"的坚持，宋朱熹的理学，明丘濬对正统思想的进一步阐述乃至晚清的曾国藩、张之洞都始终坚持以三纲为核心的"德主刑辅"的思想，故此礼法合治始终保持着德礼为先而刑法为辅的局面。即正统思想中的德与刑虽然都作为治国手段，但在本质上二者的地位却不是平等的，刑与法更多地被视为达到德礼教化治国目的的一种工具或手段。董仲舒在论述德刑关系时，均以"大德小刑""阳德阴刑""先德后刑"等明显带有差距的色彩论述二者，他把德刑关系与君臣关系一同上升到哲学的高度说明，利用阴阳学说把德刑关系说成是一种天经地义，只能顺而行之，不能逆而变之，从而使德主刑辅成为一条神圣的法律原则。① 韩愈在佛教、道教昌盛的环境下始终坚持儒家的道统，提出"德礼为先，辅以政刑"的观点。朱熹亦继承了儒家重视德治的思想，"德礼则所以出治之本，而德又礼之本也。此其相为终

---

① 刘广安：《中国法律思想简史》，高等教育出版社 2004 年版，第 90 页。

始，虽不可以偏废，然刑政能使民远罪而已。德礼之效，则有以使民日迁善而不自知，故治民者不可徒恃其末，又当深探其本也"（《论语集注·为政》）。明朝丘濬则进一步发展了德主刑辅的思想，他提出"礼乐者，刑政之本。刑政者，礼乐之辅。古之帝王，所以同民心，出治道，使天下如一家，中国如一人者，不过举四者措之而已……行此礼乐之道，则有法制禁令。防此礼乐之道，则有刑罚宪度"（《大学衍义补总论·朝廷之政》）。虽然他依然坚持德刑二者的主次本末之分，但同时也指出二者的作用是相互配合："礼乐政刑，其致一也。必有礼乐以为刑政之本，则政事之行，刑罚之施，皆本乎自然之理，以立为当然之制，使知所避而不敢违。是以民生日用之间，心志有所主，耳目为所加，举动云为有所制，是以不犯于有司"（《大学衍义补总论·制刑之义》）。

（三）法典的延续变化

法家在历史上最大的功绩并不是提出"以法治国"的思想，而是制定了体系完备的成文法，中国古代法典精湛的立法技术让后人仰望，令世界惊叹。在春秋早期第一个成功地制定了成文法典的人是李悝，作为前期法家的代表人，李悝在魏国也推行了变法，并获得了成效，令他名垂千古的成就是其编撰的成文法典《法经》。《法经》是我国第一部以罪统刑的法典，开创了立法的新篇章。《法经》共六篇，分别为盗法、贼法、网法、捕法、杂法、具法。李悝认为当时社会上危害最大的两种犯罪应该为盗、贼，所以将其放在法典的前两篇；然后将如何追捕罪犯、关押、审讯等内容放到了网法、捕法两章中；并将危害不太严重的其他犯罪进行总括编入杂法之中。《法经》中编撰最具特色的当属具法，这是一篇具有总则性质的立法，对于罪行进行了总括性的描述，使法典"分总"的编撰方式在当时具有极高的立法技术，在司法实践中有很好的指导作用。后世的法典均在《法经》的基础上修订，商鞅是携《法经》入秦受到重用后，《秦律》即是在《法经》的基础上制定的，自《秦律》始，汉、魏晋、北齐、唐等法典都是在《法经》的基础上修订的。汉朝在其基础上增加了户、兴、厩三篇定为《九章律》，《新律》将具律提到篇首的位置改为《刑名》，《晋律》则在《刑名》后加《法例》，至《北齐律》合刑名法例为《名例律》被唐律所继承。《唐律》作为中华法系的代表作，共十二篇，除第一篇《名例律》外，其余十一篇分别以"卫禁律"等命名。自春秋至唐历经千年，法典制定的立法技术、内容已经发生重大变化，但法典编撰的整体方式却依然延续着《法经》所构建的基础，使法典从"分总"的结构演变为更合理的"总分"结构，并延续着《法经》中以罪为类进行分篇的传统，即使各篇章的名称和内容都大不相同，也仅说明当时的社会环境中规范的重点已经有了较大改变，盗、贼不在被统治阶级视为最严重的两类犯罪。《法经》的编撰结构方式直到宋朝《宋刑统》才有较大变化，到《明律》时完全采用以六部分编时才不在沿用该类编撰方式。但其总则性质的"具法"篇虽几经更替，但直到清末《名例律》仍然保留在《大清律例》之中。直到近代变法修律时在《大清新刑律》中将《名例律》改为"总则"篇，使其具有了现代立法的名称。

中国一脉相承的立法方式使法典中蕴含的立法思想自然而然地传递延续下来，虽然几经儒家大师对律法的解释，使其更具儒家化的思想，但体现法家思想的载体却从未消失，通过法与刑规范社会秩序的基础一直存在，这也是礼法合治思想在实践中的最好体现。

二、"礼法之治"对现代社会的影响

礼法之治作为中国传统法律社会的基本治国政策，即使经历了清末的变法修律以及新中国的成立，甚至在历经十年"文化大革命"之后，对现代法治社会仍有一定的影响。当然，礼法之治的传统含义在现代社会已经具备了新的特征与内容，传统中国法律文化思想在与马克思列宁主义相结合的过程中形成了具有中国特色的独特的治国思想理论。

（一）"法治"与"以法治国"

新中国成立以来，治国的政策经过了一系列的转变。新中国刚成立时基本上是依党的方针政策治理国家，当时国家新建伊始，法律法规各项制度并不完善，因此依据党的方针政策作为治国之策也未为不可。自 1954 年颁布第一部宪法开始，即意味着我国进入法治进程，但在此后近三十年的时间里，中国虽然有宪法但却并未真正具备现代法治社会的含义，直到改革开放以后，在新的宪法指导下制定了一系列的法律法规，才使中国开始具备进入法治社会的条件。真正将依法治国作为治国基本方针则是在 1997 年中国共产党第十五次代表大会上正式提出"党领导人民治理国家的基本方略，就是广大人民群众在党的领导下，依照宪法和法律规定，通过各种途径和形式管理国家事务，管理经济文化事业，管理社会事务，保证国家各项工作都依法进行，逐步实现社会主义民主的制度化、规范化、程序化"。依法治国国策的提出曾使整个法学界陷入狂喜之中，纷纷庆祝中国终于走上现代法治社会的道路，终于可以和世界接轨，终于可以摆脱旧社会人治的不利影响。在十八届四中全会上更是明确提出了现阶段我国全面推进依法治国的国策，明确依法治国的总目标是建设中国特色社会主义法治体系，建设社会主义法治国家。并强调，党的领导是中国特色社会主义最本质的特征，是社会主义法治最根本的保证。明确了全面推进依法治国的重大任务是完善以宪法为核心的中国特色社会主义法律体系，加强宪法实施；深入推进依法行政，加快建设法治政府；保证公正司法，提高司法公信力；增强全民法治观念，推进法治社会建设；加强法治工作队伍建设；加强和改进党对全面推进依法治国的领导。

当代社会的"依法治国"与传统法治思想中的"以法治国"虽然表述大致相当，但实质却完全不同。由于制定法的主体完全不同，法所代表的阶级利益也截然相反：传统社会中法是作为地主统治阶级为维护封建统治的需要由君主指定大臣制定的，其目的是维护君主专制制度和地主阶级的利益；现代社会的法是由人民代表大会制定的，代表的是全体人民的共同利益。传统法治是在封建集权专制下压制人民的法治，而现代法治是在宪政的基础上维护全体公民的法治。因此，虽然传统法治与现代法治都可概括为"依法治国"，但其实质理念与依据是完全不同的。但从另一方面思考，法作为治理国家的手段却又有其相通之处。第一，正如法家韩非所言，"法者，编著之图籍，设之于官府而布之于百姓者也"《韩非子难三》。作为公开发布的法律，其主要目的就是要民众有法可依，在法律维度下行事以确保整个社会秩序的稳定。因此，注重立法公开并保证人民知法是实施法治的最基本保障，这在现代法治社会中也是应该注重的。由于现代社会经济发展迅速，除了可以在道德基础上区分善恶对错的相应立法外，诸多领域的立法是老百姓仅凭生活常识无法判断并了解法律规定的内容的，因此立法并让百姓知法是现代社会推进法治建设的一大难题。现代社会中，大学法律教育除法律专业外，许多法律基础课为法理类的理论性教学，而对于实用性较强的法条并不涉猎，导致法律基础课成为"鸡肋"般的存在，学生除了靠此拿学分外无实际意义。如果代表高学历高层次的大学生都不能知法，又如何保证广大民众能够知法从而守法？当然，由于现代社会角色多元化的发展导致诸多立法带有很强的专业性与独特的领域性，这类立法是一般民众接触不到的，因此也不需要每个公民都知晓，这也是律师行业在法治社会存在的重要原因之一，这些特殊性是传统法治社会无法类比也无法解决的。社会的巨大变迁导致法治含义的变化是社会演变的正常发展，只是一些原则和做法古今亦同，让今人可以借鉴和效仿。

第二，法律与道德最大的区分在于法律是道德的最低防线，违反道德会受到良心的谴责与社会的批判，而违反法律则要受到国家强制力的制裁。因此，如何保证执法的公平是传统法治与现代法治均要注重的事项。丘濬总结前人的理论指出："刑狱之事，实关于天。典刑者惟一循天理之公，而不徇乎人欲之私，权势不能移，财利不能动，如此用刑者无愧于心，受刑者允当其罪，吾之心合于天之心矣。"《大学衍义补总论·简典狱之官》传统法治社会以刑律为主要法典，对于违反律令的行为实施的制裁措施便是刑罚，因此历朝统治者都注重刑狱的清平，历史上对于清官的评价也都少不了其公正断案的事例。无论古今，在执法中对于司法公正公平的要求是一致的，传统法律思想中的公正公平思想与西方自然法思想中的公正有异曲同工之妙，都体现了人民对"正义"最朴素最直接的追求。但传统司法中由于自西汉时期受"春秋决狱"的影响，使儒家思想渗透到司法当中，在传统司法中"人情"的影响常常大于法律的规定，导致中国传统司法具有"情理"法倾向。当代法治社会虽然还有"法律不外乎人情"的俗语，但现代法治的要求是应摒弃法律之外对法官的一切影响，虽不能如丘濬所言要循天理之公，但不徇人欲之私，不受权势财利打动则应是当代法官也要遵守的信条。由于中国的良法观念和道德评价紧密联系，且在立法和司法活动中交互使用，所以道德和法律在使用中其界限常常是模糊的。于是作为立法、执法主体的人的作用就被提到了相当的高度。法律实践中至今还存在的"青天"情结也是一个明证，人们常常将对公平正义祈盼寄托于廉洁奉公的好官员或称"青天"身上。① 正如十八届四中全会指出的，坚持依法治国首先要坚持依宪治国，坚持依法执政首先要坚持依宪执政。而且法律的生命力在于实施，法律的权威也在于实施。而法律实施最关键的即为公正，公正是法治的生命线。

（二）"礼法之治"与"以法治国与以德治国相结合"

1997 年依法治国提出后不久，2000 年，江泽民总书记在全国宣传部长会议上指出："我们在建设有中国特色社会主义，发展社会主义市场经济的过程中，要坚持不懈地加强社会主义法制建设，依法治国，同时也要坚持不懈地加强社会主义道德建设，以德治国。"由于依法治国提出不久，"人治"造成的阴影依然存在，因此，对于以德治国的提出有人担心会颠覆来之不易的法治局面，重回人治社会；或担心过于强调道德的作用，重犯道德万能论的错误。对此，诸多学者均从传统法律文化中的礼法之治中寻求在现代社会结合"以法治国"和"以德治国"的合理性。有的学者认为"法治与德治相辅相成、相互促进，是一个紧密结合的整体。依法治国与以德治国的结合，是人类历史经验教训的深刻总结。坚持依法治国与以德治国基本方略，是有中国特色社会主义伟大事业发展的客观需要"②，通

---

① 夏锦文主编：《传承与创新中国传统法律文化的现代价值》，中国人民大学出版社 2012 年版，第 236 页。

② 郝铁川："论依法治国与以德治国"，《求是》，2001 年第 6 期。

过历史中的德治与法治的运用说明在当代中国坚持两者结合的重要意义。也有学者指出"法治与德治是冲突、融合而和合的。德治与法治的和合转生。现代的德治与法治根本改变了治者与被治者'不移'状况。'法治'是以人人在法律面前平等，代替了'刑不上大夫'；以依法量刑，纠正了古代法治之弊，使治者与被治者都受法律的管辖、约束，任何人都不能超越法律制度。德治更把治者与被治者和合起来，治者就是被治者，被治者就是治者。治者要时刻不忘把自己置于被治者地位，'终日乾乾，夕惕若厉'强化自己道德意识，提高道德素质，给自己造就自觉遵守法律和道德规范的强大动力。治者这样做，便能带动被治者"①。

对比传统法律文化中的"礼法之治"与当代社会提出的"以法治国与以德治国相结合"会发现在表述和内容上有重合和相似之处。传统的礼法之治视礼为本，法为末，法律作为维护礼治的工具或手段，尤其是维护等级森严的封建统治。但即便是在这样的社会背景之下，传统的礼法之治仍然提出了对当代社会仍有重要意义的一些思想。重新对当代社会的以法治国和以德治国的含义进行解读。自2000年至今，已经过去了十几年，党的十八大进一步重申了全面推进法治社会的建设，党的十八届四中全会《中共中央关于全面推进依法治国若干重大问题的决定》明确提出，坚持依法治国和以德治国相结合，并把其作为实现全面推进依法治国总目标必须坚持的重要原则，标志着法治和德治在治理我国社会中在理论上以及实践中有了更深层的融合。现代法治是在民主政治的基础上，建立一种以正义与理性为基础的法律体系，通过依法治国，以实现保障人权、社会有序与国家安全目的的政治制度。法治思想的发展，总是与一

---

① 张立文："'德法合治'的理论基础和价值"，《高校理论战线》，2001年第3期。

定的民主政治思想、国家权力学说以及文化背景紧密联系。① 十八届四中全会上提出法律是治国之重器，良法是善治之前提。只有公正的法律，才能在社会治理中建立其权威，而该权威源自人民的内心拥护和真诚信仰。法治在很大程度上实际是程序之治，德治说到底是人心之治，以人的观念、情感、道德认识为教化的目标。执政党通过对传统德治思想的继承、发展、创造性转化，既可以在社会制度层面弥补并促进法治建设，又可以在价值层面激发人们对传统理想治理状态诉求的情怀，重拾人心，构建信仰。②

---

① 王立峰：《法治中国》，人民出版社 2014 年版，第 49 页。
② 夏锦文主编：《传承与创新中国传统法律文化的现代价值》，中国人民大学出版社 2012 年版，第 174 页。

第一章

传统家庭制度的现代化研究

中国传统法律文化中关于家庭制度的规定既在律典中存在，又体现在"令"当中，但更多的是体现在礼所规定的规则之中。礼规定了家庭成员各自应依其身份遵守不同的行事规则，父母子女都应各行其是，若违反了礼的规则，在刑律中则会规定相应的罚则，由国家强制力保障礼所设定的规则有效性。

中国传统家庭制度中的许多原则虽然带有封建时代天然的阶级性，有着深厚的封建色彩，但在当代法治社会建设中，一些制度与原则却能给我们以另一种角度的启发。让我们更加清晰地思索传统法律制度带给现代人的启示有什么，我们又应该从中汲取哪些有益的成分来促进我们当代社会的法治建设。传统法律文化中对于百姓影响最深的当属关于家庭制度的规定，这些内容由长辈流传至晚辈，口口相传成为传统文化中重要的一部分，也成为我们生活中不可缺少的内容。一年一度的春节正是传统文化最集中的体现，从"春运"的大潮就能看出传统文化中"家"的概念在中国人心目中的重要地位，哪怕时代变迁，"回家"仍是不变的习俗。也正是时代变迁使得越来越多的人远离父母家乡，也才使得春运成为中国独有的壮观景象。而传统文化中关于"孝""慈"等概念的阐发更为现代教育及赡养问题提供了解决难题的思路，顺应这些早已深入人心的传统文化构建现代法治社会的规则将更易落实与执行。

第一节
传统伦理观念的现代化研究

现代家庭在社会上最大的负面影响莫过于留守儿童和空巢老人的存在，他们无奈地在家乡等待父母子女一年内偶尔的探望，孩子得不到父母的关爱与呵护，老人享受不到子女的关心与照顾。传统的家庭观念由于现实生活的经济原因已经受到极大的破坏，传统伦理观念似乎也已没有用武之地。可是我国人民的信仰的主要落实之处是传统儒家的亲情伦理和道德关怀。虽然儒家思想自五四运动以来就一直成为批判的对象，特别是经过"文化大革命"的清洗之后，加上市场经济的凸显个人权利与自由，传统儒家的亲情伦理与道德关怀"时过境迁"。① 这是否意味着传统的伦理观念已经不再适用于现代生活了呢？现代生活中的家庭关系又应该以何为依托来维护呢？事关每个家庭对子女的教育问题，对老人的赡养问题，完全交给法律去调理显然是不可能完成的任务。如果依道德或社会风俗习惯去解决家庭问题，那么这些道德与风俗的内容又是以何为凭证的？恐怕还是要回顾几千年来已经形成的家庭伦理观念。

---

① 夏锦文主编：《传承与创新：中国传统法律文化的现代价值》，中国人民大学出版社 2012 年版，第 166 页。

一、传统"孝"文化的现代意义

（一）"孝"的由来与意义

"孝"字的由来可以追溯至三千多年前，在殷墟甲骨文中由"老"字和"子"字组成。似树的形状，隐含追根的意思。后来把"老"字的下半部取消了，"孝"字从字形的意义上解释即当子幼时，父母在上面为孩子遮风挡雨；子长大而父母老时，孩子在下面背着父母。这一个简单的字蕴含着父母子女之间最简单的人伦之情，既有生物繁衍生息的自然生长的含义，又包含了骨肉亲情的不可割舍。

西周时期的《周礼》中对"孝"有诸多涉及，如《周礼·地官·大司徒》中的"二曰六行：孝、友、睦、姻、任、恤。以乡八刑纠万民：一曰不孝之刑"，即大司徒本为掌管土地与户籍的官员，但其职责中也包含了教育万民孝敬父母，并对不孝的行为以刑罚处罚。《周礼·地官·师氏》中曰："三曰孝德，以知逆恶。教三行：一曰孝行，以亲父母。"师氏是负责传授美德的官员，其职责中第三即为孝德，用以制止犯上和邪恶的事。而国子第一应该遵守的行为即是孝行，用以亲爱父母。《周礼·春官·大司乐》中曰："以乐德教国子，中、和、祇庸、孝、友。"大司乐是教导国学的教授，以"乐"作为教导学校子弟，其中重要的内容之一亦为孝敬父母。儒家将《周礼》作为其学术的起源，对于"孝"的内涵更进行了比较细致的论述。如《礼记·曲礼上》开篇中就强调了"凡为人子之礼：冬温而夏清，昏定而晨省，在丑夷不争"。接着说明了作为人子者应该遵循的礼，"出必告，反必面，所游必有常，所习必有业。居不主奥，坐不中席，行不中道，立不中门"。《礼记·内则》也强调了

"孝子之养老也，乐其心不违其志，乐其耳目，安其寝处，以其饮食忠养之，孝子之身终，终身也者，非终父母之身，终其身也"。《礼记》中对于孝字的理解已经精细到作为人子的日常行为的各个方面，从早至晚，从春至冬，从行为到内心都进行了详细的规范。儒家的诸多代表人物对"孝"也进行了自己的理解，如《论语·为政篇第二》子游问孝，子曰："今之孝者，是谓能养。至于犬马，皆能有养，不敬，何以别乎?"孔子从人的内心角度着重"孝"应发自内心地"敬"，否则与牲畜无异。更难得的是孔子在《论语·学而第一》篇中引申为"子曰：弟子入则孝，出则悌，谨而信，泛爱众而亲仁，行有余力，则以学文"。自人所应具有的人伦道德出发而引发到人的进一步学习发展中，自道德观引申至价值观，使孝不仅为"家庭人"的基础，而且更成为其作为"社会人"的基础。在《孝经》中，孔子明确地指出了孝是一切德行的根本，"夫孝，德之本也，教之所由生也。身体发肤，受之父母，不敢毁伤，孝之始也。立身行道，扬名于后世，以显父母，孝之终也。夫孝，始于事亲，中于事君，终于立身"（《孝经·开宗明义》）。"孝子之事亲也，居则致其敬，养则致其乐，病则致其忧，丧则致其哀，祭则致其严，五者备矣，然后能事亲"（《孝经·纪孝行》）。正如《孟子·离娄上》所说，"不得乎亲，不可以为人；不顺乎亲，不可以为子"。人是否孝顺，已经是关乎其是否为人的标准了。至西汉董仲舒，更将阴阳五行说融入传统的"孝"中，据《春秋繁露·五行对》："天有五行，木火土金水是也。木生火，火生土，土生金，金生水……父之所生，其子长之；父之所长，其子养之……由此观之，父授之，子受之，乃天之道也，故曰：夫孝者，天之经也。"孝道遵循的是"五行相生"的天道运行规律，孝道因而具有了毋庸置疑的先天的合理性。

"孝"作为中国传统文化中重要的一个元素既有与西方伦理观相通之处，即都符合人类发展的一般规律；又有中国传统赋予其独特的含义，其不仅是自然界中人们繁衍生息的需要以及人天性中与生俱来的本能，更是传统阶级社会中维护着礼的核心之一"亲亲"的主要内容，它是维系传统社会中家族秩序的纽带，使"父慈子孝"成为家庭维系的基本模式，更使"子承父业"成为家族发展的动因。这也正是中国传统社会是在宗法社会的影响下以"家族"为基本单位，个人权利都湮灭在"孝道"之下，因而造成社会对个人的漠视。这是我国传统社会与西方社会法律起源与发展本质区别所在。因此，在我国近代法律发展过程中，全面移植西方法律并未能取得太大成效，主要原因即在于二者的法律渊源与产生背景所差太多不能靠移植而完成法律的转型。当代建设有中国特色的社会主义法治社会过程中，我们依然不能忽视传统法律文化对当代的影响，既参考西方法治又兼顾中国国情方能实现现代社会的平稳转型。

（二）与"孝"有关的传统法律制度

《唐律疏议》是中华法系的代表律典，其集中了自汉代法律儒家化以来的一切成就，完成了法典的儒家化。其既继承了汉以来的法典变化发展的内容又是宋代以后各朝修律的依据，不愧为中国传统法律典籍之中的瑰宝。以唐律为例，分析中国传统法律的内容具有典型性，其代表着传统法律的精髓。由于"孝"为中国传统法律思想维护的极为重要的内容，在唐律中规定子孙对父母的赡养及其他义务可散见于不同篇章中。首先在开篇《名例律》中"十恶"即规定了两条，第一即为十恶之四，恶逆。谓殴及谋杀祖父母、父母、杀伯叔父母、姑、兄姐、外祖父母、夫、夫之祖父母、父母。疏议曰：父母之恩，昊天罔极。嗣续妣祖，承奉不轻。枭镜其心，爱敬同尽，五服至亲，自相屠戮，穷恶尽逆，绝弃人理，故曰"恶逆"。分则中与此条相对应的罪名为《贼盗律》第253条："诸谋杀其亲尊长、外祖父母、夫、夫之祖父母、父母者皆斩。谋杀缌麻以上尊长者，流二千里；已伤者，绞；已杀者，皆斩。即尊长谋杀卑幼者，各依故杀罪减二等；已伤者，减一等；已杀者，依故杀法。"《斗讼律》第329条"詈殴父祖及父祖杀子孙"："诸詈祖父母、父母者，绞；殴者，斩。过失杀者，流三千里；伤者，徒三年。若子孙违反教令，而祖父母、父母殴杀者，徒一年半；以刃杀者，徒二年。故杀者，各加一等。即嫡、继、养杀者，又加一等。过失杀者，皆勿论。"《斗讼律》第330条"妻妾詈殴夫之父祖及殴子孙之妇妾至废疾"："诸妻妾詈殴夫之祖父母、父母者，徒三年；（须舅姑告，乃坐）殴者，绞；伤者，皆斩；过失杀者徒三年，伤者徒二年半。即殴子孙之妇，令废疾者，杖一百；笃疾者，加一等；死者，徒三年；故杀者，流二千里。妾，各减二等。过失杀者，各勿论。第二，十恶之七，不孝。谓告言、诅詈祖父母父母，及祖父母父母在，别籍，异财，若供养有阙；居父母丧，身自嫁娶，若作乐，释服从吉；闻祖父母父母丧，匿不举哀，诈称祖父母父母死。疏议曰：善事父母曰孝。既有违犯，是名不孝。"不孝是我国最早的罪名之一，据《孝经·五刑章》，早在夏代就有"五刑之属三千，而罪莫大于不孝"的说法。《尚书·康诰》也有"元恶大憝，矧唯不孝不友"的记载。不孝罪所包含的内容十分广泛，子孙因不孝而受到的惩罚也因具体情节不同而有所区别，因此"名例"篇中对此罪并未规定具体刑罚，而是分散在分则中对应相关条款予以具体惩罚。如"斗讼"篇第345条"祖父母父母及嫡继慈养母"："诸告祖父母、父母者，绞。疏议曰'父为子天，有隐无犯。如有违失，理须谏净，起敬起孝，无令陷罪'，即嫡、继、慈母杀其父，及所养者杀其本生，并听告。"

"户婚"篇中和"不孝"相关的律条比较多，如第155条"父祖在子孙别籍异财及以子孙妄继人后"："诸祖父母、父母在，而子孙别籍、异财者，徒三年。若祖父母、父母令别籍及子孙妄继人后者，徒二年；子孙不坐。"依律，在祖父母、父母在时，子孙别籍或者异财只要有一种行为，该罪就已成立。如果祖父母、父母做主让子孙别籍或者为他人后的，则只处罚长辈，子孙无罪。这是因为子孙必须服从长辈的安排，所以即使犯法，也应由长辈承担。第156条"居父母丧生子及别籍异财"："诸居父母丧，生子兄弟别籍、异财者，徒一年。"居父母丧生子指在父母丧二十七个月内生子，包括在这二十七个月内怀孕，若是在丧前怀孕而期内生子的则不在此限，对于此种行为法律规定处徒一年刑罚，但若当事人在事发前能自首，即可不追究刑事责任。这是因为法律处罚的是不孝行为，即是当事人的不孝的态度，如果当事人能及时反思已过，说明他对自己不孝的行为已有悔误，也就达到了法律维护礼的目的，因此，可以免除刑罚。虽然长者已死，但祖父母、父母为斩衰服，需服丧二十七个月，若在这二十七个月中别籍或异财即是忘哀不孝，因此也要处以刑罚。第179条"居父母夫及期亲丧而嫁娶"："诸居父母及夫丧而嫁娶者，徒三年；妾减三等。各离之。知而共为婚姻者，各减五等；不知者，不坐。若居期亲丧而嫁娶者杖一百，卑幼减二等；妾不坐。"由于期亲较之尊亲已经疏远一些，卑幼较尊长又低一些，所以处罚也较之为轻，可见法律对于礼强调的尊卑远近体现的全面。第180条"父祖被囚禁而嫁娶"："诸祖父母、父母被囚禁而嫁娶者，死罪，徒一年半；流罪，减一等；徒罪，杖一百。祖父母、父母命者，勿论。"由于尊亲被囚，身为人子自当焦虑不安，这期间嫁娶自为礼教不容，因此，按尊亲被处的刑罚决定当事人应处的刑罚。但若是奉尊亲之命嫁娶，则与礼数相合，所以法律也不加干涉，只是不能宴请而已。第 181 条"居父母夫丧与人主婚或为媒"："诸居父母丧，与应嫁娶人主婚者，杖一百。"

以上律条中不仅规定了子女不孝行为会受到刑事处罚，而且反映出传统家庭中父与子的不同权利与义务。唐律完全遵照礼"亲亲"来制定律条，按照父系血缘亲疏远近对相同行为处以不同刑罚，相应的，父母、祖父母作为直系尊长对待子孙有完全的支配权，包括子孙的婚姻、财产。显然，在传统社会中直系尊亲属拥有的对子孙的绝对性权力极大地压制了个人的发展，使个人、人权没有生存发展的空间。在当代法治社会建设中不可能延续传统社会中对"孝"的完全推崇而忽视个人权利，但同样的，也不应在保障人权的前提下完全抹杀"孝"的积极意义。在中国发展历史中，与西方历史的一个巨大区别即是自然神的地位始终未能超越祖先神，这是由于中国是以农耕为基础的自给自足的社会，这样的社会需要睿智的老人给予族人正确的指示以求得丰年，以富足生活。因此，对于祖先的尊敬引申出"孝"。当代社会是经济高速发展的市场经济，开放的经济发展已经不似农耕时期依赖于老人的经验，甚至于传统会成为发展的"绊脚石"。在这种社会状况下，很多年轻人远离故土，远离父母去寻求自己的梦想也是无可厚非的现实。当衍生"孝"的经济基础发生巨大变化时，能够维系"孝"存在的则只能依靠于更本源的力量，即人的本能之情，依靠人的伦理道德。但同时，由于老人的体能以及社会承担能力的限制，赡养老人的义务其子女还必须承担。传统法律有收养老人的法律规定，如《宋刑统》载："依唐令，诸鳏寡孤独，贫穷老疾，不能自存者，令近亲收养；若无近亲，付乡里安恤。"对于有子孙亲属而遗弃老人的行为亦会处以刑罚，《大元通制条格·户令》载："今后若有别籍异财，丰衣美食，坐忍父母窘乏不供子职，及同宗有服之亲寄食养济院，不行收养者，许诸人首告，重行断罪。"传统社会亦设立似现在的养老院，是由政府设置的收养无家可归、无亲可依的鳏寡孤独、贫穷老疾者。对于应承担赡养义务者不履行义务的，会杖六十，强令其履行义务。这项制度完全应借鉴到现代社会，将道德问题上升至法律层面，虽然现代社会不应再出现传统立法中遏制个人权利自由的律文，但同时对于不能赡养老人的行为仅依靠如"遗弃"罪等现实中难以真正解决老人赡养问题的法律还是很不够的，总不能只有当出现老人受尽苦难后才有相应的解决方案，甚至是当老人都故去后才对其后人进行惩罚。

二、"五常"的现代意义

"三纲五常"出自西汉董仲舒的《春秋繁露》，是董仲舒将孔子、孟子等人的学说总结而来。其中的五常来源于孟子的"五伦"，据《孟子·滕文公上》中曰"父子有亲，君臣有义，夫妇有别，长幼有序，朋友有信"，并以此作为道德规范。董仲舒则进一步提炼出"仁、义、礼、智、信"作为"五常"来处理君臣、父子、夫妻、上下尊卑关系，他认为这些基本的道德规范是维持社会稳定和人际关系和谐的根本。

"仁"依孔子的解释为"克己复礼为仁""仁者爱人"，用今天的词语可解释为"博爱"，克制自身的私欲达到"老吾老以及人之老，幼吾幼以及人之幼"的大同社会。当社会众人都能怀有一颗包容之心，以己度人，社会自然就和谐稳定了。"义"据孟子的阐述"生我所欲也，义亦我所欲也，二者不可得兼，舍生而取义者也"，义是比生命还要重要的东西，在孟子看来，义是指"礼义"，后世将义扩展为"忠义"，如岳飞、文天祥；"义气"如桃园三结义。当今更多的是用于"正义"，正义是行为规范所应具备的最基本的价值，是民众最朴素的是非判断标准。"礼"以"亲亲，尊尊"为核心制定了完整的行为规范，强调身份等级在社会中的不同行为准则。除去传统礼所强调的身份问题，礼在当代社会的意义如前文所述，依旧是必不可少的，而且，当代社会中每个人依然存在"身份"的问题，如家庭中的父母、工作中的职员等，每个人的多重社会角色决定了他在不同角色中的地位及行为准则不同，遵守礼所规范的行为正如在当下遵守各个机构的行为守则一样，只是当下社会的行为守则并不能达到礼所规范的全面性，因而存在诸多漏洞。在建设法治社会中，法律正在取代礼的社会规范作用，但法律作为道德底线的规范，并不能调整人的道德水平，如何提高民众的道德规范还有赖于日常行为的约束。以随地吐痰为例，很多人曾羡慕新加坡街道清洁，并指出正是由于重罚导致无人在街道随地吐痰。但试想在我国颁布对随地吐痰者重罚的法律，如何执行就是一大难题，且不说广大山区等地方有无实行此法令的实际意义，即使是在大城市之中，由谁来监督、由谁来执行罚款都是很难付诸实践的事情，即使颁布类似的法律，也会有更多的人钻空子，在无人之处"为所欲为"。真要杜绝此类"不良习惯"，只能从日常生活习惯中去改正，用正规的行为去指导，在潜移默化中将人的谈吐举动规整为有风度，有气度。当然，要达成这样的目的，还需要"智"。"智"通"知"，指能通晓明辨是非，这只有靠不停地学习以及在生活实践中不断积累知识才能成为智者。"信"指人言，在纸张匮乏的远古社会，知识技术等经验完全是靠人口相传，若不能诚实不相欺，其后果是灾难性的。因此，儒家将诚信作为五常之一，则是要求人与人相处应"言而有信""人无信则不立"。

当今社会中出现的许多问题都可以归结为人的"自私"，官员贪污是不仁、枉法裁判是不义、不敬父母是无礼、不辨是非是不智、黑心商家是无信，还有如碰瓷者求不义之财，等等。在现代法治社会中，法律作为调整人们行为规范的手段并非是唯一的，法律规范的空白还需要道德礼义的调整才能保证社会的和谐发展。将传统"五常"的内容一方面通过教育宣传的手段提高其在社会中的影响力，另一方面可将一些内容规定为行为规范，适当地加以强制。

第二节
"家长负责制"的现代意义

传统家庭法律制度中有一项特别重要的制度即是"家长负责制"。在传统社会中，"家族"是构成社会的非常重要的基本元素，作为家族的领导者即家长承担着家族兴衰的责任。因此，在传统律典中，子孙不遵教令的，家长可以直接处分并可报官由官府给予处罚；婚姻缔结过程中，若出现悔婚等违法行为的，由家长承担刑事责任。这些规定既赋予了家长对于子孙的人身支配权和财产分配权，同时也要求家长要承担教育子女的义务，并对由子女构成的对他人的损失承担赔偿等责任。

2013 年 12 月 5 日，各大媒体均报道了重庆一名十岁女孩在电梯内摔打婴儿，不久后更令其从二十五层楼坠地导致婴儿重伤的恶性未成年儿童虐婴案。此事引发了社会上对未成年人伤害他人的广泛关注，如 2011 年 5 月 4 日，中国青年网报道四名未成年人轮奸女同学的案件。① 再如 2014 年 2 月四川三台十五岁少年杀害两名六岁女

---

① http://news. youth. cn/jsxw/201105/t20110504_1571483. htm.

孩案①，在全村人都在找被害女童时，作为凶手的十五岁少年还可以若无其事地和同伴们打牌。2014 年 8 月四川自贡十三岁少女小敏因怕父母赔钱将不慎撞倒的三岁女童琪琪扔入附近粪坑致其死亡。② 还有初中女生恐吓同寝同学并扒衣服拍照等众多的案例让社会不断探讨未成年人教育问题的得失时，也让法律人不得不关注对于未成年人伤害他人的案件应如何以法律来应对。

对于未成年人伤害他人的案件，我国现行法律一般是从民事赔偿角度对受害人给予经济上的补偿，但愈演愈烈的未成年人伤害他人的案件却让我们不禁思考，仅由家长承担民事赔偿这种事后的补偿责任对于未成年人案件的减少能有多少益处。而且以重庆十岁女孩伤害婴儿案为例，从后续的报道中我们得知当加害者的家长逃避民事赔偿责任时，除了公众舆论声援外，受害人得不到任何有效的补偿，哪怕是最基本的医疗费用都得不到保障，更不用说精神损害赔偿了。这样的现状让我们担忧，在现在经济和科技都不断进步的今天，社会的巨大变迁使很多未满十八周岁、甚至十四周岁的未成年人都具备了伤害他人以及危害社会的能力，对这些行为社会应怎样控制？这样的案例让我们反思，对未成年人伤害他人的案例法律如何维护最基本的公平正义？解决此类问题的方法一般有两种，一是借鉴他国的法律，一是从传统法律中寻求适合当今社会的制度。由于 20 世纪初我国传统的中华法系被全盘推翻，导致我国许多优秀的传统法律制度未能有效地传承下来，使我国传统文化流传出现了断层。但近年来，传统法律制度中符合我国现代社会价值的许多制度受到诸多学者的重视，并将其与现代社会相关联，为现代和谐社

---

① http://news. xinhuanet. com/2014 - 02/11/c_126117168. htm.

② http://jiangsu. china. com. cn/html/law/case/339116_2. html.

会发展提供了宝贵的经验及借鉴。

一、立法中应规定家长对未成年人犯罪行为负责

（一）我国传统立法相关规定

自西周以来，我国古代立法中就有对老、幼减免刑罚的规定。西周时期有"三赦之法"，据《周礼·秋官·司刺》："一赦曰幼弱，二赦曰老耄，三赦曰蠢愚。"《礼记》载："八十、九十曰耄，七十曰悼。"即七十周岁以上的老人、幼儿等三类人触犯刑律时应减轻或免除其刑罚。自西周规定这一"矜老恤幼"的刑法原则始，我国几千年来的刑律规定都延续了这项原则，新中国成立之后的《刑法》在总则中先明确了十四岁以下的人不负刑事责任，自修正案八以后，也增加了对于老年人犯罪减免刑罚的规定，完善了这项原则在我国现行法律中的规定，使这一中国传统美德在刑法中得到了完备的体现。

虽然我国自古以来就对未成年人犯罪给予减免刑罚的优待，但并不意味着在古代立法中纵容未成年人犯罪，只是一种有限制的减免。如张家山汉简《二年律令》中规定："吏、民有罪当笞，谒罚金一两以当笞者，许之。有罪年不盈十岁，除；其杀人，完为城旦舂。"依此规定，不满十岁的未成年人只有犯杀人罪以外的罪才可以得到赦免。依《唐律疏议》名例律："诸年七十以上，十五以下及废疾，犯流罪以下，收赎。八十以上、十岁以下及笃疾，犯反、逆、杀人应死者，上请；盗及伤人者，亦收赎。疏议曰：盗者，虽是老小及笃疾，并为意在贪财。伤人者，老小疾人未离忿恨。此等二事，既侵损于人，故不许全免，令其收赎。"唐朝赎以铜为标的，按本条疏议曰："犯加役流，亦合收赎，征铜一百斤。"依唐律规定，

按年龄的不同依不同罪行减免刑罚，对于罪行严重的应判处流刑以上刑罚的犯罪并不是一概减免，且疏议也明确解释：对于盗窃和伤人的罪行，老小疾这三类可以减免刑罚的人也必须承担相应刑责。

除了由本人承担刑责外，唐朝进一步在刑律各卷中明确了由家长代替子孙承担刑事责任，即"家长负责制"。如《唐律疏议》第150条"诸脱户者，家长徒三年"。该条明确在户籍登记中由家长承担瞒报、漏报户口的责任。《户婚律》嫁娶违律条："诸嫁娶违律，祖父母、父母主婚者，独坐主婚。若期亲尊长主婚者，主婚为首，男女为从。余亲主婚者，事由主婚，主婚为首，男女为从；事由男女，男女为首，主婚为从。其男女被逼，若男年十八以下及在室女，亦主婚独坐。"明确由主婚人即"家长"单独承担违律的责任，而非当事人自己。家长除了要对子孙的"人身权"负责外，还要负责子孙的"财产权"。如《唐律疏议》卷十一，"子孙别籍异财"条规定："诸祖父母、父母在，而子孙别籍异财者，徒三年。若祖父母、父母令别籍及以子孙妄继人后者，徒二年；子孙不坐。""同居卑幼私辄用财"条规定："诸同居卑幼，私辄用财者，十匹笞十，十匹加一等，罪止杖一百。即同居应分，不均平者，计所侵，坐赃论减三等。议曰：凡是同居之内，必有尊长。尊长既在，子孙无所自志。"唐律中的规定表明在儒家伦常观指导下的立法不允许子孙有自己的意志与财产，若子孙是在家长的命令下做出违反法律的行为，则子孙不需要承担法律责任，而是由家长代为承担。

（二）我国现行立法相关规定

我国现行立法中对于父母或其他监护人未能尽到监护义务的，规定了一些惩治方法，如依据《中华人民共和国未成年人保护法》

第六十二条规定："父母或者其他监护人不依法履行监护职责，或者侵害未成年人合法权益的，由其所在单位或者居民委员会、村民委员会予以劝诫、制止；构成违反治安管理行为的，由公安机关依法给予行政处罚。"《中华人民共和国预防未成年人犯罪法》第四十九条也有相应规定："未成年人的父母或者其他监护人不履行监护职责，放任未成年人有本法规定的不良行为或者严重不良行为的，由公安机关对未成年人的父母或者其他监护人予以训诫，责令其严加管教。"依据这两部法律的规定，现行法律对于未成年人的监护人的约束方法主要是训诫，最高为行政处罚。训诫在现实生活中的应用程度和力度对于监护人来说是微乎其微的，坦白说并不能起到真正的约束作用。现行法律对于家长对未成年人教育的约束是非常小的，基本上社会中依靠的仍是传统的道德观等非法律因素约束着父母对孩子的管教。但随着生活水平的提高，价值观念中对经济的重视过大，加上独生子女被溺爱，家长重视学习而缺乏对孩子道德、人生观价值观的培养，导致社会中出现越来越多的自私、自大等以自我为中心的孩子，这些孩子对他人冷漠，漠视他人的利益，进而发展出一些以损害他人利益达到自己目的的极端未成年人。这种现象的产生原因是多方面的，但不可否认的是家长在教育孩子方面存在重大缺失，而这种缺失如果没有有效的社会调控手段加以改正，就会对社会造成更大的不利影响。各地屡见不鲜的未成年人侵犯他人权益案件即是最好的例证。

对于未成年人造成他人损害的案件，我国现行法律中只有《中华人民共和国侵权责任法》第三十二条规定："无民事行为能力人、限制民事行为能力人造成他人损害的，由监护人承担侵权责任。监护人尽到监护责任的，可以减轻其侵权责任。有财产的无民事行为能力人、限制民事行为能力人造成他人损害的，从本人财产中支付赔偿费用。不足部分，由监护人赔偿。"依该法第十五条规定，承担侵权责任的方式主要有：（1）停止侵害；（2）排除妨碍；（3）消除危险；（4）返还财产；（5）恢复原状；（6）赔偿损失；（7）赔礼道歉；（8）消除影响、恢复名誉。以上承担侵权责任的方式，可以单独适用，也可以合并适用。同时，在该法第十六条规定了赔偿的范围：侵害他人造成人身损害的，应当赔偿医疗费、护理费、交通费等为治疗和康复支出的合理费用，以及因误工减少的收入。造成残疾的，还应当赔偿残疾生活辅助具费和残疾赔偿金。造成死亡的，还应当赔偿丧葬费和死亡赔偿金。依据以上法律，我们不难看，出现由未成年人造成的对他人损害的后果最后都要落到经济赔偿上，极易给未成年人留下用钱就可以解决一切问题的印象。"钱"似乎是万能的，这种印象只会加剧未成年人本就扭曲的价值观。而且在现有法律规定下，家长作为未成年人的法定监护人对于未成年人造成他人的伤害只负赔偿损失责任，则对于经济环境不同的家庭感受是完全不同的，富裕的家庭会觉得赔偿无所谓而更进一步放任孩子，贫穷的家庭则会让家庭压力加大而对孩子更加苛刻，如上文中的小敏就是因为害怕如果撞伤孩子会给父母"惹祸"才将三岁的女童抛入粪坑。而且当加害人的家长不积极主动地承担赔偿责任，则受害人一方恐怕就只能求助于漫长的诉讼环节了，从立案到执行，其中的艰辛恐怕只有当事人才能真正体会。现行法律未能真正全面保护被未成年人侵犯的被害人的利益，同时也未能达到教育未成年人的目的。

对于未成年人侵犯他人的行为，美国有完全不同的做法。据中新网2014年10月15日电，据外媒报道，美国宾夕法尼亚州一名十岁男孩被以成人法律进行指控，控告其殴打一名九十岁老妇致死。检察官办公室指出，杀人罪"被明确排除在少年法"之外，因此

"触犯杀人罪的少年将被以成人罪名指控"。① 当然，依据我国刑法总则的规定，十四周岁以下儿童为无刑事责任能力人，不能承担刑事责任。但对于愈演愈烈的未成年人伤人甚至杀人案，法律也不应无视，我国虽不能借鉴国外的做法，但以我国历史中曾有的法律规定作为借鉴，适当在我国立法中增加家长对未成年人侵害他人的行为承担相应的法律责任，应能更好地解决现代社会中未成年人侵犯他人的情形。我国古代规定"家长责任制"的根源在于当时社会的指导思想为儒家思想，其强调子孙对尊长尽"孝"，不能违反尊长的意志，因此法律也加重了家长教导子孙的责任，形成独具我国特色的"家长责任制"。这一制度的产生既体现在律法当中，更多地体现在民间法中，这有着深厚的文化根源和社会因素。

二、非法律因素应制约家长对未成年人的行为负责

虽然在我国古代律法中关于家长对子孙的教育责任等内容不是很多，但这并不意味着古人对此内容的忽视。恰恰相反，古人对于子女的教育是非常重视的，每个人的家庭角色要承担什么责任规定的非常细致，从衣着到言行，可谓面面俱到。这些内容并非由法律规定，而是体现在众多的"家训""乡约""族规"中。"家法族规"可谓是独具中国特色的"民间法"，其内容与国家法相呼应。"家法族规"从最初家长对子孙卑幼的告诫之词逐渐发展至将统治阶级的意识融入其中的家庭规范；从以"家训"形式教诲子孙如何立身处世的劝诫之词发展为含有强制性惩罚措施的"家法"，是我国古代规范人们行为的非常重要的法律渊源之一。

---

① http://news.qq.com/a/20141015/031002.htm? tu_biz=v1.

（一）"家训"的指导性行为约束

早在《尚书》中即有周武王告诫其弟康叔应戒酒的记载，自此始，各朝中有远见的家族都制定家训，规范子孙的行为以期家族兴旺。如羊祜《诫子书》、华韧《家劝》、司马光《家范》、庞尚鹏《庞氏家训》、颜之推《颜氏家训》、朱熹《朱子家礼》、曾国藩《曾子家训》等；很多帝王也通过家训的形式告诫后世，如汉高祖刘邦的《手敕太子文》，唐太宗李世民的《帝范》，清康熙的《庭训格言》等。家训是父母兄长对弟侄子孙的教导，是在长期的生产生活活动中总结出的传授给子孙的经验。并且在长期的以农业为生产基础的社会关系内，以血缘和地缘为纽带建立的宗法社会中人们对于家庭、宗族的归属感是非常强烈的，"家国一体"的社会构建下良好的家庭成员关系是保证社会和谐发展的基础，因此在舜帝时就为教导百姓而作"五典"，依《尚书·尧典》："帝（舜）曰：钦哉！慎徽五典，五典克从。"根据《史记·五帝本纪》："舜举八元，使布五教于四方：父义、母慈、兄友、弟恭、子孝，内平外成。""五教"应是有文字记载以来最早的对家庭成员的规范，亦可称为家训的早期起源。周公制礼以后，随着儒家思想逐步成为统治思想，儒家的精神成为社会成员的核心价值观，自名门望族至普通百姓均将儒家经义列入到家训之中。

自西周周公制礼以来，"礼"这一道德含量巨大的行为规范在历经儒家历代的发展下成为统治中国几千年的道德准则。古人认为，万物的原理是道，属性是德。这种文化构成理论即为道德原理。道德是传统中国法的共通原理，是传统中国人视法之为法亦即法的正当性的理论根据。传统中国法的道德原理集中在一个"善"字上，国家法律就是追求"善治"，亦即以博爱的胸怀和精神来制定贯彻法律。① 道德原理表现在行为规范上，在西汉时被董仲舒概括为"三纲五常"，其中三纲是社会的伦理，五常即为对个人的道德要求。三纲指"君为臣纲、父为子纲、夫为妻纲"，五常指"仁、义、礼、智、信"。三纲中父为子纲的伦理要求子女必须遵循家长的意志，同时也要求家长要承担教育子女的义务。正如蒙学《三字经》中明确指出的"养不教，父之过"，将教养子孙的首要责任归于父亲。儒家经义要求做人应"修身、齐家、治国、平天下"，修身是做人的根本，齐家是从家庭走向社会的必要过渡。因此，父母的首要责任是帮助子孙建立正确的为人处世的原则，在古代家训中以"修身"为目的的内容有很多。如明朝姚舜牧作《药言》："一孝立，万善从，是为肖子，是为完人。凡人为子孙计，皆思创立基业。然不有至大至久者在乎？舍心地而田地，舍德产而房产，已失其本矣……"从儒家倡导的"孝"出发，指出教导子孙保有"心地""德产"这些为人处世的精神要素要比留给子孙"田地""房产"等物质要素更重要。在儒家伦理纲常作为核心价值观的中国传统社会中，家训以注重培养子孙的人品为第一要务，明朝吴麟徵作《家诫要言》："人品须从小做起，权宜、苟且、诡随之意多，则一生人品坏矣。器量须大，心境须宽。一念不慎，败坏身家有余。"

当家训成为一种文化之后，统治阶级主流思想意识成为其主导，即核心价值观成为家训文化的基本精神，家训成为核心价值观落实到民间的途径和方法，通过家训切近大众日常生活的语言、行为方式，从而将核心价值观渗透给家庭成员，潜移默化地内化为大众的

---

① 张中秋编：《理性与智慧：中国法律传统再探讨》，中国政法大学出版社 2008 年版，第 29 页。

内心信仰，在普及、推广核心价值观的同时提升家训的精神层次，丰富家训的文化内涵。① 在我们当今社会，父母依然应设定规范作为孩子行为的指导，对孩子的行为负责。当然，现代社会的行为准则与传统社会有了很大区别，并不倡导子女"愚孝"、强调尊卑等级差异；但孝敬父母、为人诚信既是中华传统美德，亦是做人的基本道德要求。虽然现代社会已经没有传统"家训"存在的土壤，但父母绝不能将子女养成"小皇帝"，而应有选择地继承并发扬传统文化中的有益成分，形成符合当代社会核心价值观的"家训"，不仅令子女有规可循，而且让家长也有矩可蹈。在法律规范还未完善的未成年人侵犯他人权益的部分必须由家庭承担后果，亦即由家长负责承担损失，不仅是经济上赔偿损失，更重要的是家长要承担教育子女严禁其再犯错的义务。

（二）"家法族规"的强制性行为约束

中国古代法律维护家庭本位的社会结构，确认家长制度，这不仅是国家稳定的基础，也是封建自然经济存在发展的要求。在伦理立法中最核心的内容是亲情义务法律化与尊卑同罪异罚。至于调整家族关系的家法族规，在封建法律体系中虽居于从属地位，却是国法的重要补充。儒家的礼学教条为家族本位的伦理法治奠定了理论依据；专制主义的政治制度又向父权家长制提出了特殊的要求，这种家国相通以及由服制所表现出的法定的权利义务关系，是中华法制文明所特有的。② "家法族规"正是这种特定法制文明下的产物，从北宋开始，在家族大户的提倡和扶持下，地方性宗族组织迅速发

---

① 刘东升："传统家训在传统价值观培育和践行中的作用"，《辽宁大学学报（哲学社会科学版）》，2014 年第 5 期。

② 张晋藩：《中华法制文明的演进》，法律出版社 2010 年版，第 8 页。

展，进入清代，家族组织更是普遍建立，在乾隆二十九年，江西巡抚辅德查本省建有宗祠的宗族，竟达 8994 族。① 虽然家法族规的数量惊人，但其基本内容和性质都一致。"家法族规"不同于家训这种比较温和的以劝导为内容，而是在此基础上发展成为具有强制性约束力的规范。"房长""族长"等家族领袖可以依此惩治家族内部违反族规的子孙，而且在家族内部并不适用律法中的"亲亲得相首匿"原则，即亲属间不允许隐匿包庇，否则包庇者与被包庇者一同处罚。这种强制性规范弥补了律法当中涉及家庭内部犯罪的不足，在中国古代这些家族内的规范对于家族内部事务的处理起着和法律相同的作用，甚至起着替代法律的主导作用。

家长对于子孙的教养义务在"家训"中体现为谆谆教诲，在"家法族规"中则以违令者遭受惩罚的方式明确家长与子孙的义务。在中国传统社会中，家长对子孙的财产、婚姻都有绝对的支配权，依《礼记·坊记》："父母在，不敢有其身，不敢有其财。"子孙没有属于自己的身份与财产，只能依附于家庭，依附于父母。所以家规规定若子孙行为不轨者，需会同其父母一同定罪才可。如《锡山邹氏家乘凡例》："凡子孙有为不矩者，许通族人等摭实不矩之事，告于宗长，会其父母，明正其罪。"对于子孙违反家长意志的行为一般均会以"不孝"之名治罪。《江西临川孔氏支谱家规条例》："诛不孝。不孝之罪：游惰、博弈、好酒、私爱妻子、货财与好勇斗狠、纵欲，皆不孝之大，一经父母喊出、族长察出，重责革籍，犯忤逆，处死。"对于不遵父母之言的不孝之人，或由父母告诉，或由族长纠举，可处以革除祖籍的重罚，若涉及忤逆则可处死，

---

① 张中秋：《中西法律文化比较研究》，中国政法大学出版社 2006 年版，第 56 页。

族长已有处死族人的最高权威。对于子孙不遵教令而有盗窃伤人等行为的，除本人应负责任外，作为家长更应重重责罚家人，如《馆田李氏宗谱·家法》："贼盗乃王法所不宥，宗族中如有人劫掠人家、图财害命及为票匪者，族长即令自尽。若盗猪牛鸡鸭鱼菜竹木五谷等物，族长责罚示警。其义男犯者，罚其主。若家人私取外人财物，主人即以财物给还失主所，重责家人以谢罪，不得徇私庇护。"

这些家法族规虽未十分明确地将未成年人侵犯他人权益的责任承担者规定出来，但既然子孙的行为都受父母家长的约束，一经犯错必经由其家长，则不论成年子孙或未成年子孙都在家法族规的约束范围内。以"家法族规"这种在社会上得到普遍认同的规范制约家长对子孙的行为负责，是我国古代"家长责任制"的重要体现形式，并形成了社会大众广泛接受的惩罚形式。这些饱含"儒家经义"的规范已经内化成为社会大众的"信仰"，形成了具备普适性的准则，在"三纲五常"的制约下，人们的道德观、价值观是一致的，因此人们可以接受以"家法族规"这类非法律制度作为行为规范。但在我国现代社会，法治成为治理社会的主要手段，但人们内心还没有将法律视为信仰之时，原有的道德观念又颠覆之际，没有有效的手段可以约束人们不道德的行为，这时传统文化的作用更应得到重视。

传统的家训、家法族规以儒家宣扬的"忠、孝"为基础，其中不乏无视人权、要求子孙无条件盲目遵从等不合理之处。在现代社会中，除去不适宜当代精神之处，其中要求家庭应作为培育子女的一座非常重要的阵地却是非常有意义的。作为父母肩负着培养子女的重任，但现在的家庭过多的溺爱或过于重视孩子的学习而忽视了最基本的教导孩子如何做人的责任。网络上有一种流行的说法"中国式家庭＝缺失的父亲＋焦虑的母亲＋失控的孩子",现在失控的孩子给家庭和社会已经带来越来越多的问题是必须引起全社会的关注的大事。我国现在正处于一个新旧、东西方文明互相碰撞的时代,很多人在这种浪潮下迷失,过于推崇西方"自由"等观念,却忽视了东西方两者的本质差别。美国社会心理学家理查德·尼斯拜托的著作名为《看树的西洋人,看森林的东洋人》,非常形象地区分了欧美人与东亚人看待世界的角度不同,西洋人注重于个体,而东方人注重整体。在我们中国尤其注重"家国一体"。但在现代社会,由于西方文化的大量涌入,提倡人权、注重个人权利等思潮的影响,使很多中国人完全抛弃了我国传统的文化价值盲目跟从西方的价值观,反而造成了现代社会人们"自私逐利"等不良现象的产生。现代家庭教育缺失传统道德观的传承,很多家庭或是迫于生计,或是追求利益,出现了大量留守儿童、空巢老人,这些是社会问题,更会引发诸多的法律问题。

法律并不能面面俱到地规定所有事务,我国传统也习惯于通过道德礼义约束教化人的思想,以诸多非法律制度规范人的言行举止。在当代社会将这些"封建糟粕"全部抛弃后,现行法律又未能规定相关制度,导致现代社会出现此类约束的空缺,形成社会不稳定因素。在当代社会法律未能全面完善规定对未成年人伤害他人案件的现状下,一方面完善立法规定,另一方面借鉴传统文化中"家长责任"的做法将是对此类案件的一个较好的解决办法,既能改善现代家庭关系,更能促进社会和谐发展。

第三节
传统继承制度的现代借鉴意义

2016 年 3 月底，一则普法长帖在网上热传——《父母去世后，房屋肯定属于独生子女吗？结论惊呆了宝宝》。文章中有一个独生女小丽在父母双亡后准备把父母的房子过户到自己名下，却被告知她没有权利过户，因为这个房子并不完全属于她。由于小丽父亲去世时小丽的奶奶还在，而这套房产是小丽父母的婚内共同财产，父亲去世后，1/2 房产归母亲，剩余 1/2 房产属父亲遗产由母亲、小丽和奶奶（爷爷先于父亲去世）三人平分，母亲因此共分得 2/3 房产，小丽和奶奶各分得 1/6 房产。奶奶过世后，属于奶奶的 1/6 房产由小丽父亲四兄弟姐妹转继承，每人可分得 1/24 房产，因小丽大伯和父亲先于奶奶过世，由晚辈直系血亲代位继承，小丽因此再获 1/24 房产。小丽母亲现在过世，只有她一个继承人（小丽外公外婆早已去世），母亲的财产全由小丽继承，小丽因此又获 2/3 房产。综上，小丽共获得 $1/6 + 1/24 + 2/3 = 7/8$ 的房产。[1] 虽然小丽作为独生女享有大部分财产，但她却无权处分房产，一时间，网络上对于如何尽早立遗嘱讨论得异常热烈。

此事之所以产生如此热议，一个根本原因即是现行的继承法与中国传统的继承制度以及百姓早已约定俗成的习惯不一致。自古以

---

[1] http://taizhou.19lou.com/forum - 827 - thread - 164091458270652171 - 1 - 1. html.

来，子承父业是天经地义的事，若上文中不是独生女而是独生子继承父母的全部遗产在百姓心目中更是理所当然的事情。而且中国人出于对死亡的忌讳不愿意提前立遗嘱，导致继承中出现各种问题。通过研究传统继承制度的状况，可对当代中国继承法中的法定继承部分提出些许建议，让这部与中国百姓生活息息相关的法律不仅体现法律的规范性，亦能反映中华民族的传统，使继承法得到百姓真心的接纳与执行。继承不仅是财产的继承，对于勋贵之家更重要的是身份的继承，而中国独特的宗法社会使嫡庶的区别显得尤为关键。身份继承在中国传统社会中是个大课题，如何确立"后"在历朝历代均制定相应的法律规范，如汉朝的《置后律》、唐朝的《户令》等，身份继承在传统社会的特殊环境下具有重要的意义，但在当代人人平等的社会中身份继承的实际应用意义已不存在，因此本书中仅注重于研究传统社会中财产继承的内容。

一、法定继承人范围的变迁

（一）由嫡子逐步扩展到近亲

在宗法制社会中，联姻是维系宗法社会的重要手段，身份继承是重中之重，自商武丁确立了"嫡长子继承"后，由嫡长子继承身份与财产就成为宗法社会的准则。除嫡长子外，庶子并不享有继承权，女儿也仅享有获得嫁妆的权利，出嫁女是不能获得遗产的。顾颉刚先生在细绎秦汉史料的基础上，以他对历史的敏锐洞察力认为："古者父产传长子，次子以下为余子，余子无恒产，必外出觅食。"从《吕氏春秋》《史记》的记载中会发现当时许多庶子并不拥有财产的继承权，《吕氏春秋》谓张仪为"魏氏余子"，以无产而习纵横。《史记·陈丞相世家》载："陈平家有田三十亩，固不为贫也。

所以贫者，平于家为余子，必须别自生发，此三十亩所生产者固皆为伯之所有也。"①

宗法社会崩溃后，财产继承渐渐发生了变化。一般认为自西汉时就出现了"诸子均分"的继承原则，主要依据《史记·陆贾列传》载"千金分其子，子二百金，令为生产"，由于陆贾有五个儿子，所以每子二百金正是均分下的结果。但此一个例难以据此认定诸子均分已成为汉朝时期的正式制度。

直至唐代时，财产继承为诸子均分才正式可见于法律当中。即不分嫡庶，亲子或养子都一视同仁，平均分配财产。如唐《户婚律》规定："即同居应分，不均平者，计所侵，坐赃论减三等。"除子有继承权外，唐令中对于户绝者，即无子而有女的情况承认女儿有继承权。依唐《丧葬令》："诸身丧户绝者，所有部曲、客女、奴婢、店宅、资财，并令（本服）近亲转易货卖，将营葬事及量营功德之外，余财并与女。无女均入以次近亲，无亲戚官为检校。若亡人在日，自有遗嘱处分，证验分明者，不用此令。"从唐令的规定内容可知，在唐朝凡同居者都有继承权，不再拘泥于嫡子。并且在户绝之家，除女儿外，近亲亦可适当分得遗产。《主客式》规定："商旅身死，勘问无家人亲属者，其所有财物，由官府收管。其后如有认领者，经查明确是其父兄子弟等，依数酬还。唐文宗太和五年二月敕补充规定：死商有父母、嫡妻及男，或亲兄弟，在室姐妹，在室女，亲侄男，见相随者，便任收管财物。如死商父母、妻儿等不相随，其后亲属将本贯文牒来收认，应委派专知官切加根寻，若实是至亲，责令取保后，即可认领。"依此规定，无亲子的情况下，父母、妻儿以及兄弟、未出嫁的姐妹等近亲亦可作为继承人。

---

① 闫晓君："汉代继承问题刍议"，《法律科学》，2012 年第 2 期。

至明代，将奸生子也并入到继承人的范围，说明传统社会对血缘关系的看重。《大明令·户令》规定："其分析家财田产，不问妻、妾、婢生，止以子数均分。奸生之子，依子量与半分。如别无子，立应继之人分嗣，与奸生子均分。无应继之人，方许承继全分。"

法定继承人的范围由嫡子逐步扩展到诸子，无子情况下由女儿以及近亲属继承。显而易见，中国传统社会中法定继承人主要以直系卑亲属为主，只有当儿女均无时，才会进一步扩展到其他血缘较近的亲属，这与当代法律有较大区别。

（二）养子的法定继承权

由于中国传统社会强调宗嗣的延续，非常重视血缘的传承，因为在古人看来，祖先是必须由后世子孙祭祀才能收到供养，若没有子孙的祭奠祖先则会成为孤魂野鬼，所以有"不孝有三，无后为大"的说法。所以，在继承中养子是一个比较特殊的群体。记录养子有继承权的可追溯至汉代。据《后汉书·顺帝纪》载："阳嘉四年，春二月，初听中官得以养子为后，世袭封爵。"该记载说明养子在汉朝已取得同亲子同样的继承权利。只是此记载主要注重于养子对于身份的继承，依照汉朝初期"非子""非正"的法律规定，非亲生子和嫡子是不可以继承爵位的，大概缘于中官不能有亲子，才会法外开恩，可以由养子继承爵位，其他人却是不可以的。按惯例，继承身份自然即可继承财产。

至唐代，对于养子有了更加详细的法律规定，以防在继承中出现纠纷。唐朝时基本确定了养子应该从同宗族内收养，目的也是尽可能保持血缘的相近性，因此对于没有血缘关系的收养行为，法律不予承认，自然也不能继承遗产。若收养者在收养后又生子的，可以将养子还回亲生父母，以保证血缘的传承。如唐《户婚律》"无子舍去条"规定："诸养子，所养父母无子而舍去者，徒二年。若自生子及本生无子，欲还者，听之。即养异姓男者，徒一年；与者，笞五十。其遗弃小儿年三岁以下，虽异姓，听收养，即从其姓。疏议曰：依户令：无子者，听养同宗于昭穆相当者。所谓昭穆，指祖、父、子、孙的辈分。"按照唐时的法律规定，收养必须在同宗族内收养，不得收养非同宗者，更不能收养"贱民"，依《户婚律》："诸养杂户男为子孙者，徒一年半；养女，杖一百。官户，各加一等，与者，亦如之。若养部曲及奴为子孙者，杖一百。各还正之。"收养违法者不但受到刑罚处分，而且其收养无效。

到了宋代，在唐律的基础上将养子分成两种，即命继子和立继子。命继子是指养父母双亡后，由近亲尊长在同宗中指定的养子。立继子是指养父母至少有一方生存之时收养的同宗养子。按照法律规定，收养非同宗者应为三岁以下儿童，令其改为本姓，视同为亲子。本来国家法律规定只能收养同宗者的原因在于传统社会中重视血缘的延续，但之所以可以收养三岁以下儿童并将其视为亲子，原因在于"国家不重于绝人之义也"。南宋时规定："在法，诸因饥贫，以同居缌麻以上亲与人，若遗弃而为人收养者，仍从其姓，各不在取认之限，听养子之家申官司附籍，依亲子孙法。"明确了异姓养子与亲子享有同等继承权。

至清代，为了保证家族血缘的纯正性，更是创设"独子兼祧"制度，《大清律例·户律》规定："如可继之人亦系独子，而情属同父周亲，两相情愿者，取具阖族甘结，亦准其承继两房宗祧。"养子与养父母的关系实则为叔侄，最大程度保证了血缘的延续。

二、法定继承份额

关于继承的份额，如上文所述，商周时期为嫡子继承全部财产，庶子分不到遗产。至汉代有了"诸子均分"的实例。但现有法律规定比较完善的当属唐令。依唐《户令》："诸应分田宅者，及财物，兄弟均分；妻家所得之财，不在分限。兄弟亡者，子承父分。兄弟俱亡，则诸子均分。其未娶妻者，别与聘财。姑姐妹在室者，减男聘财之半。寡妻妾无男者，承夫分。若兄弟皆亡，同一子之分。唐文宗开成元年七月敕补充规定：其间如有心怀觊望，孝道不全，与夫合谋有所侵夺者，委所在长吏严加纠察，如有此色，不在给与之限。"显然，在中国传统社会中，唐以前的女子拥有自己的独立财产，其财产不属于遗产。而未出嫁的女儿可以得到聘财，份额为儿子的一半。唐亦规定了代位继承，由孙继承子的份额，守寡者亦可获得夫份。

宋代沿袭唐律令的基础上，对其新出现的继子份额进行了规定。按《名公书判清明集·立继》："依户令：诸户绝财产尽给在室诸女。又曰：诸已绝而立继绝子孙，于约户财产，若只在室诸女，即以全户四分之一财产给之。"清明集中又有对赘婿继承财产的规定：诸赘婿有以妻家财物营运，增至财产，至户绝日，给赘婿三分。诸户绝财产尽给在室诸女。归宗者减半。命继子按照"命继子条"：若无在室、归宗、出嫁诸女，以全户三分之一，所剩者，一半加给命继子，一半归国库。绝户人家，止有出嫁诸女者，即以全户三分为率，以二分与出嫁女均给，余一分没官。即娘家没有在室女归宗女时，出嫁女与命继子均分家产的三分之二，其余三分之一归国库。

元代绝户之家的在室女可获得全部遗产。《大元通制》规定："若有户绝，别无应继之人，谓子侄弟兄之类，其田宅、浮财、人口、头疋、尽数收入官，召人立租承佃，所收子粒等物，通立文簿，申报上司。如抛下男女十岁以下，付亲族可托者抚养，度其所需支给。虽有母招后夫或携以适人者，其财产亦官为知数，如或嫁娶，或年十五，尽数给还。"

以上法律规定基本上确立了诸子平均继承遗产份额，女儿继承份额为子的一半。但户绝之家和继子的份额则另有不同。

继承在中国是一个家庭内部财产传承的方式。考察中国的传统法律制度无论哪个朝代、哪个民族都将直系卑亲属作为第一顺序的法定继承人，保证家庭财产不外流，这符合人之常情，仅当被继承人没有亲生子女时，才会考虑父母、兄弟姐妹这些近亲属作为法定继承人。在中国传统社会，即使遗嘱继承的效力要高于法定继承，但当遗嘱继承的内容与人情不符时，司法官仍会按情理改判，并且这样的改判会获得民众的支持，成为民众津津乐道的美谈从而广为流传。如记载于《太平御览》卷八百三十六引应劭《风俗通》的案例"何武断剑"："悉以财属妇，但以一剑与男，年十五以付之。司空何武断曰：剑，所以断决也；限年十五，有智力足也。女及婿温饱十五年已幸矣！谓武原情度事得其理。"这是汉代何武将遗嘱给付女儿女婿的财产改判给儿子的一个经典案例。清朝光绪年间成书的《不用刑审判书》中记载了一个案例，老父写下遗嘱"张一非吾子也家财尽与吾婿外人不得争夺"。① 张一飞（非）作为独子，因其年幼父亲在临终前承诺女婿只要将儿子抚养成人即可得到全部遗产，因其成人后对姐夫的虐待忍无可忍提起上告，当时的司法官重新断句，将遗嘱解释为"张一非吾子也，家财尽与；吾婿外人不得争夺"，将本由女婿占有的财产重新归给儿子。这两个案例一个发生在

---

① 刘星：《古律寻义》，中国法制出版社 2015 年版，第 101 页。

汉代一个发生在清代，时间跨度虽长，但判决无一例外都得到广泛的支持，正是因为判决虽然违背或更改了遗嘱，但其改判后的结论更符合中国人的情理观念。

法律规定法定继承人以及份额，目的是保证这份传承不会引发太多的争执，从而保证家庭以及社会的和谐与稳定。毕竟家庭是构成社会的基本单位，家庭的和睦是社会平稳的保障。"家和万事兴"，在中国现阶段，制定继承法时还应遵守中国传统社会中的习惯，将子女作为第一顺序继承人，将父母、配偶作为第二顺序继承人，将其他兄弟姐妹等近亲属列为第三顺序继承人。如此则更符合中国人的传承习惯，不至于在继承中出现不必要的麻烦甚至纠纷，以保证社会的和谐稳定。

第三章

传统刑事法律制度的现代化研究

我国传统律典是以刑法为核心的集合诸多部门法形成的综合式法典，因此有"诸法合体，以刑为主"之称。刑律是中国传统法律制度的核心，其包含了诸多闪光点，在现代法治社会建设中仍有其存在的空间与借鉴意义。下文中将从刑罚结构、传统刑事政策、传统刑法原则、具体刑事制度、民意等内容对传统刑事制度在现代法治中的借鉴意义进行论述。①

第一节
传统刑罚结构的演变及其现代化研究

在中国法制史中，刑罚的变革体现了刑罚从野蛮到文明的发展，不同少数民族的政权刑罚亦体现了其民族特色。有刑罚并不等于形成了刑罚结构，刑罚结构是组成刑罚系统的刑罚要素相互联系的稳定形式和相互作用的基本方式。② 刑罚结构可分为宏观刑罚结构、中观刑罚结构和微观刑罚结构。宏观刑罚结构是调整犯罪与非犯罪的，同具体刑罚联系不大。中观刑罚结构即刑罚体系，分析主刑和附加刑的分布是否合理。微观刑罚结构是具体到个罪时法定刑的量刑幅

---

① 本章中的内容是由房丽前期研究成果组合而成。
② 梁根林：《刑罚结构论》，北京大学出版社 1998 年版，第 11 页。

度。从整体发展上考察，中国刑罚结构的发展史有着其独特的特点，是中国传统法律的特色之一。我国现行的刑罚结构存在"生刑过轻，死刑过重"的结构不合理现象，在我国刑法学者不断呼吁要逐步减少死刑的适用以废止死刑的观念下，如何调节我国现有的刑罚结构，找出死刑的替代措施而又不会引起民众的反感，或可从古代的刑罚结构设置中寻求有益的借鉴。

一、刑罚结构未形成时期

这时期指西周前的三皇五帝及夏商时期。《周礼·司圜》疏引《孝经纬》云："三皇无文，五帝画象，三王肉刑。"《汉书·刑法志》云："禹承尧舜之后，自以德衰而制肉刑。"在传说的三皇五帝时期，刑罚以象刑为主，即只是象征性的惩罚并不真正造成肉体的痛苦。但《吕刑》则言："苗民弗用灵，制以刑，惟作五虐之刑曰法，爰始淫为劓、刵、椓、黥。"在禹之前，社会处于原始社会末期，刑罚是以氏族习惯的形式存在，不成系统。自禹之后，开始采用肉刑，即慢慢形成了所谓的奴隶制五刑，即黥、劓、刖、宫、大辟。从现有的《周礼》和《尚书》中的记载可知，夏商时期除了五刑外，其他刑罚均为针对一事或一时之法，如劓殄、醢脯等，并未真正形成系统的刑罚结构。在奴隶社会里，凡受刑事处罚的刑徒，除死刑以外，都要一律为官府从事奴隶劳动。[①] 据《汉书·刑法志》载："墨者使守门，劓者使守关，宫者使守内，刖者使守囿，完者使守积。其奴，男子入于罪隶，女子入于舂槁。"师古注云："男女徒总名为奴。"即五刑中，除死刑外，其余都可视为

---

① 乔伟："五刑沿革考（上）"，《山东大学学报（哲学社会科学版）》，1988 年第 4 期。

今天的无期徒刑，因此五刑只是两类刑罚，尚未形成刑罚层次分明有序的刑罚结构。

二、刑罚结构初步形成时期

我国刑罚开始出现轻重适应的有层次的刑罚体系结构应在西周。据《通典》载："周有乱政，而作九刑。三辟之兴，皆叔世也。言九刑，以墨一，劓二，刖三，宫四，大辟五，又流六，赎七，鞭八，扑九，故曰九刑也。"除此之外，《周礼·秋官·大司寇》中载西周时"以圜土聚教罢民""以嘉石平罢民"。圜土之制中服劳役的期限为一年至三年，嘉石之制中坐石时间三日至十三日，劳役时间为三个月至一年五等级不同。则西周时期已基本形成了死刑、肉刑及无期徒刑、有期徒刑、流、鞭、扑这样的刑罚结构。其中死刑又分成了若干不同轻重的刑罚，据《刑书释名》载，周朝的大辟分为七等：斩、杀、搏、焚、辜磔、踣、馨。在西周出现相对较轻刑罚的原因与当时的刑罚指导思想是分不开的。《吕刑》载"惟敬五刑，以成三德"，"五辞简孚，正于五刑。五刑不简，正于五罚。五罚不服，正于五过。五刑之疑有赦，五罚之疑有赦，其审克之"。即西周用刑的目的是为了体现刚克、柔克、正直这三种美德。为实现这三种美德，用刑定罪必须公正，证据确凿能经得起民众检验方可用刑，否则应按疑罪从赦的原则处理。在西周明德慎罚思想指导下，出现较夏商时期较轻的刑罚方式就不足为怪了。但此时的刑罚结构系统并不完善，肉刑下一级刑罚为圜土之制，最长期限只有三年，与无期徒刑相比差距过大，而在西周流刑并未成为一种常用刑，不能弥补此间的差距，鞭扑刑的具体数目也未有明确规定，其刑罚力度较其他刑罚相比幅度很难比较。因此，在西周虽然已经初步形成刑罚结构，但其体系并未真正建立。

三、刑罚结构的完善时期

（一）秦

秦朝作为以法家思想指导立法的朝代，遵从"事皆决于法"的立法思想。随着罪名的增多，其刑罚也相应地体现出轻重有序的系统性特点。从史料及《睡虎地秦墓竹简》中可找到多处记载秦朝刑罚规定的文字。秦朝可以作为主刑的刑罚最重为死刑，其死刑种类非常多，据《史记·秦本纪》载："文公二十年，法初有三族之罪。"《始皇本纪》："长信侯作乱而觉，……战咸阳，斩首数百，……等二十人，皆枭首，车裂以徇，灭其宗。""有敢偶语诗书者，弃市。""始皇三十五年，……皆阬咸阳。"二世时"六公子戮死于杜"。《李斯传》载："二世二年七月，上具斯五刑，论腰斩咸阳市。"《通考》载："十公主磔死于杜。"则死刑主要有夷三族、斩、枭首、车裂、具五刑、弃市、腰斩、磔、阬、戮。第二等为肉刑，即黥、劓、斩左趾、斩右趾和宫刑，在秦朝肉刑一般同劳役刑合并执行，如黥为城旦。第三等为劳役刑。据《汉旧仪》载："秦制，鬼薪者，男当为祠祀鬼神，伐山之薪丞也；女为白粲者，以为祠祀择米也。司寇，男守备，女为作如司寇。男为戍罚作，女为复作。另据为城旦舂、鬼薪白粲、司寇、作如司寇、罚作、复作。"第四等为迁刑。秦简《傅律》："百姓不当老者……户一盾，皆迁之。"此刑虽类似于后世的流刑，在秦时是比较轻的刑罚，所迁之处也无远近的区别。第五等为财产刑，赀刑。在秦简中有一百多处关于"赀刑"的记载，包括赀钱、赀徭和赀戍三种。第六等为谇，多用于轻微犯罪的官吏。秦简《效律》："仓漏朽禾粟……谇官啬夫。"第七种只针对有已有爵位者，夺爵、士伍、籍其门。《秦本纪》："武安君白起有罪，为士伍。"《始皇本纪》："五百石以下不临，迁，勿夺爵。自今以来，操国事不道如不韦者，籍其门。"以上七种刑罚中前五等为常用刑罚，第六、第七适用范围有限制，可不视为普遍适用的常刑。从这七种刑罚构成的刑罚体系分析，已经形成了轻重有序的刑罚结构，但其中的肉刑和劳役刑并未明确行刑的时限，虽然轻重有别，却未能形成完备有序的刑罚阶梯，这是刑罚结构初形成时期的弊端所在。

（二）汉

汉初虽沿袭了秦代的刑罚制度，但汉代统治者采取了与秦代完全不同的立法思想，在汉初至汉景帝时期，主要以黄老思想作为立法思想，这期间对刑罚结构影响最深远的即是汉文帝时的废除肉刑改革。据《汉书·刑法志》载："文帝十三年，除肉刑。定律曰：诸当完者，完为城旦舂；当黥者，髡钳为城旦舂；当劓者，笞三百；当斩左止者，笞五百；当斩右止，及杀人先自告，及吏坐受赇李瑞枉法，守县官财物而即盗之，已论命复有笞罪者，皆弃市。"自此延续几千年的肉刑体制开始打破，笞刑开始作为常规刑广泛应用。景帝元年定律："笞五百曰三百，笞三百曰二百。中六年，减笞三百曰二百，笞二百曰一百。"缓解笞刑数目过多导致的"内实杀人"的状况。经文景时期废除肉刑中的黥、劓、刖三种刑罚后，使刑罚结构转变为由死刑、宫刑、笞刑、劳役刑、迁刑、罚金刑构成的刑罚体系。汉代在改造秦代劳役刑中，又增添了顾山。依《平纪》载："元始元年，天下女徒已论，归家，顾山钱月三百。"汉代改变了秦代的刑罚结构，将死刑与劳役刑之间的肉刑改为笞刑，汉文帝时将原本不必处死的斩右止改为弃市，斩左止改为笞五百，导致犯人行刑后甚至行刑中死亡，加重了原本的死刑比例，汉景帝时期对此弊端的修正减轻了死刑的比例，却造成了死刑与劳役刑之间的空当过大，导致刑罚结构比例严重失调。

（三）三国两晋南北朝

三国时期魏制定的《新律》确定刑罚为七类：死刑三，髡刑四，完刑、作刑三，赎刑十一，罚金六，杂抵罪七。

《晋律》死刑期三，耐罪四，赎罪五，杂抵五，鞭，加作。据《唐六典》："晋刑名之制：大辟之刑有三，一曰枭，二曰斩，三曰弃市。髡刑有四，一曰髡钳五岁刑，笞二百；二曰四岁刑；三曰三岁刑；四曰二岁刑。赎死金二斤，赎五岁刑金一斤十二两，四岁、三岁、二岁各以四两为差。又有杂抵罪，罚金十二两、八两、四两、二两、一两之差。弃市以上为死罪，二岁刑以上为耐罪，罚金一两以上为赎罪。"《晋志》载："诸重犯亡者，发过三寸辄重髡之，加作一岁。"

南朝律法一般沿袭晋律，其中梁在此基础上进行了改革。又制九等："一岁刑，半岁刑，百日刑，鞭杖六等。又八等，一免官，加杖督；二免官；三夺劳百日，杖督；余杖督五等。"① 三国及晋朝的刑罚结构在汉朝的基础上增加了五岁刑，稍微改变了死刑与劳役刑之间的差距，但总体上五年徒刑和死刑之间的差距仍然过大，刑罚结构依然存在比例失调的问题。南朝的刑罚结构较之汉朝并未做出重大调整，只是在轻刑上有所变动。对杖刑和鞭刑的设置以及后期封建制五刑的形成起到了促进作用。

而北朝立法则对刑罚结构有了新的重大突破。北魏时明确了流

---

① 沈家本：《历代刑法考》，中国检察出版社2003年版，第32页。

徒的限制。《魏书·孝文纪》："太和十六年五月，诏群臣于皇信堂更定律条，流徒限制，帝亲临决之。"北魏刑罚结构中的又一突破为"备"刑。《魏志》："昭成建国二年，盗官物，一备五，私则备十。"其中徒刑为原汉时的劳役刑转变而来，流刑由成为填补死刑与徒刑之间的新刑种。备刑则是以赔偿损失为主要内容的刑罚，应由罚金刑发展而来，只是更明确了以金作为赔偿损失的刑罚性质。而北周时进一步将流刑分成五等，据《隋志》："保定三年《大律》制罪，……四曰流刑五：流卫服，去皇畿二千五百里者，鞭一百，笞六十。流要服，去皇畿三千里者，鞭一百，笞七十。流荒服，去皇畿三千五百里者，鞭一百，笞八十。流镇服，去皇畿四千里者，鞭一百，笞九十。流蕃服，去皇畿四千五百里者，鞭一百，笞一百。"则流刑按流放地离皇畿的里程分为五等，同时附加鞭刑和笞刑。北齐时则将死刑五等减为四等，杖刑减为三等。

较之于南朝死刑与其他刑罚差距过大的刑罚结构，北朝的刑罚结构则更合理，北魏律首次在死刑与徒刑间以流刑作为补充，北周律又将流刑按里数分成五等，极大地完善了刑罚阶梯的结构。北朝的立法对后世隋唐的影响非常重要，隋朝确立的封建制五刑基本上就是在北齐时期确定的刑罚结构基础上改动而来的。

四、刑罚结构的完成及进步发展时期

（一）隋唐[①]

隋朝在《北齐律》的基础上于开皇元年制定的《开皇律》中规定刑罚结构为："死刑二，流刑三，徒刑五，杖刑五，笞刑五"，确

---

① 与本部分内容相关的部分研究成果见附录 3 中《杖刑在唐律中的适用》一文。

立了封建制五刑体系。五种刑罚由重至轻呈阶梯状排列形成了较完善的刑罚结构。

唐律在完全继承隋律的刑罚结构体系基础上，在流刑中增加了"加役流"适用于减死之刑。"武德中改为断趾，贞观六年改为加役流，谓常流唯役一年，此流役三年，故以'加役'名焉"①。加役流的出现进一步弥补了死刑和生刑之间的差距，使封建制五刑体系更加完善。

（二）宋至清

宋代的刑罚结构虽然没有重大变化，但在具体实施上有了一些改变。杖刑实行折杖法，死刑中增加了凌迟刑，在死刑与流刑之间增加了配隶刑。《宋史·刑法志》载："凡应配役者傅军籍，用重典者黥其面。会赦，则有司上其罪状，情轻者，纵之；重者，终身不释。"配隶刑是重于流刑轻于死刑的刑种，但与唐代设置加役流不同，配隶刑是宋代"重法"在刑罚中的体现，本质上是重刑的倾向而非唐律中轻刑的倾向。

元朝的笞杖刑实行以七为尾数的方法，这是刑罚在执行中的改变，并未动摇原笞杖刑的结构比例。此外，元朝还新增了"出军"刑。据《元典章·新集·刑制门》："奴儿干出军条：强盗持杖，不曾伤人，但得财，一百七，出军……"此刑成为明朝充军刑的前身。元朝又设置了与流刑不同的迁徙刑。据《元史·文宗纪》："天历二年，更定迁徙法。"此刑类似于唐朝时的移乡，即改变原籍不得迁回的刑罚。

在明朝的律典中，《大诰》只适用于朱元璋时期，虽然其中规定

---

① 沈家本：《历代刑法考》，中国检察出版社 2003 年版，第 51 页。

了许多酷刑，但非明朝的常刑。明律在刑罚结构中又新增了"杂犯斩绞准徒五年"与"杂犯流总徒四年"两种刑罚，作为判处死刑时但其情可矜的犯罪可以不执行死刑改判为五年和四年徒刑。这两种徒刑是明律宽于唐律的刑罚设置，是将原死刑改判为徒刑的刑罚设置。明律中还新增设了充军刑，据《明史·刑法志》："流有安置，有迁徙，有口外为发，其重者充军。充军在明初唯边方屯种，后定制，分极边、烟瘴、边远、边卫、沿海、附近。军有终身、永远。"充军刑较唐律中的流刑刑罚要重，逐步体现出我国封建专制不断发展进程中刑罚不断加重的倾向。

清朝对笞杖刑又进行了改造，改为竹板行刑。将原来十到一百下的笞杖刑改为四至四十下的打板子。将充军定为重于流刑的刑罚种类，分为附近充军、近边充军、边远充军、极边充军、烟瘴充军五等，号为"五军"。清朝特别创立的刑罚有发遣刑，是将罪犯发配至边疆地区给驻防八旗官兵当差为奴的刑罚，为仅次于死刑的重刑。清朝的死罪又分为绞监候、斩监候、绞立决、斩立决四种。在原本死刑分成两种的基础上又进行了区分。至清代，我国古代刑罚结构已经非常完善，由重至轻形成了死刑立即执行、死刑监侯执行、发遣、充军、流刑、徒刑、板刑七等刑罚构成的刑罚阶梯，其中死刑与生刑之间的差距合理，各类刑罚之间已形成轻重比例适中的结构。

五、我国历史中刑罚结构的特点

（一）刑罚结构的设置体现立法思想

从西周设置刑罚开始，为了体现其"明德慎罚"思想，重视德育教化的作用，在西周开始设置"圜土之制"与"嘉石之制"。秦代体现其"以法为本，事皆决于法"的思想，为各类具体事务都规定了处理办法，秦代刑罚种类较之以往全面许多。汉初以"黄老思想"的休养生息为指导思想，在刑罚种类中废除了肉刑这一沿袭了两千年的刑种。汉武帝"独尊儒术"后，在儒家思想和前期废除肉刑的影响下，汉代刑罚结构比例失调以轻刑为主。三国两晋南北朝时期是"法律儒家化"发展的关键时期，许多儒家思想成为法律原则，相应的刑罚结构趋于比例适中，且刑罚结构均以轻刑为主。唐提出"德礼为政教之本，刑罚为政教之用"的治国思想，在隋律基础上形成了完善的刑罚结构体系。宋代时我国封建社会专制进一步加强，以重法为立法趋势，在刑罚结构中则体现为死刑中增加了凌迟刑并在流刑之上增设了配隶刑。明朝立法以"重其所重，轻其所轻"为特点，增加了充军刑，加大了重刑在刑罚结构中的比例。清代沿用明朝的律典，满族统治者为缓和社会矛盾将轻刑中的笞杖刑改为更轻的板刑，将死刑案件中可矜可缓的设置监候；但同时亦设置发遣刑等重刑作为维护封建极端统治的手段，形成了以重刑为主的刑罚结构。

纵观历史不难发现，各个朝代的立法思想都会直接影响刑罚结构的体系设置，虽然总体上刑罚由野蛮向文明发展，如文景时期废除了奴隶制时期盛行的野蛮的肉刑；但随着封建专制的加强，刑罚体系还是体现出向重刑化发展的倾向，甚至有些肉刑如墨刑在宋、清代都适用。从宋代开始，统治者对判处笞杖刑这类危害不大的犯罪都从宽处罚，如宋代的折杖法和清代改笞杖刑为板刑等，但轻刑在整体刑罚结构中所占的比例较小，而自宋以后新增设的如配隶、充军、发遣等重刑在刑罚整体结构中占有重要比例，导致我国刑罚结构呈现出重刑化的倾向。

（二）刑罚结构体系设置与刑法适用原则衔接密切

自西周起，我国古代刑罚结构设置与当时的刑罚适用原则即可密切衔接。以数罪并罚为例，西周时期的刑罚结构以肉刑和无期徒刑为主，其数罪并罚的原则为吸收原则，一方面是其"明德慎罚"思想的体现，另一方面在刑罚执行中，数个无期徒刑并罚时应用吸收原则更符合实际。秦朝数罪并罚则适用并科原则，既体现了其重刑思想，又与其刑罚结构较完备相关，秦代已基本形成肉刑与无期徒刑与有期徒刑和罚金刑的刑罚阶梯，具备并科适用刑罚的量刑条件。唐代则依数罪的不同等级分别适用并科原则、限制加重原则和吸收原则。再如减轻刑罚适用的原则，自西周确立"八辟立邦法"后，中国传统刑罚适用中一直存在适用于特权阶级的减轻刑罚适用的原则，唐代时已经明确为"议、请、减、赎、免、官当"六种，每一种都针对特定的阶级，限制可以享受特权的刑种和刑度。如享受"议"的特权人物死罪可降为流罪，流罪以下例减一等。而"请"一级则对应处死刑者可依律定罪后上请皇帝裁决，流罪以下例减一等。"减"一级则没有减轻死罪的特权，只能在流罪以下例减一等。由此可见，唐代时的减轻刑罚适用的原则正是在其刑罚"笞、杖、徒、流、死"的体系中完成的。

（三）死刑在刑罚结构中的变化

从我国刑罚结构历史发展中不难看出，死刑在我国古代始终是一项非常重要的刑罚措施，在历史发展中体现出两极化的发展趋势。一方面在死刑的方式上，死刑的执行从早期的脯、醢等残酷的方法渐渐定型为封建时期的斩、绞两类，至宋以后又加上凌迟刑。而至清朝时，又将不是必须立即执行死刑的犯罪设定斩监候和绞监候两类可以经秋审后改判其他刑罚的方式，表现出死刑方式的不断轻缓化的发展趋势。但另一方面在死刑的设定数量上则体现出不断上升的趋势。据沈家本考证，我国死刑之数为夏朝200、西周初期500、穆王时期200、汉朝武帝409、唐律233、宋律233、元朝135、明朝282、清朝813。① 从整体趋势发展看，统治者对死刑的依赖是曲折上升的，这其中还不包括古代社会中诸多特别法规对死刑的规定。

　　我国传统刑罚结构的设置是在当时的立法思想和刑法适用原则指导下构建的，适应了当时的法律实践，为当时国家的稳定和繁荣提供了坚实的保障。在我国现阶段，现有的主刑是由"管制、拘役、有期徒刑、无期徒刑、死刑"五种刑罚构成的刑罚结构，在刑罚设置上形成了轻重有序的刑罚体系。但在我国刑罚适用和执行过程中，由于减刑、假释在实践操作中的很多弊端使我国长期自由刑和生命刑之间不能有效衔接，从而导致生命刑的过渡适用，即形成"生刑过轻，死刑过重"的刑罚适用缺陷。因此，若要实现死刑在我国减少适用直至废止，其中不可忽视的内容即是无期徒刑的真正实行，而不是"打折"的刑期，只有形成轻重有序的刑罚结构体系，才有可能找到取代死刑的刑种，才有可能获得民众的真心支持。吸取我国古代刑罚结构设置与其刑法适用原则密切配合的经验，在我国现阶段刑罚结构改革时亦应配合我国的刑法原则以及刑事政策的需要在立法和司法中设定轻重有序的刑罚结构。

---

　　① 徐忠明："古典中国的死刑：一个文化史与思想史的考察"，《中外法学》，2006年第3期。

第二节
传统刑事政策的演变及其现代化研究

刑事政策这个名词起源于德国，自克兰斯洛德和费尔巴哈后诸多学者都研究刑事政策，对刑事政策也有多种定义。一般分成三类：最狭义刑事政策、狭义刑事政策、广义刑事政策。最狭义刑事政策只指刑事立法政策或至多将其扩展到刑事司法领域，刑事政策的调整手段也仅限于刑罚。狭义刑事政策是指国家以预防和镇压为目的，运用刑罚以及具有与刑罚类似作用的各种制度，对犯罪人及有犯罪危险的人所采用的刑事上的对策。广义上的刑事政策认为所有对于犯罪的防止与控制有一定联系的政策，如政治政策、经济政策、人口政策、劳动政策等都是刑事政策的范围。①

我国的刑事政策是从狭义上定义的，自新中国成立以来，我国刑事政策经历了由惩办与宽大相结合到"严打"，再到宽严相济的演变过程。宽严相济刑事政策是指"当宽则宽，该严则严；宽以济严，严以济宽；宽严有度，宽严审时"②。是与国际上"轻轻重重"的两极化刑事政策对应的，符合国际发展趋势。"轻轻"指对轻微犯罪、包括偶犯、初犯、过失犯等主观恶性不重的犯罪，处罚更轻；"重重"指对严重的犯罪，处罚较以往更重。一般"轻轻"是和非犯罪

---

① 张亚平：《宽严相济刑事政策研究》，中国检察出版社 2008 年版，第 9 页。
② 马克昌："宽严相济刑事政策刍议"，《人民检察》，2006 年第 19 期。

化，非刑罚化联系在一起的，"重重"则是针对一些特别的犯罪和累犯要以重刑处罚。如美国的"三次打击法"，若一个人犯三次重罪的，则应处以终身监禁且没有假释，即体现对累犯的严厉惩罚。对轻者和重者实行两极分化的刑事政策，既能体现防卫社会的特别预防的目的，亦能合乎罪刑均衡的需要。

在传统刑事法律中，虽没有使用刑事政策这样的名词，但其中不乏与刑事政策内涵一致的内容。西周时期的"三国三典时期"即是典型的刑事政策，即"一曰刑新国用轻典；二曰刑平国用中典；三曰刑乱国用重典"（《周礼·秋官·大司寇》）。这一治国政策被封建社会所继承，如汉唐初期都采取了"与民休息"的休养生息政策，制定法典时都轻法省刑，以农为本，减轻徭赋的举措都使国家迅速的稳定下来，并积累了大量的财富，在此基础上才保证了汉唐两大强盛帝国的延续。而明太祖朱元璋在建立明朝之初认为国家处于元末的乱世之中，农民起义、官员贪腐等社会问题严峻正应按照"刑乱国用重典"的政策治理国家，于是在明朝之初便制定法令严苛的《明大诰》，凌驾于《大明律》之上，制定"奸党"罪，采取"剥皮实草"等残酷的刑罚对待贪官污吏。但社会治理的实际情况是重典并未能有效地治理社会的乱象，反而由于罪刑的格外严酷导致统治阶级内部矛盾重重，内耗严重，使初定的江山一开始就未稳定下来，导致明朝未能出现汉唐的盛世。而且明朝的重典治吏政策使统治阶层内耗严重，即使拥有经济、人口等诸多优势仍是被满人攻入山海关，导致灭亡。清朝初年，统治者积极吸取明朝灭亡的教训，采取了一系列平复民族矛盾的宽缓政策，实行"满汉一家"等政策，恢复国力，实现了"康乾盛世"。几千年的历史经验一直验证着"三国三典"刑事政策的实用性和可靠性，以至在新中国成立后也有其影响。

我国现行的宽严相济政策既有自身的文化传承，又和国际接轨。

从严的要求看，严即严格、严厉。严格要求法律制定后司法操作时应严格执法，行为构成犯罪的必须依法定罪量刑，一罪一罚，数罪数罚，不能折中。严厉则要求对待罪行重的犯罪人在量刑时不得轻纵，该重则重。宽则包括宽容、宽恕，是刑法谦抑性的体现。对待犯罪行为较轻，犯罪分子能够悔过自新，及时弥补造成的损失的，作为社会应该能对其宽容，虽然犯罪者实行了犯罪，应对其所犯下的罪行承担责任，但如国家、社会能对犯罪人进行宽容，不再过分追究他们的责任，由国家、社会或其他人分担这一行为所造成的后果，则更有益于社会秩序的恢复。因为社会是一个整体，每个人不过是沧海一粟，其社会关系的错综交织决定了连带责任是不可推卸的。[①] 在严与宽相互矛盾的政策之中，重点在于"济"，即二者之间应互相补充、协调。中国自古即信奉"中庸"，并非"和稀泥"之意，依宋代学者程颐的解释，就是"不偏之谓中，不易之谓庸"。即反对过与不及，要在过与不及两端之间转折和把握一个中点或度，也就是量变到质变的界限，以保持事物的常态不变。宽严相济亦如此，要在宽和严中把握好"度"。

当前我国虽确立了宽严相济的刑事政策，但现行的刑罚结构却反映出"生刑过轻，死刑过重"的缺点。如上文所述，虽然立法中我国刑罚体系基本合理，但在刑法分则中，死刑条款规定过多，无期徒刑减为有期徒刑后的期限过短，再配合我国现有的减刑制度，无法形成生刑与死刑之间的过渡。在我国古代奴隶制时期，以肉刑为主，死刑为最重刑，较死刑下一等刑罚为宫刑，即以残害人的生理机能为处罚并加以无期劳役。汉文帝废除肉刑后，历史上有一段生死之间刑罚差距过大的阶段，如汉代减死之刑为五年的苦役；南

---

① 李卫红：《刑事政策学的重构及展开》，北京大学出版社 2008 年版，第 97 页。

北朝时期，鉴于生死之间差距过大，增加了流刑；至唐代，更在流刑与死刑加了一等加役流刑。在我国古代数罪并罚时，西周适用吸收原则，因为当时以肉刑为主，吸收原则即可实现对不同罪的惩罚又能体现西周明德慎罚的立法指导思想。发展至秦代则由法家的重罚出发，提出并科原则。至唐代确定为加重原则后，唐代的刑罚结构能与之衔接，唐代生刑与死刑之间的过渡使限制加重原则在处理数罪时不致产生刑罚差距过大的现象。在现代，失去自由是仅次于失去生命的刑罚，自由刑的期限一定要和死刑之间能够衔接，才能形成合理的刑罚结构。在现阶段，由于死刑和生刑之间没有有效的过渡，致使一些本不用判处死刑的人出于"严"刑事政策的需要，判处了死刑，过多地使用了极刑而不能体现出宽严相"济"的一面。

刑事政策是以犯罪的预防和镇压为目的的国家政策。① 政策的有效性是和犯罪的认定相关的，而其表现在对社会的影响则是以刑罚展现出来的。我国的刑事政策历经惩办与宽大相结合、严打直至现在提出的宽严相济刑事政策。在严打的刑事政策下，刑罚适用都较重，主要体现了国家以重刑威慑社会，达到一般预防的作用。这是应功利主义的影响，把对社会秩序的维护放到了重要位置，甚至可以忽略公民的一般权利，这与报应主义主张的通过报应展现公正的观念完全不同。宽严相济刑事政策则是在惩办与宽大相结合刑事政策基础上吸取了以往"严打"刑事政策的经验并与当下世界各国"重重轻轻"刑事政策接轨提出来的，宽严相济刑事政策不仅继续注重对严重刑事犯罪的严厉打击，而且又注重了对轻缓犯罪的宽容，

---

① ［日］森本益之等：《刑事政策学》，戴波等译，中国人民公安大学出版社 2004 年版，第 4 页。

在立法中体现出死刑罪名的减少以及在行刑过程中社区矫正方式的确立，还有近年来在司法实践中的刑事和解等。

第三节
传统刑法原则的现代化研究

我国传统法律中刑法作为最发达的立法，其中的多项刑法原则既在当时起到了重要的指引立法的作用，又为当今的法治建设提供了合理的建议。

一、老幼废疾减免原则

此原则最早体现在西周时期提出的"三赦之法"，据《周礼·秋官·司刺》载："一赦曰幼弱，再赦曰老耄，三赦曰蠢愚。"按《礼记·曲礼上》载："八十、九十曰耄，七年曰悼。悼与耄，虽有罪，不加刑焉。"对于八十岁以上的老人和七岁以下的儿童犯罪，不追究刑事责任。这一刑法原则也可称之为"矜老恤幼"原则，体现了西周的"明德慎罚"立法思想。由于该原则体现了儒家的"仁政"精神，因此除秦朝是以身高作为追究刑事责任的基础外，自汉以后的各朝均将此原则列入律典之中，并在此基础上不断完善。汉惠帝曾定制"民年七十以上若不满十岁有罪当刑者，皆完之"（《汉书·惠帝纪》）。汉宣帝在元康四年颁诏："自今以来，诸年八十以上，非诬告杀人伤人，它皆勿坐。"（《汉书·宣帝纪》）成帝时规定："年未满七岁，贼斗杀人及犯殊死者，上请廷尉以闻，得减死"

（《汉书·刑法志》）。平帝时颁令："明敕百僚，妇女非身犯法，及男子年八十以上七岁以下，家非坐不道，诏所名捕，它皆无得系。"（《汉书·平帝纪》）东汉光武帝时规定："男子八十以上，十岁以下，及妇人从坐者，自非不道，诏所名捕，皆不得系，当验问者，即就验。"（《后汉书·光武帝纪》）汉代将妇女也分情形划归至可以减免的范围之内，主要是减少了妇女连坐的可能性。

至唐代，唐律在体恤老幼的基础上，将这一原则扩大到包括身体有残疾以及精神有障碍的人群中，体现为老幼废疾减免原则。《唐律疏议》在《名例律》中第 30 条做出了规定。

诸年七十以上，十五以下及废疾，犯流罪以下，收赎。疏议曰：依周礼，年七十以上有望未龀者，并不为奴。今律，年七十以上，七十九以下，十五以下，十五岁以上及废疾，为矜老小及疾，故流罪以下收赎。注：犯加役流、反逆缘坐流、会赦犹流者，不用此律，至配所，免居作。议曰：加役流者，本是死刑，元无赎例，故不许赎。反逆缘坐流者，逆人至亲，义同休戚，处以缘坐，重累其心，此虽老疾，亦不许赎。会赦犹流者，为害深重，虽会大恩，犹从流配。此等三流，特重常法，故总不许收赎。至配所免居作者，矜其老小，不堪役身，故免居作。其妇人流法，与男子不同：虽是老小，犯加役流，亦合收赎，征铜一百斤；反逆缘坐流，依贼盗律："妇人年六十及废疾，并免。"不入此流。"即虽谋反，词理不能劝众，威力不足率人者，亦皆斩，父子、母女、妻妾并流三千里。"其女及妻妾年十五以下，六十以上，亦免流配，征铜一百斤；妇人犯流会赦犹流，唯造畜蛊毒，并同居家口仍配。八十以上、十岁以下及笃疾，犯反、逆、杀人应死者，上请；议曰：周礼三赦之法，一赦曰幼弱，二赦曰老耄，三赦曰蠢愚。今十岁合于幼弱，八十是为老耄，笃疾"蠢愚"之类，并合三赦之法。有不可赦者，年虽老小，情状虽原，故反、逆及杀人，准律应合死者，曹司不断，依上请之式，奏听敕裁。盗及伤人者，亦收赎。疏议曰：盗者，虽是老小及笃疾，并为意在贪财。伤人者，老小疾人未离忿恨。此等二事，既侵损于人，故不许全免，令其收赎。若有官爵者，须从官当、除、免之法，不得留官征赎，谓殴父兄姐伤，合除名；盗五匹以上，合免官；殴凡人折支，合官当之类。九十以上，七岁以下，虽有死罪，不加刑。缘坐应配没者不用此律。议曰"礼云，九十曰耄，七岁曰悼，悼与耄虽有死罪不加刑"。爱幼养老之义也。缘坐应配没者，谓父祖反、逆，罪状已成，子孙七岁以下仍合配没，故云"不用此律"。即有人教令，坐其教令者。若有赃应备，受赃者备之。议曰：悼耄之人，皆少智力，若有教令之者，唯坐教令之人。若所盗财物，旁人受而将用，既合赔偿，受用者赔之；若老小自用，还征老小。

唐律中这项"老幼废疾减免刑原则"非常具体，将这类人分为三等不同处刑，在疏议中还明确指出为何会有此项特殊规定的原因，既合乎礼的宗旨，又考虑到受害人的利益，明确加害者的责任。

唐律《名例律》第31条还进一步对案件进行的不同附体如何认定"老小病残"进行了详细规定。

"诸犯罪时虽未老、疾，而事发事老疾者，依老、疾论。"议曰：假有六十九以下犯罪，年七十事发，或无疾时犯罪，废疾后事发，并依上解收赎之法；七十九以下犯反逆、杀人应死，八十事发，或废疾时犯罪，笃疾时事发，得入上请之条；八十九犯罪，九十事发，并入勿论之色。若在徒年限内老、疾，亦如之。议曰：假有六十九以下配徒役，或二年、三年，役限未满，年入七十；又有配役时无疾，役限内成废疾；并听准上法收赎。故云在徒年限内老、疾，亦如之。又，计徒一年三百六十日，应赎者征铜二十斤，即是一斤铜折役一十八日，计余役不满十八日，征铜不满一斤，数既不满，并宜免放。犯罪时幼小，事发时长大，依幼小论。议曰：假有七岁犯死罪，八岁事发，死罪不论；十岁杀人，十一事发，仍得上请；十五时偷盗，十六事发，仍以赎论。

这一规定进一步体现了唐朝"矜老恤幼"原则，对于事发时属于老、疾者按前条处理，让本应从重处理的犯罪者可以从宽处刑，而对待幼小者又照顾到其犯罪时的生理年龄，即使事发时可以从重处罚仍按犯罪时的规定处理，体现了照顾幼小的刑事原则。唐律这一原则的两项律文规定几乎被后世自宋至清的立法完全照搬，没有太大变动。

新中国成立之后，我国的最初刑事立法中并未继承这一原则，在1979年颁布的《中华人民共和国刑法》中对刑事责任年龄的认定仅照顾到幼小者，而未考虑到年老者。现行刑法在第十七条规定了刑事责任年龄的认定："已满十六周岁的人犯罪，应当负刑事责任。已满十四周岁不满十六周岁的人，犯故意杀人、故意伤害致人重伤或者死亡、强奸、抢劫、贩卖毒品、放火、爆炸、投毒罪的，应当负刑事责任。已满十四周岁不满十八周岁的人犯罪，应当从轻或者减轻处罚。因不满十六周岁不予刑事处罚的，责令他的家长或者监护人加以管教；在必要的时候，也可以由政府收容教养。"此条规定了未成年人的刑事责任认定，其对十四岁以下未成年人不追究刑事责任，远远高于传统立法的规定，相对于现代社会中出现的众多未成年人犯罪的现状，笔者认为对于刑事责任年龄的确定可参考传统立法的规定，毕竟现代人在知识接受能力等方面要远高于传统社会时期，未成年人的心智比较成熟，应该对自己的行为负责。尤其在现代社会中，许多未成年人所犯罪行恶性比较严重而且社会危害也较大，完全不负刑事责任成为他们"为非作歹"的法律武器，不利于社会秩序的稳定，而且不利于对青少年的重新教育。因此，适当地将刑事责任年龄提前可以尽早纠正未成年人的不良行为，由政府强制涉入对未成年人的管教，以方便他们能够尽早重新做人，防止他们长大后做出进一步危害社会的行为。

第十八条规定的精神病人在不能辨认或不能控制自己行为的时候造成危害结果，经法定程序鉴定确认的，不负刑事责任。在现代社会，有"痴呆、疯患"类的人群属于弱势群体，一方面他们自身的生活环境堪忧，但另一方面其中的一些人也已经给社会带来了威胁，现代社会将这类人称为精神障碍者。精神障碍，是指在各种生物、心理以及社会环境因素影响下大脑功能失调，导致感知、情感、思维、意志等精神活动出现不同程度障碍的疾病。[1] 据卫生部调查显示，精神疾病在我国疾病负担中排名居首位，有严重精神障碍患者约一千六百万人，而且人数还有逐年上升的趋势。对应如此庞大的人群，精神障碍者在社会中的存在已经给社会治安治理带来了许多困扰。具有暴力倾向的精神障碍者在监护不力的情况下在社会上游荡，在病态冲动下会有很多激烈的常人无法预料到的暴力行为，对于社会正常秩序有很大的威胁，尤其是对于妇女、小学生等无力自我保护的人群来说，极易成为受害者，而且由于精神障碍者属于限制行为能力人甚至无行为能力人，即使给他人造成了损害也无须负法律责任，使受害人无法得到及时的赔偿，是社会治安问题中的一大隐患。而一些虽不具备暴力倾向，但智力低下者，由于不具备足够的生活自理能力和判断能力，若监管不力极易成为一些犯罪行为的犯罪对象，如有相关报道称拾荒者强行与智障女子生活在一起，生数个孩子等现象。

此项规定延续了传统原则，只是对其造成的危害后果，以及给

---

[1] 崔建科："论我国成年精神障碍者监护制度之完善"，《湖北社会科学》，2011年第9期。

被害人造成的损失如何补偿并没有明确规定。使这部分人造成的危害无从补救，仅规定应当责令他的家属或者监护人严加看管和医疗，在必要的时候，由政府强制医疗。但是这项规定的落实有待加强，当其家属和监护人不履行该责任时，应当如何治理则没有规定。我国有关监护的法律规定为《民法通则》第十七条和第十八条，仅规定了精神障碍患者监护人的选定以及笼统规定了监护人应保护被监护人的财产及人身安全，但现实中很多案例为监护人放任精神障碍患者不管，未能尽到义务。其中有的是由于高额的医疗费用使家庭难以负担，不得不放弃治疗。据调查，精神病的治疗费用每月平均在三千元，疗程大概需二至三年。有的是监护人本身年龄已高，自身条件难以达到监管精神障碍患者的要求。而针对一些有暴力倾向的患者，很多监护人为避免承担赔偿责任则采取了限制患者自由的方式。对于不愿或不能承担监护责任的监护人，现行法律没有明确的解决办法，即使由村民委员会或街道委员会承担监护人，也难以保证监护责任的确实履行。这就需要政府采取积极的应对措施解决由监护人的不作为或不能导致监管精神障碍者缺失的问题。另一方面，由精神障碍者造成的危害社会治安的行为得不到有效治理。一些具有伤人暴力倾向的精神障碍者属于对社会治安秩序和公共安全存在现实或潜在威胁的高危分子，由于其不具备完全刑事责任能力而不受到刑事责任追究，在不符合强制医疗情形下的很多精神障碍者都被释放依然成为高危分子威胁社会。

依据上文中列出的唐律，以上人群在犯有杀人、伤人、盗窃类犯罪时，虽可不处以死刑，但应该收赎，即承担经济上的损失作为承担责任的方式。并且对被害人也有一定的经济赔偿以减轻其所受的损失。在现阶段，关于精神障碍者的社会治理除了由刑法规定外，还应该适当借鉴传统法律制度中的内容，加强家属和监护人的赔偿责任，并提高医疗实际能力，更多地救助这类人群，既维护了他们的人身利益，又保障了社会秩序的稳定。

第十九条规定的又聋又哑的人或者盲人犯罪，可以从轻、减轻或者免除处罚。此条规定与传统律文中的"废疾、笃疾"相对应，但显然现行刑法的规定仅限于聋、哑这两种残疾状况，未考虑其他众多的残疾情况。依唐律废疾指"或折一手、或折一足、或折腰脊、或瞎一目及侏儒、聋哑、痴呆、疯患、脚瘸之类"。笃疾指"恶疾、癫狂、两肢废、两目盲之类"。与传统立法相比，现行立法在人文关怀角度略有不足。

而体现"矜老"原则的刑法立法直到 2011 年对 1997 年刑法进行第八次修正时才明确规定下来。此次修正案在刑法第十七条后增加一条，作为第十七条之一："已满七十五周岁的人故意犯罪的，可以从轻或者减轻处罚；过失犯罪的，应当从轻或者减轻处罚。"在刑法第四十九条中增加一款作为第二款："审判的时候已满七十五周岁的人，不适用死刑，但以特别残忍手段致人死亡的除外。"将刑法第七十二条修改为："对于被判处拘役、三年以下有期徒刑的犯罪分子，同时符合下列条件的，可以宣告缓刑，对其中不满十八周岁的人、怀孕的妇女和已满七十五周岁的人，应当宣告缓刑：（一）犯罪情节较轻；（二）有悔罪表现；（三）没有再犯罪的危险；（四）宣告缓刑对所居住社区没有重大不良影响。宣告缓刑，可以根据犯罪情况，同时禁止犯罪分子在缓刑考验期限内从事特定活动，进入特定区域、场所，接触特定的人。被宣告缓刑的犯罪分子，如果被判处附加刑，附加刑仍须执行。"这次修正将七十五岁以上老人视为可以从轻或减轻处罚的对象，并限制适用死刑，对其所犯的轻微罪行适用缓刑，减小因关押对老人造成的伤害。这一系列的修正与我国传统的"矜老"刑法原则相一致，但同时也暴露出修正案并没有传统立法规定的严谨，说明在未来刑法修正时，仍有可修改之处。

二、亲亲得相首匿原则

"亲亲得相首匿"是汉朝汉宣帝本始四年（公元前 70 年）正式下诏："父子之亲，夫妇之道，天性也。虽有祸患，犹蒙死而存之。诚爱结于心，仁厚之至也，岂能违之哉！自今，子首匿父母、妻匿夫、孙匿大父母，皆勿坐。其父母匿子、夫匿妻、大父母匿孙，罪殊死，皆上请廷尉以闻。"（《汉书·宣帝纪》）该条原则对于直系血亲以及夫妻之间互相隐瞒罪行的行为给予了和常人不同的处罚原则。首匿，言为谋首而藏匿罪人。汉律中的此罪主要指隐藏谋反、谋大逆等严重危害封建统治的犯罪，对犯此罪者皆处以重刑。据《汉书王子侯表》载："宣帝元康元年，修帮侯福坐首匿群盗，弃市。"对于此类重罪，汉朝却又规定了亲亲得相首匿原则，正显示了儒家思想对法律的影响不断加深的结果。

亲人间应相互包庇罪行的思想起源于孔子，在《论语子路》中孔子对于有人夸耀自己所处地的儿子举报父亲偷羊而发出的不同声音："子为父隐，父为子隐，直在其中矣。"对于孔子而言，社会中一时的正义比不上维护父子亲情重要，当父子之间都要相互检举揭发，那么人与人之间的信任感将荡然无存，这时这个社会就没有了最基本的秩序，正义也就无从谈起了，所以亲人之间互相隐瞒罪行才是这个社会伦理秩序应有的体现。汉朝立法规定当尊亲属隐瞒卑亲属的罪行时，若死罪应上请；而卑亲属隐瞒尊亲属的罪行时则无论何种犯罪都不论罪。进一步体现出伦理尊卑的要求，即卑对尊应保有尊重的心态，对其罪行隐瞒完全符合礼教而无须受到处罚。此项原则自汉代确立后，一直延续到清末，虽然此项原则无疑大大破坏了法律面前人人平等的法治原则，但其中对于人性亲情的维护却依然有可取之处。

对于此类隐匿罪行的犯罪在现代刑法中体现为窝藏、包庇罪。依我国刑法第 310 条规定："明知是犯罪的人而为其提供隐藏处所、财物，帮助其逃匿或者做假证明包庇的，处三年以下有期徒刑、拘役或管制；情节严重的，处三年以上十年以下有期徒刑。"按此规定，无论与犯罪人的关系如何，都负有举报的责任。同样在刑事诉讼法第 60 条规定，凡是知道案件情况的人，都有做证的义务，这也就包括了亲人在内的知情人都必须指证自己的亲人有罪。从维护司法秩序的角度看，此规定确实有利于查清案情，保证案件迅速结案。但另一方面，考虑每个人的切身感受，则不得不说现行法律规定不近人情。在英国、美国刑事诉讼中，法律规定个人、法人、组织和政府在诉讼中享有特权。特权的享有者可以免除出庭做证和就特权事项提供证明，可以制止他人揭示特权范围内的情况。主要适用于以下情况：一是配偶的特权，它包括两个方面，即拒绝提供不利于对方的证明权和夫妻间谈话的守密权；二是当事人与律师谈话的守密特权；三是患者与医生间的谈话保密特权，但以合法目的为限；四是忏悔者与牧师间的谈话保密特权；五是公民享有不得自证其罪的特权；六是政府官员享有公务特权，有权拒绝提供可能泄露国家机密或官方情报危险的证据。[①] 在英美这样并没有我国深厚儒家传统的国家里这些特权规则的规定是他们在制定规则时充分考虑到了人的权利、人性、人的宗教信仰以及职业等方面对人的影响，所以不要求在特殊情况下这些人必须做证。

在我国现行法律之下，常有母亲隐瞒儿子罪行而被判处窝藏包庇罪的案例。这类案件都说明虽然有法律处罚规定，但人之常情确

---

① 樊崇义主编：《证据法学》（第四版），法律出版社 2009 年版，第 106 页。

不容忽视，即使明知犯罪也会帮助亲人隐瞒。因此考虑人的本性，维护人的本能选择，我国至少也应该采取特权证据规则。让夫妻、父母、子女这类与被告人最亲密的人享有不做证的权利，这样在其他证据足够的情况下，并不影响案件的定罪量刑，而且能够维护人与人之间最基本的亲情连接。我们现在这个社会人与人之间的信任度已经很低了，如果连最亲密的人间都要互相防备、出卖，那么社会秩序只会更加混乱。

第四节
传统数罪并罚制度的演变及其现代化研究

一、我国数罪并罚原则的起源

我国古代法典主要以刑律为主，对一人犯数罪的处罚各朝代立法中均有体现，从中国古代法律发展的历史来看，现代所阐述的限制加重等数罪并罚原则在我国古代均已出现，但出现先后有所不同，且有其时代特征。

（一）吸收原则的出现

最早关于数罪并罚的记载始于《吕刑》，《吕刑》是周穆王时期吕侯定立的刑律，据《史记·周本纪》载，因自周昭王开始，"王道微缺"，而至穆王时"文武之道缺"，"诸侯有不睦者"。为了缓和社会矛盾，穆王年老时以吕侯为相制定了《吕刑》，这是我国最早的专门论述刑律的文献。从《吕刑》中看，我国最早的数罪并罚制度规定在刑罚适用中："上刑适轻下服，下刑适重上服，轻重诸罚有权。刑罚世轻世重，惟齐非齐，有伦有要。……其刑上备，有并两刑。"这段话的意思是：重刑有可减轻的，则服减等之刑；轻刑有可加重的，则服加等之刑；刑律虽定，但情有轻重，量刑可有权宜。刑罚随着社会情况的变化，有时从轻，有时从重；轻重可以随时制宜，灵活掌握；两罪或数罪俱发，轻罪并入重罪，不复科其轻罪。[①]这是《吕刑》当中对刑罚适用的主要主张，从中可以看出其体现"慎罚"这一思想。在这种思想指导下，西周对于犯数罪的，实行吸收原则，即只处理重罪，而不处理轻罪。西周作为奴隶制发展的顶峰，其刑罚系统是很完备的，主刑分为墨、劓、刖、宫、大辟五种刑罚，五种刑罚之下又有分类：墨罚之属千，劓罚之属千，刖罚之属五百，宫罚之属三百，大辟之罚其属二百。大辟即死刑的意思。在如此繁多的刑罚规定中，奴隶制五刑是以身体刑为刑罚处罚内容的，因此以吸收原则处理数罪的情况，其严厉程度是完全可以涵盖轻罪的内容，这一原则既能体现统治者慎罚的思想，又不违反朴素的报应观念。当然，西周的法并不是公开的，只是上层统治阶级掌握的秘而不宣的统治工具。西周数罪并罚制度与其说体现了与刑罚结构的完美配合，不如说其体现了西周统治者的法律指导思想——"明德慎罚"。"明德"是西周注重教化的体现，从刑事政策角度看明德注重的是一般预防，但其不是以刑罚威慑达到一般预防的目的，而是要通过教导众民明礼而不触犯规则。而"慎罚"则是指具体处罚罪犯时的指导思想，指罚当其罪，反对株连，这亦是当时特别预防的政策。这两者是互相照应的，只有让民众明德，慎罚才有意义。在西周时期，当时的数罪并罚原则是在慎罚思想影响下，并结合了当时的刑罚结构的实际情况，采取吸收原则，即以重刑吸收轻刑。

---

① 王立民主编：《中国法学经典解读》，上海教育出版社 2006 年版，第 4 页。

（二）并科原则的出现

秦朝统一六国后，在法家"重刑"思想影响下，统治者一改西周"慎罚"的态度，转而"以刑去刑"。从睡虎地秦墓竹简中《法律答问》记载的案例可以分析当时数罪并罚的原则。例一："诬人盗直二十，未断，又有它盗，直百，乃后觉，当并赃以论；且行真罪，又以诬人论？当赀二甲一盾。"① 当诬告他人盗窃值二十钱的东西，尚未判罪，本人又另犯盗窃罪，赃值一百钱，应将两项赃值合并论处，还是判处实际盗窃的罪，再按诬告他人论处？这是一个典型的二罪并发如何判决的问题，法律答问的性质类似于我国现行的司法解释，是由有权机关对地方疑难案件做出的有效力的解释，该解释的判决是应罚二甲一盾。这个判决可以从秦律"诬告反坐其罪"的原则中找到依据。在秦律中，对盗窃的处罚是以盗窃物的价值分段处罚的"盗过六百六十钱，黥劓以为城旦；不盈六百六十到二百二十钱，黥为城旦；不盈二百二十以下到一钱，迁之"②。从上两则简文中推知，在秦代，盗一钱以上即为犯罪，但二百二十钱与六百六十钱为处刑的两个阶段线。在二百二十钱以下的，主要处以罚金刑。在上则案例中，当事人两项罪名加起来没有超过二百二十钱的界限，罚二甲一盾则是将两罪合并后处罚的，即我们现在的并科原则。例二："上造甲盗一羊，狱未断，诬人盗一猪，论何也？当完城旦。"③ 这一案例中，甲犯了两罪，应按盗羊的价值和盗猪的价值合计，以赃论罪，其价值应在二百二十钱至六百六十钱之间，故合并处罚为完城旦。④ 通过以

---

① 《睡虎地秦墓竹简》，文物出版社 1977 年版，第 172 页。
② 《睡虎地秦墓竹简》，文物出版社 1977 年版，第 150 页。
③ 《睡虎地秦墓竹简》，文物出版社 1977 年版，第 173 页。
④ 赵秉志主编：《刑罚总论问题探索》，法律出版社 2002 年版，第 459 页。我国学者一般认为此案反映的是以重者论罪，即吸收原则的体现。秦朝适用的是诬告反坐的原则，甲诬人盗一猪的处罚应视为甲盗一猪，因此，本案中应是按甲盗羊和猪合并计算价值处罚，而不应是以重者论罪。

上两则案例的分析，在秦朝适用的是并科原则，与其重刑思想相符。

汉朝统治者吸取秦朝灭亡的教训，放弃了法家思想，转而采纳道家与儒家思想。体现在对数罪规定上，则分情形采用秦朝的并科原则和西周时期的吸收原则。如《二年律令》："一人有数罪，以其重罪罪之。"① 即以重罪吸收轻罪，转变了秦朝并科处罚的严厉。至晋律则综合运用并科原则和吸收原则，如张斐在注律表中云："不可累者，故有并数；不可并数，乃累其加。以加论者，但得其加；以加同者，连得其本。"② 即不能以数字相加的数罪，从一重罪处罚；能够以数字相加的数罪，累计起来处罚。从中可推测晋朝对一人犯不同种罪的，从重处罚，即吸收原则；同种数罪，尤其是可以累加数字的，并科处罚。

（三）限制加重原则的出现

限制加重原则最早出现在作为封建法典的集大成者唐律中。其中关于数罪并罚的规定为第29条和第45条。《唐律疏议·名例律·更犯》条："诸犯罪已发及已配而更为罪者，各重其事。即重犯流者，依留住法决杖，于配所役三年。若已至配所更犯者，亦准此。即累流、徒应役者，不得过四年。若更犯流、徒罪者，准加杖例。其杖罪以下，亦各依数决之，累决笞、杖者，不得过二百。其应加杖者，亦如之。"此条规定数罪并罚的原则主要以并科原则和限制加重原则为主，依此规定，被判处流刑和杖刑两种刑罚的要并科处罚，而对于多个徒刑的，则最高不超过四年；多个杖刑的，最多不超过二百，为限制加重原则的适用。《唐律疏议·名例律·二罪从重》条："诸二罪以上俱发，以重者论。谓非应累者，唯具条其状，不累

---

① 《张家山汉墓竹简（二四七号墓）》，文物出版社2001年版，第135页。
② 王立民主编：《中国法学经典解读》，上海教育出版社2006年版，第180页。

轻以加重。若重罪应赎，轻罪应居作、官当者，以居作、官当为重。等者，从一。即以赃致罪，频犯者并累科；若罪法不等者，即以重赃并满轻赃：各倍论。其一事分为二罪，罪法或等，则累论；罪法不等者，则以重法并满轻法。累并不加重者，止从重。其应除、免、倍、没、补偿、罪止者，各尽本法。"唐朝对于一人同时成立数罪，分两种情况。一是本犯两种互相独立之罪而同被发觉者，这类似于今天所说的实质数罪。一是本犯一罪但触犯两个罪名的，这类似于今天所讲的想象竞合犯。唐律对这两种性质不同的犯罪，规定了不同的处罚原则。第一，犯两种互相独立的犯罪的分两种情形：一种是两种性质不同的罪同时被发现的，即不能累加的，从一重罪处罚；一种是同种数罪俱发的，一般指计赃论罪，即可以累加计算的，要累加数次犯罪的赃款而处罚。对此累计处罚的方法有三种：一是累科而倍论，这适用于一般人频犯罪法相等之罪；二是并满而倍论，适用于一般人频犯罪法不等之赃罪者；三是累而不倍，适用于监临主司频犯因事受财和监守自盗之赃罪者。第二，对于一事分为二罪的处罚分为累论和并满两种。累论是累计二罪，然后依同一处罚方法科刑，适用于二罪罪法相等者。并满是将轻罪并于重罪，然后依重罪之处罚方法科刑，适用于二罪罪法不等者。但需注意的是，无论累论或并满，皆须累并后所科之刑重于二罪中重罪之刑。以上两种并合罪的情况，从重处罚的只是主刑，其余从刑应合并处罚，不得因主刑之累并从免或从轻。[1] 直至唐代在我国才出现限制加重原则的适用，且只限于徒刑和笞杖刑。唐以后的宋至清代的数罪并罚的规定，都延续了唐律的内容，一直到清末修律时才有大的变动。

---

[1] 刘俊文撰：《唐律疏议笺解》，中华书局 1996 年版，第 460 页。

二、我国近代数罪并罚原则的发展

《大清新刑律》是沈家本聘请日本法学博士冈田朝太郎制定的，其内容基本反映了同期大陆刑法典的内容。其中第 23 条规定的俱发罪即是数罪并罚的内容。对于俱发罪，如有宣告死刑或无期徒刑者，不执行他刑，这是吸收原则在数罪并罚中的运用，即数罪只执行一个死刑或一个无期徒刑；如果宣告之刑俱系有期徒刑，则于合并各刑之刑期以下，各刑中最长刑期以上，确定应执行的刑期，这即是典型的限制加重原则的运用，不过在此并未规定数个有期徒刑合并刑期后的最高期限的限制。如所宣告之刑俱系拘留或俱系罚金者，其合并处刑方法与俱系有期徒刑相同。当不同主刑并罚时，则适用并科原则：如既应执行有期徒刑，又应执行拘留和罚金者，则一并执行。这是对主刑并罚的运用，在清末修律时，罚金是作为主刑之一存在的，这与其他大陆法系国家的刑罚体系相似。当主刑与附加刑并罚及数个附加刑并罚时，也适用并科原则：褫夺公权与没收财产等从刑也一并执行。

清政府垮台后，北洋政府颁布的《中华民国暂行新刑律》承袭了《大清新刑律》的数罪并罚制度。国民党政府于 1928 年颁行的刑法典中将"俱发罪"改为"并合论罪"，但规定的具体内容没有变化。至 1935 年颁布的刑法中，将这一刑罚适用制度首次正式定名为"数罪并罚"。清末修律以后的数罪并罚制度明显地具有现代刑法的内容，其数罪并罚的规定体现了混合原则，既有限制加重原则，也有吸收原则和并科原则。但我们必须加以注意的是这项制度是我国移植外国法律的结果，且移植的过程并非是理性的，更多的是在重重压力下不得已的选择，所以这项制度的设定并未考虑我国的实际情况。清政府下台后的军阀混战阶段对于法律的制定只是简单地抄袭以应付社会治安的需要，且大量特别刑法的出台使刑法典形同虚设。所以这一阶段的立法看上去虽然完美，实际上却无法体现出当时中国社会的立法指导思想，更没有完整的刑罚执行制度与其配套施行，这一制度只是装饰作用而已。

革命根据地时期关于数罪并罚的规定可见于《赣东北特区苏维埃暂行刑律》第 14 条："确定审判前，犯数罪者为俱发罪。各科其刑，而依下列定其应执行者：科死刑者，不执行他刑；科多数之死刑者，执行其一。科多数之有期徒刑，于各刑期合并之刑期以下，其中最长之刑期以上定其刑期，但不得过十年。科多数之拘役，照前款之例定其刑期。褫夺公权及没收，并执行之。"从条文看，根据地时期的规定与大清新刑律的内容除个别刑期不同外，没有大的区别。并且，在革命根据地时期真正起作用的是党的政策，该刑法典的作用也不大。

三、新中国成立之后数罪并罚原则的变化

新中国成立后，三十年没有刑法典，关于数罪并罚的规定只散见于一些条例和司法解释中。如 1951 年《惩治反革命条例》第 15 条规定："凡犯多种罪者，除判处死刑和无期徒刑者外，应在总和刑以下，多种刑中的最高刑以上酌情定刑。"其中并未明确限制加重原则适用的刑种，亦未确定最高刑期的限额，只是简单概括了除死刑和无期徒刑外均以限制加重原则量刑。最高人民法院于 1951 年 2 月 15 日公布的《关于一人犯数罪如何量刑问题的复函》，以司法解释的方式第一次明确数罪并罚的量刑方法。其中对数罪刑期的认定以总和刑期之下，个罪最长刑期之上确定。而且允许某些法院不对每个个罪分别量刑而只宣告一个刑期的做法。这一规定被认为是对

"估堆"量刑的方法提供了权威性的依据。[①] 1952 年《惩治贪污条例》第 4 条规定："因贪污而兼犯他种罪者，合并处罚。"此规定只针对贪污罪与其他罪的并罚，适用并科原则量刑，有别于 1951 年的一般性规定。

1979 年我国第一部刑法典出台，其中第 64 条规定："判决宣告以前一人犯数罪的，除判处死刑和无期徒刑的以外，应当在总和刑期以下、数刑中最高刑期以上，酌情决定执行的刑期，但是管制最高不能超过三年，拘役最高不能超过一年，有期徒刑最高不能超过二十年。如果数罪中有判处附加刑的，附加刑仍须执行。"这是新中国成立后第一次明确数罪并罚制度，明确了数个有期自由刑并罚时应适用限制加重原则，并限制有期徒刑并罚时的最高期限为二十年。1997 年刑法典公布后，数罪并罚制度规定在第 69 条，较之 1979 年刑法典内容没有变化。但在实践中，由于我国刑罚结构的不完善以及减刑执行的扩大化，使许多数罪并罚的实际执行期限远远低于原判刑期。笔者曾对某监狱数罪并罚犯人服刑情况做调查，情况如表 3 - 1 所示。

表 3 - 1 某监狱数罪并罚犯人服刑情况

序号	姓名	一罪刑期	二罪刑期	数罪刑期	减刑情况	执行刑期
1	王某	3 年	14 年	17 年	3 次 减 5 年 11 个月	11 年 1 个月
2	陈某	2 年	12 年	14 年	4 次 减 6 年	8 年
3	张某	4 年	8 年	12 年	3 次 减 3 年 10 个月	8 年 2 个月

① 马克昌主编：《刑罚通论》，武汉大学出版社 1995 年版，第 50 页。

序号	姓名	一罪刑期	二罪刑期	数罪刑期	减刑情况	执行刑期
4	卢某	1 年	11 年	12 年	2 次 减 2 年 9 个月	9 年 3 个月
5	韩某	4 年	15 年	18 年	4 次 减 7 年 1 个月	10 年 11 个月
6	安某	6 年	13 年	18 年	3 次 减 4 年 6 个月	13 年 6 个月
7	鲁某	2 年	12 年	13 年	4 次 减 6 年 2 个月	6 年 10 个月
8	谢某	6 个月	10 年	10 年 2 个月	2 次 减 3 年	7 年 2 个月
9	何某	5 年	10 年	13 年	4 次 减 5 年 2 个月	7 年 10 个月
10	李某	1 年	6 年	6 年	2 次 减 1 年 9 个月	4 年 3 个月
11	周某	2 年	10 年 三罪 10 年 四罪 6 年	20 年	4 次 减 6 年 6 个月	13 年 6 个月

　　以上是某监狱一监区内执行数个有期刑并罚的情况，从上表可得出以下结论：第一，实践中，数个有期徒刑已经部分适用并科或吸收原则。如 1~4 号，4 名犯罪人所判刑期正是二罪相加的刑期，并未采用限制加重原则。第 10 号犯罪人所判刑期则采用了吸收原则。第二，在现有减刑制度下，刑期长的获得减刑的机会更多，导致其实际执行刑期短于判决刑期较短的犯罪人。如 2 号、3 号、4 号、7 号四个犯罪人，2 号判决刑期为十四年，长于 3 号、4 号的十二年判决刑期，但由于其获得减刑次数多，实际执行刑期只有八年，

短于 3 号、4 号。而 7 号更只执行了六年十个月的刑期，远少于十三年的判决刑期。第三，依限制加重原则的判决，以 6 号、11 号为例，6 号合并刑期应为十九年，经限制加重原则判决为十八年，11 号四罪并罚，合并刑期应为二十八年，经限制加重原则判决为二十年，而二者的实际执行刑期均为十三年六个月。根据情况调查显示，数罪完全按照并科原则处罚时，总和刑期超出三十五年的比较罕见，而依限制加重原则进行并罚直接导致实际执行刑期的不公平。如上表中 6 号和 11 号，其总和刑期分别为十九年和二十八年，但实际执行刑期均为十三年六个月。去除掉减刑的原因，其根本原因是第 11 号犯罪人最高服刑期不得超过二十年，法律自动就将其刑罚减去八年。减刑使实际执行的刑罚与原判刑罚有很大差距，难以体现罪刑相适应的原则，限制加重原则的适用加深了这一矛盾。在我国现行减刑制度下，原判五年、十年、十五年、二十年有期徒刑、无期徒刑实际对应的最短的执行刑期为三年、六年四个月、九年、十四年、十三年。在实行监禁的刑期中，以最高减刑幅度为标准实践中的执行刑期基本上为拘役一至六个月；有期徒刑六个月至九年；数罪并罚至于十六年；无期徒刑为十三年；死缓为二十至二十五年。虽然这个刑期计算是以犯罪人能得到最高减刑刑期为标准，实践中未必每个犯罪人都能得到最高减刑的待遇，但同样不能否认实践中可能出现如此情况。

直至 2011 年《中华人民共和国刑法修正案（八）》开始施行，限制加重原则方有了重大变化：对数个有期徒刑总和未超过三十五年的，最高不得超过二十年；数个有期徒刑总和刑期超过三十五年的，最高不得超过二十五年。附加刑为同一刑种的，合并执行；不同刑种的，分别执行。刑法修正案（八）修改了限制加重原则适用于多个有期徒刑的上限，是新中国成立后对限制加重原则最重要的一次修正。

即使刑法修正案（八）将有期徒刑的上限提高至二十五年，但在现有的减刑制度下，真正的服刑期仍可能少于十六年。原本数罪的总和刑期相加高于三十五年有期徒刑的罪犯其实际执行的刑期要少于十六年，限制加重原则的适用在我国减刑制度下更加扩大了罪刑不均衡的矛盾。因此，参考传统数罪并罚制度设计的方式，将数罪并罚的原则与刑罚结构、刑事政策相结合，整体构架具体法律制度的内容，这不仅是数罪并罚制度在当代立法可以借鉴的，其他具体法律制度在立法时都应充分考虑整体构建，方能真正适用于实践。

第五节
传统法律思想对死刑民意形成的
影响及其现代化意义①

一、我国传统法律思想对死刑民意形成的影响

据《左传》引《夏书》载："昏、墨、贼，杀。皋陶之刑也。"这是最早有明确记载死刑的史料，由此，死刑在中国的历史至少已有四千多年。死刑在中国有这么悠久的历史，在传承中也潜移默化地影响着中国人对死刑的情结，或者称之为中国人对死刑的民意表示。民意亦称民心、公意，是社会上大多数成员对公共事务所持有的大体相近的意见、情感和行为倾向的总称。而且民意具有不稳定

---

① 与本节内容相关的部分研究成果见附录3中《刑事被害人在死刑案件中的影响》一文。

性、流动性、强烈性、潜在性、异质性或两极分化的性质。① 对民意影响较大的因素之一是传统文化，历经几千年的熏陶，在我国民众中对死刑的认识已经成型，不是一时之间可以通过立法更改的，其中影响比较深远的主要有两大学派，即儒家与法家。

（一）儒家思想的影响

儒家对中国文化的影响非常深远，可反映在中国人的价值观、道德观各个方面。儒家的创始人孔子继承西周的"礼"，发展出儒家以"礼"为核心的系统理论。礼的核心思想是"尊尊，亲亲"，儒家以"忠、孝"为核心利用各项礼节仪式建构了一个完整的伦理宗法社会。战国时期形成的儒家思想基本上体现了"仁""仁政""民本"等思想，注重圣人的感化力量，不赞成适用死刑。早在西周时期，《尚书·吕刑》就表明了对死刑的态度"罚惩非死，人极于病"。即刑罚惩罚犯罪人并非是为了杀人，而是让他产生畏惧而不敢犯罪。这是早期周礼影响下对死刑的态度。至孔子形成完整的儒家思想时，死刑更加成为不必要的刑罚。如《论语·颜渊》："季康子问政于孔子曰：如杀无道，以就有道，何如？孔子对曰：子为政，焉用杀？子欲善而民善矣。君子之德风，小人之德草。草上之风，必偃。"这段话是论语中孔子明确地表示其对死刑的态度，亦是不赞成的态度。孔子设想的大同社会是要由圣人以其高尚的品德去教育感化民众，"不教而诛谓之虐"，死刑只能是教育感化失败后不得已为之的最后手段。

虽然儒家反对统治者适用死刑达到治理社会的目的，但儒家却支持鼓励民众的私人复仇。而且儒家将个人的复仇行为上升到道德的高度，与其宣扬的伦理合为一体。如《礼记·曲礼上》："父之

---

① 转引自何荣功："当代中国死刑民意的现状与解构"，《刑丛》，2010 年第 3 期。

仇，弗与共戴天；兄弟之仇，不反兵；交游之仇，不同国。"再如《春秋公羊传·隐公十一年》："君弑，臣不非子也。讨贼，非臣也；不复仇，非子也。"儒家经典中关于复仇的评价后来引申为如"杀父之仇，不共戴天"等俗语，依据儒家的理论，复仇是体现复仇者是一名具备"忠孝节义"的道德典范，如儒家所宣扬的《列女传》等史料记载的事例中也表明凡是能够忍辱负重最后可以"手刃仇人"的复仇者在"报仇雪恨"后会慷慨赴死，而这些体现出"大忠大义"的典型大都会得到当权者的同情而得到豁免。因此，即使在立法中有不得私下复仇的规定，在司法中对于复仇者也都会宽恕赦免。所以，实质上儒家是同意"以命抵命""杀人偿命"的，只是儒家更注重了其中的伦理性。儒家思想的这种引导以及几千年来的司法实践使复仇成为中国人的一种潜意识，因此，对于杀人者判处死刑的结果有一种理所应当的态度。

（二）法家思想的影响

法家基本是与儒家同时产生，并且在战国时期起到巨大作用的学派。凡是在战国时期重用法家实施变法的国家都曾取得巨大的成功，成为一方霸主，秦国更是从一偏隅小国成为统一中原的最后强者。法家对统治者的影响是非常深远的，即使后来的中国正统思想亦是将儒法合流，并未完全抛弃法家。法家重视立法、强调法治，其不同于儒家在道德上论证死刑的必要性，而是直接在立法中确定死刑的工具性。

如早期法家管仲颁布法令时强调死刑的应用，依《管子·重令》："亏令者死，益令者死，不行令者死，留令者死，不从令者死。五者死而无赦，惟令是视。"通过死刑达到"令行禁止"的效果基本上是法家"重刑"思想的一致体现。如《商君书·赏刑》："所谓壹刑者，刑无等级，自卿相、将军以至大夫、庶人，有不从王令、犯国禁、乱上制者，罪死不赦。……故曰：重刑，连其罪，则民不敢试。民不敢试，故无刑也。……故禁奸止过，莫若重刑。刑重而必得，则民不敢试，故国无刑民。"以重刑止轻罪以至无罪是商鞅重刑理论的核心内容。而荀子虽为儒家大师，但其思想中体现出儒法合流的内容对后世影响很深。如《荀子·正论》："杀人者死，伤人者刑，是百王之所同也。杀人者不死，伤人者不刑，是谓惠暴而宽贼也，非恶恶也。"其弟子韩非为法家学者的极大成者，将"法、术、势"合并后未在如前期法家那样一味排斥德礼的作用。《韩非子·二柄》："明主之所导制其臣者，二柄而已矣。二柄者，刑、德也。何谓刑、德？曰：杀戮之谓刑，庆赏之谓德。"法家的重刑思想虽然在当时为富国强兵起到正面作用，但随着儒家"德礼""仁政"思想的影响不断深入，民众对法家的印象基本上是负面的，对法家代表人物也有"刻薄寡恩"的评价。如商鞅因其制定的连坐法未能及时逃出而被处以车裂之刑，后世对此事的评判一般都是商鞅"罪有应得"，丝毫没有西方对待苏格拉底之死的惋惜之情。因此，法家在死刑设置上的滥刑在民间产生了比较恶劣的影响，使民众对于滥用刑罚，尤其是滥用死刑有一种抵触情绪，即对于一些轻罪处以死刑民众并非呈现出支持态度。

（三）中国正统法律思想在民意中的影响

作为真正影响中国封建社会立法思想的正统法律思想在死刑的态度上对民意的影响是最直接的。所谓封建正统法律思想是以儒家思想为主，并吸收了法家、道家等各种有利于维护封建统治的法律思想的产物。[1]董仲舒在封建正统法律思想的确立中起到了关键作

---

① 刘广安：《中国法律思想简史》，高等教育出版社 2006 年版，第 67 页。

用。他将儒家思想与法家、道家、阴阳家等思想融合，提出"三纲五常""德主刑辅"等思想，确立了正统法律思想的核心内容。在此影响下，法律制度中出现了"八议""官当""亲亲得相首匿""服制定罪""存留养亲"等体现等级与血缘亲疏相关的制度，使不同身份的人在适用刑罚上区别对待，造成刑罚适用不平等的现象。如亲亲得相首匿是指直系三代血亲及夫妻之间，除了谋反、大逆之罪外可以互相包庇隐瞒罪行，卑亲属包庇尊亲属的，不负责任，尊亲属包庇卑亲属的，可减轻处罚。服制定罪则明确了按血缘亲疏确定刑罚，血缘越近的亲属之间的杀伤类案件，以卑犯尊，惩罚越重，反之则越轻；而亲属之间的相盗案件，则是血缘越近，处罚越轻。存留养亲则直接规定家里有无人奉养的老人对于死刑犯可以不执行死刑。这些以法律形式确定下来的亲属之间的法律特权，本意是维护封建正统思想的"三纲五常"，明确人们的身份等级制度。但其实质上进一步巩固了中国的人情社会，使"法律不外乎人情"以立法形式确立下来，直接影响了现代民意中对于亲属间相杀相盗等犯罪不应判处死刑的态度，尤其是父母杀害儿子这类案件。如 2011 年 9 月 9 日《法制日报》载一对父母因不堪忍受精神病儿子将其杀死；2011 年 7 月 3 日《检察日报》载一对 78 岁的父母因儿子吸毒常年打骂父母而将其杀死等，这类案件在中国并非少数案件，对于此类杀人行为，民众一般对杀人者持同情的态度，且因一般均有被害人的过错在先，因此民意上对此类犯罪人持不应判处死刑的意见。而八议、官当、免、减等属于特权阶级的立法使身份为官僚贵族的阶级享有减免刑罚的特权，尤其是八议所属阶级可以不受死刑处罚。但值得注意的是，当今社会对于官员触犯法律民众的意向多数都倾向于重判，不同于父母杀子类的情感。

在司法判决中，董仲舒提出"春秋决狱"，其核心思想为"原心定罪"，即将儒家经义与判决结合起来，强调当事人的主观动机，主张"志善而违于法者免，志恶而合于法者诛"。将人的主观动机是否符合儒家经义与司法判决结合起来，这种观念对整个封建社会都有影响，以至影响到新中国成立后的刑事立法。如在 1979 年刑法中对死刑规定适用的条件为"罪大恶极"，即一方面强调犯罪行为的客观危害，另一方面强调犯罪分子的主观恶性。至 1997 年刑法修订时则将适用条件改为"罪行极其严重"，虽未在立法中强调犯罪人的主观恶性，但在定罪量刑时考虑分则中的犯罪构成仍有犯罪人主观方面这一要件。这种立法上的变化并未影响到民间对犯罪人的主观评价，"罪大恶极""穷凶极恶"依然是评价应判死刑犯罪人的常用语。

传统法律制度从立法和司法两方面强化了"情理"在法律中的作用，导致中国人在评判案件时会有更多的情绪内容，而不是专业的法律态度，这对于死刑在中国的适用有非常重要的影响。

二、宗教对死刑民意形成的影响

中国和西方在法律起源上有很大的区别，导致中西方对待死刑问题上有不同的认知。死刑在多国已经废除或实际上不再执行的今天，死刑在中国还是有很多的民众认同，这与中西方受不同宗教影响下的死亡观及死刑观有直接关系。

（一）道教

作为中国本土的宗教，道教起源于上古社会对鬼神的崇敬，至商代以占卜为手段沟通上天，这时原始的自然神已逐步发展成为依血缘为基础形成宗法社会时对祖先神的崇拜。春秋战国时期，上古的宗教逐步形成了阴阳学、道学、神仙学等学派。直至东汉，张道陵采集各家之所长创立了道教。道教的经典著作以《太平经》《周易参同契》《老子想尔注》为代表，主要以老子《道德经》和《周易》为基础，并采纳了儒家的敬天、敬宗、保民的思想。道教与佛教和儒学对古代中国的影响是最主要的，如西汉初期及唐朝初期的统治者都采纳了道家的一些思想。

道教对于人生既有一种超然的态度，即"自然无为""柔弱不争""清静寡欲"等主张，同时又注重性命双修，倡导通过修身养性最后达到修道成仙的最终目的。对于死亡，道教的态度既是一种顺其自然的态度，即"天地不仁，以万物为刍狗"；同时又希望通过修行达到成仙的目的，所谓"谷神不死，是谓玄牝，玄牝之门，是谓天地根"。而对于死刑，老子《道德经》中有这样一段评价："民不畏死，奈何以死惧之？若使常畏死，而为奇者，吾执得而杀之，孰敢？常有司杀者杀。夫代司杀者杀，是谓代大匠斫。夫代大匠斫者，希有不伤其手矣。"按道家的说法，死是自然规律，统治者只要顺应自然即可，若非要干扰自然执行死刑，则会给统治者带来伤害。道教主张"天道承负"，由天道负责判断承担责任的人，而且道教崇尚自然无为，对于死刑作为统治手段是排斥的，但对于死亡这样一种自然规律的存在并不排斥。

（二）佛教

佛教虽然不是起源于我国的宗教，但自西汉传入中国后，对中国的影响却是巨大的。由于众多朝代的皇帝信奉佛教，导致在中国民间对于佛教的信仰是其他宗教不能比拟的。而且佛教所宣扬的"因果轮回"与儒家的"施报"观比较相似，因此容易让中国人接受。佛教信奉"六趣""八苦"，"苦"由"业"造，"业"决定着果报。佛教相信即使人死后也并非生命的终结，而是轮回的开始，而死后的去处与生前的行为有很大关系，即"因果循环"。其中六趣又被称为六道，所谓的六道轮回，是指在"地狱趣""饿鬼趣""畜生趣""阿修罗趣""人趣""天趣"中按人生前的业决定死后的去处，能去往天国无疑是佛教信徒最理想的去处。佛教宣扬人生有八苦，即"苦圣谛谓生苦、老苦、病苦、死苦、怨憎会苦、爱别离苦、求不得苦、略摄一切五取蕴苦"。说明人活着就应受到各种苦难，在人生中并无可追求的东西，如果不去追求天趣作为最终理想国度，即使死亡了也只是更加悲惨命运的开始，因为人下次轮回有可能进入其他更痛苦的"道"中生存，永世轮回，没有终点。① 在中国影响深远的道教与佛教与西方的基督教在对死亡的认识上有着很大差别。西方宗教要求人要不断"忏悔""赎罪"，通过反省自己以获得救赎。在西方的宗教中强调活着的人"赎罪"，死亡反而是一种不负责任的解脱。而从中国民间的俗语"好死不如赖活着""死后进入十八层地狱"等则反映出中国人对死亡的恐惧，宁愿活受罪，也不愿死亡后面对未知的轮回。而对于因"罪大恶极"被判处死刑之人既是对其罪行的了结，更是其痛苦的开始，因为这类人死后都会在地狱中承受无尽的苦难。死刑不仅是国家治国手段中的威慑力量，更是人们精神中对死后未知世界的恐怖来源。因此，在中国，死刑有着深厚的文化基础和宗教底蕴，如果要将死刑在中国限制适用甚至最终废除，那么，一定要找出能够满足中国民意的相应的"应报"观的刑罚才可能谈逐步废止。否则，在民意的强烈抗议之下强行废除死刑恐怕会导致不应有的社会动荡。

---

① 郑晓江："论佛家的死亡智慧——兼及佛儒道死亡观之区别"，《青海社会科学》，1992 年第 2 期。

三、法律起源对死刑民意形成的影响

在针对死刑存废的问题上，很多学者都以国外已废除死刑国家的数目以及有些国家即使在民意反对废除死刑时立法机关依然通过废除死刑的决定来建议我国也可以借鉴这些国家的做法适时由立法机关做出废除死刑的决定。这些建议当然有其合理之处，但通过比较我国与西方法律的起源，可以发现我国和其他国家相比在对待法律的态度上有很大区别，因此并不适合直接借鉴外国的一些做法。

（一）死刑与报应

在《圣经》中有"以眼还眼，以血还血，以牙还牙，以命抵命"的记载，说明报应观念在西方有其宗教的基础。西方现代的死刑观念有两个非常重要的形成阶段，即道义报应阶段和法律报应阶段。道义报应以康德为代表，他是西方历史上等害报应最强力的支持者，强调即使在荒岛上只剩一个杀人犯，也要判处其死刑。黑格尔则发展了康德的道义报应论，形成法律报应的观点，反对康德的等量报应，提出等价报应的观点。无论是何种报应刑观点，都会强调刑罚的正义性与等同性。既然死刑是报应的一种体现，只要能找到替代死刑的一种刑罚，达到报应的目的，那么，死刑可以废除就不是那么不能接受的。

而我国在传统法律影响下，死刑虽与报应相关，但并非完全体现报应，或者说，死刑的设置并非完全为了实现报应的目的。并且中国古代的报应和西方相比含有更丰富的"情感"色彩。如《诗经》中有"投我以木瓜，报之以琼琚"这种宣扬受人恩惠当加倍报答的高尚情操；孔子更强调"以德报怨，何以报德？以直报怨，以

德报德"。即中国人强调报应并非都是贬义的，而是一种中立的态度，或者可称为回报。既可回报恩惠，亦可回报怨恨，最主要的是体现作为君子那种坦荡的胸怀。因此中国早期的报应观与西方圣经中的"以眼还眼，以牙还牙"有很大区别。

从中国古代立法上看死刑的设置亦会发现并非完全体现报应。如中国最早有"刑起于兵"的说法，即用战争征服敌对的部落和族内违抗命令的族人。最早的刑罚并非出于报应的目的，而是从部落发展的需要确定应处死的人。中国古代主张较多适用死刑的当属法家，但其并非出于报应的考虑，而是出于死刑的威慑力，强调以刑去刑，对轻罪施重刑，达到"夫小过不生，大罪不至，是人无罪而乱不生也"（《韩非子》）的目的。如在我国封建社会时期设置的"族刑"就是通过判处全族的死刑以达到震慑犯罪的目的。而传统法律逐步儒家化后，刑罚的设置更多地考虑尊卑、亲疏关系，而不是出于报应。如依"准五服以治罪"原则，同样的杀人行为，若是尊长杀伤卑幼，关系越近定罪越轻，反之则加重。再如"存留养亲"制度，对于同样的被判处死刑的犯人，如其家中有无人奉养的老人则可免死。这些立法原则使中国古代的刑罚更多了"伦理性"的内容，这是我国独有的特点。

（二）死刑与理性

虽然我国传统法律中死刑并非完全反映报应的需要，但是无可置疑的是死刑在中国始终占有很重要的位置，对死刑的重视与迷信不仅是统治者威慑人民的手段，同时还与民众对死刑的认识相关。这与我国与西方在法律的起源基础有很大差别相关。

从古希腊开始，西方形成了以理性为主的法律起源基础。如苏格拉底认为认识善就是行善，知识就是德行。① 柏拉图在此基础上提出"知识即美德"的概念，亚里士多德则认为理性有两种功能，道德的功能和理智的功能，它们有着各自的德行。理智德行中最主要的是哲学智慧，它包括科学知识和把握第一原理的能力。所以西方在其思想起源上理性和道德是占主导位置的，因此美国学者伯尔曼总结说："人类法最终源于理性和良心并受理性和良心的检验。"② 其中的人类法应该偏重于西方法而言。并且西方还有一段由基督教统治的历史，其中宗教的力量甚至超越于国王之上，直至文艺复兴时期，个人主义、理性主义和民族主义——民主的三位一体之神——在立法机构地位的提高和司法机构法律作用的减弱中找到了法律表达。自由的民主是西方历史中第一个伟大的世俗宗教——第一个脱离传统基督教同时又从基督教中接收了神圣含义和某些主要价值的意识形态。经过这样的洗礼，西方法将其一贯追求的理性与民主结合起来，形成现代法律体系。

我国传统法律则是起源于"礼"及礼所依靠的"宗法社会"。礼的核心思想"亲亲"和"尊尊"要求全社会各阶层的人必须要依照亲疏远近、高低贵贱的不同身份在这个"等级森严"的社会中行事，所以中国注重家族而忽视个人，注重感性而忽视理性。而感性则是符合儒家思想的伦理观，符合"三纲五常"道德观。所以在汉朝时期的春秋决狱要原心定罪，对于复仇者可以"法外开恩"。并且宗法社会中宗族的力量亦不容小觑，如历史上无数次皇权与外戚之间的争权、两晋南北朝时期士族对皇权的影响以及宋朝以后家族地

---

① ［美］S. E. 斯通普夫 J：《西方哲学史》，菲泽、邓晓芒等译，世界图书出版公司 2009 年版，第 34 页。

② ［美］哈罗德·J. 伯尔曼：《法律与革命——西方法律传统的形成（第一卷）》，贺卫方等译，法律出版社 2008 年版，第 12 页。

位的确立等都使中国个人的地位抹杀在家族的影响之下。在立法中则直接体现为与家庭相关的法律责任均由家长负责，实行"家长责任制"，无论是在家庭财产的处理上还是在事关己身的婚姻上，都没有子孙的任何法律地位，均由家长全权负责。在清朝雍正时期更授权族长有处死族人的特权，承认族长对族人有"生杀大权"。所以在我国古代没有个人主义存在的空间，而是以家族主义为主。传统法律思想要求的道德观以及立法和司法中的伦理体现，形成了我国特有的"情、理、法"的法律环境。在我国，情理的地位是高于法的，因此有人情社会的说法，反映在民意上，即"法律不外乎人情"。西方法律思想中更注重理性而忽视感性，与我国正相反。这或许是西方更容易废除死刑的原因吧。

综上所述，在我国现阶段废除死刑的民意调查中同意废除死刑的民众总占少数，其中虽然有民众希望死刑能对现代社会中存在的诸多恶性事件起到威慑作用，但更多的则是源于几千年来形成的法律文化传统对中国人潜意识的影响。因此，在废除死刑的道路上，我们必须考虑死刑民意形成的文化背景，寻求能够替代死刑曾给予人们的安全感以及对"恶人"惩罚的替代刑罚措施，才能真正走出废除死刑的步伐。

第四章 传统司法官吏管理制度的现代化研究*

---

* 本部分内容是夏婷婷在集中其前期研究成果的基础上完成的。

中国传统司法制度是与行政制度分不开的，虽然在中央一级政权组织结构中早在夏商时期就有如"大司寇"这样的司法官员，但在当时大司寇的职责并非仅限于司法判决，其还承担着诸多行政事务。进入封建社会以后，自秦三公九卿制开始已经专设司法官员"廷尉"，至隋唐三省六部制时刑部已经作为中央一级专门的负责司法行政事务的机构，而大理寺则成为专门的司法审判机构，虽然二者之间的职责偶有交叉，但在事务分工中权责已基本明确。但这种行政与司法的分工仅限于中央一级机构，在广泛的基层社会中，行政与司法仍由地方长官一人独兼，因此在中国古代社会中研究司法制度必然避不开对行政官制等内容的研究。

第一节
"判"在唐代官吏管理制度中的作用及价值

唐代在培养、选拔、任用、考核官吏上继承了前代精华，并进一步完善和发展了官吏管理制度。唐代的官吏管理制度大体可分为选官制度和考课制度两大部分。首先是对官吏的选拔及任用，官吏的选任是官吏管理的前提，是整顿吏治的首要环节。唐代官吏的选任方式主要有两种，一种是科举，另一种是门荫。科举即"分科举士"，按科目性质又分为文举、武举。文举又有"制科"和"常科"之分。而"门荫"是因父祖为高官，子孙因而可通过父祖的荫庇，凭借先辈的官资以荫得官，即无须经过考试而直接取得做官的资格。值得注意的是，科举考试中第者，只是通过考试取得做官的资格，是充任官吏的后备军，取得做官资格后，还必须通过吏部的考试，才能真正成官。

唐代的中央集权制对官吏的选择和考察也更加重视。唐太宗说过："为官择人，唯才是与，苟或不才，虽亲不用。"① 在选任官吏的基础上，唐代又对官吏的功过、行能等规定了一整套考核制度，定期对官吏进行考核评定，并根据考核结果对官吏进行升降赏罚。唐朝所有官员不论职位高低，每年都需经过一定的考课，称为小考；每隔三至五年，还要举行一次大考。对官吏的考课工作由尚书省的吏部主管，且具有严格的标准和具体的内容。

唐代判词多以拟判形式存在。所谓拟判，就是做判者对假拟的案情做出判决。拟判与实判相对应，实判的案情来源于真实生活，且具有法律效力，而拟判更像命题作文，旨在提升制判者的写作水平和工作能力。特别是唐代选拔官员时考试、考核的内容是"身、言、书、判"四个方面，而吏部所试四者之中，判为尤切。无论是在官吏的选任过程中，还是在对官吏吏能的检视过程中，对"判"的考查都显得尤为重要，在选官的各个环节都离不开对判的考察，做判水平的高低直接与官品挂钩。为官之后同样需要习判、练判，在此过程中为官者可以不断揣摩吏能考核的"最"之标准，同时，在从以前单纯的"儒生"身份过渡到之后的"儒吏"身份的过程中，习判、练判的功劳亦是功不可没。本节欲从"判"的视角重新

---

① （宋）司马光：《资治通鉴》卷一九四，中华书局 1956 年版。

梳理唐代的官吏管理制度，探寻判在选任、考课官吏中所起到的作用，挖掘唐判这一独特的判文文体所具有的特殊的文化价值。

一、试判：决定得官品阶的关键考试

（一）关试判、守选习判——儒生到儒吏身份的转变

唐代继承并发展了隋代的科举考试制度，将其称之为举制。但唐代的科举制度，只是负责把各科的举子由县试、州府试或学馆试、省试中选拔出来，其任务就宣告完成，以后的事情由选司来接管。举制原由吏部考功员外郎主持，自唐开元二十四年（736年）开始，改由礼部侍郎负责。

举子在及第后，就属于吏部铨选的范畴了。首先，礼部以关文的形式将及第举子的大体情况介绍并移交给吏部，吏部则通过两道短小的判来对举子进行初次考察，此考试被叫作关试。"关试"是将举子的相关资料由礼部移交给吏部的手续交接过程，对于新及第的举子来说，也是由举子身份转化为选人身份的分水岭。所以，"关"的味道更重于"试"。关试的内容是"试判两节"，在假拟的诉讼案件下做判词两道，字数只有几十个，一般不超过百字，难度很低。关试并不存在及格与否的问题，也不分名次，只要参加，都能通过。

及第举子在通过关试后，要在家候守一段时间，听候国家的派官。唐代采取守选制度，从表层来看与自古传承下来的限年而仕的制度不无关系。但唐代推行守选的真正原因是为了缓解官缺少而选人多这一矛盾。及第举子的守选年限因其科目、等第不同而不同，再落实到每一个人身上亦有差别。如《册府元龟·铨选部》中记载过一条唐玄宗开元三年六月的诏文："其明经、进士擢第者，每年委州长官访察，行业修谨、书判可观者，三选听集。并诸色选人者，

若有乡间无景行，及书判全弱，选数纵深，亦不在选限。"① 由此可见，自己的出身和科举考试的等第都与守选年限的长短有直接的关系，一般情况下，三年是守选的理论年限，但对于既无德行、书判写作水平又差的选人，即使守选年限再多，也不得送选。所以，这就要求守选者在守选年限中要言行自律，增强自己的学识，其中对判词的考察占很大的比重，故做判就成了及第举子在守选期间的另外一门必修课。白居易的《百道判》《元氏长庆集》中收录的元稹的判词，正是他们在中进士、明经及第后守选期间的自课练习。

（二）拔萃判与平判——守选期间的特殊选拔方式

唐代的守选制度并不是单一呆板不容变通的，吏部为了使一些有才华的人，尤其是那些学有专长的人能早日脱颖而出，又设立了一项打破选格限制的选试制度——科目选。根据《册府元龟·贡举部》中的记述，科目选主要包括：博学宏词、书判拔萃、平判。出于本文研究对象的考虑，这里主要论述书判拔萃和平判两科。试判一直是吏部的专项考试，书判拔萃和平判同样也要对选人的做判能力进行考察。平选常调一般试判均为两道，唯独书判拔萃是要做判三道，《旧唐书·于邵传》有载："试判三条，谓之拔萃，亦曰超绝……邵天宝末进士登科，书判超绝，授崇文馆校书郎。"② 由此可证，书判拔萃科对书判的考察其难度、要求水平之高应超出上述所有的试判考试。由书判登科者，往往会授予好官，如于邵被授予崇文馆校书郎，白居易于贞元十九年入等书判拔萃科，被授予秘书省校书郎，余从周书判拔萃登科，被授予秘书省正字。

吏部举办的科目选中还有平判一科。以平判科登科的代表是元

① （宋）王钦若：《册府元龟》卷六三五，中华书局 1960 年版。
② （后汉）刘昫：《旧唐书》卷一三七，中华书局 1975 年版。

积，在他所写《酬哥舒大少府寄同年科第》一诗末句"八人同著彩衣裳"，可知当年同时参加科目选并登科的共有八人。在此诗的注释中有这样的记载："同年科第，宏词吕二炅、王十一起，拔萃白二十二居易，平判李十一复礼、吕四颖、哥舒大烦、崔十八玄亮逮不肖，八人皆奉荣养。"① 当年登吏部科目选的八人是博学宏词科的吕炅、王起二人；书判拔萃科的白居易一人；平判科的李复礼、吕颖、哥舒恒、崔玄亮和元积五人。书判拔萃与平判到底有何不同？是区别于判词的写作水平高低，还是录取的标准有所差异？以目前所掌握的史料还很难给出准确的结论，仅能推知，平判科是书判拔萃科的一种补充形式。

（三）铨选判——成官的常规选拔方式

科目选是一种选拔特殊人才的特殊考试，并不是大多数选人都有资格参加，所以，作为吏部选官最为重要的考试实为铨选。唐代铨选的大体步骤可归纳为资格审查—学识考察—量资得官。当选人通过了资格审查后，随即就将参加铨试。关于铨试的内容，众多史料中皆有记载，如《通典·选举三》有说："其择人有四事：一曰身，取其体貌丰伟；二曰言，取其词论辩证；三曰书，取其楷法遒美；四曰判，取其文理优长。凡选，始集而试，观其书、判；已试而铨，察其身、言。"② 在铨试四事中，试判是关键。铨选试判两道，早已成定制。但随着选人的增多，判词的内容也越来越复杂古怪，艰难刻薄。可见，试判初衷本是选拔人才的一种考试，却迫于选人多而职缺少的实际压力走向了极端，到最后所出题目已经失去了考试的意义。

---

① （清）曹寅等：《全唐诗》卷四一一，中华书局辑部点校，中华书局2011年版。
② （唐）杜佑：《通典》卷一五，王文锦、刘俊文等点校，中华书局1988年版。

此外，参加吏部铨选授官的不仅局限于新近登科的举子，还包括六品以下任期届满或考核被罢免的官员。因六品以下多为州县地方官吏，官职卑微且势单力薄，故而他们与及第举子一样也要守选，而守选的年限一般也为三年，大体与及第举子的规定无异。只有当他们晋升到五品以上官位时才能出选门，逃离吏部主持的铨选轮回。

（四）试判成绩与官品等第的关系

判词水平的高低切实地与选人的官品等第相联系。如贞元十九年的考题为：太学官教胄子"毁方瓦合"，司业以为非训导之本，不许。[①] 何谓"毁方瓦合"？从字面解释就是，毁去棱角，与瓦砾相合。此后用以比喻屈己从众，君子为道不远离于人。那么，是要让别人来"慕贤"还是放下身段去"容众"，参加此次考试的主要考生白居易、元稹、哥舒恒、吕颖和崔玄亮有着自己不同的见解。

白居易的主要判词为："教惟驯致，道在曲成。……况化人由学，成性因师：虽和光以同尘，德终不杂；……司业以训导贵别，或虑雷同；学官以容众由宽，何伤瓦合？教之未坠，盖宣尼之言然；……将劝学者，所宜龊之。"白居易认为人性乃天生固有，若让其做出改变得靠后天的学习，而这个时候老师的重要性就凸显了出来，"况化人由学，成性因师"说的就是这个意思。而该问题的关键白居易认为是，老师要教导学生从哪方面去屈己从众。他认为要有一个底线，其中"德行"是不容从众的。白氏所说的德行，指的应是学生的个性，"虽和光以同尘，德终不杂"。此外，白居易还认为，学馆和有司站在了不同的角度来看待"毁方瓦合"这一问题，有司强调的是要突出学生的个性，而学馆更关注于对学生"容众"的培养。对此问题，白居易给出了自己的理解，在保留学生自我个性的

---

① （宋）李昉等：《文苑英华》（判部），中华书局1966年版，第2622页。

前提下，学馆做适当的容众培养是可以的，他说："教之未坠，盖宣尼之言然；文且有征，则戴氏之典在。"

元稹的判词为："教以就贤，虽无黜下，俾其容众，则在毁方。太学以将务发蒙，宜先屈己。君子不器，须怀虚受之心；……仲尼尝述於为儒；礼贵用和，子张亦非於拒我，义存无傲，道在可嘉，长善之本不乖，成均之言何懵。"元稹对学馆"毁方瓦合"的教育方式也给出了理解和支持。他着重论述了"贤"和"众"的关系问题。他说："太学以将务发蒙，宜先屈己。君子不器，须怀虚受之心；至人无方，何必自贤於物。"意思是说即便是君子贤人，也应该放下身段与大众融合，要学会虚心接受。但是，元稹认为一味地屈言逢迎也是不符合儒家精神的。他以孔子弟子子张的故事为例，来加强自己的论说。子张鄙视那些缺乏道德、行为不坚强的人，但他在生活上却不拘小节，随和从俗。可见，元稹更希望学馆教出更多像子张一样的人。

哥舒恒的判词为："敬业服勤，冀闻立身之本；传经作诫，宁违从众之规。……谓其礼乐之家，难为人下。故毁方瓦合，承圣人之情；使慕贤容众，臻儒者之旨。正唯弟子可学，何虑成均见非。"哥舒恒的论点则直接援引了《礼记·儒行》中"使慕贤容众，臻儒者之旨"这句。哥舒恒认为，做"敬业服勤""传经作诫"这样的事情，不需要迎合众人，可以标新立异。但现在所讨论的是学馆如何教育学生的问题，那就不是一回事了。所谓的王公贵族、圣贤之家，如果一味地孤傲自居，脱离群众，最后就会淹没在自我的虚荣之中，不被百姓所接受。

吕颖的判词为："国崇太学，礼尚师儒。教失其源，人将安放。学官懵夫古训，好是多方……何先师之不遵。苟训导以生常，毁方之易性。乐正禁之非礼，亦有明徵；胄子顺以向方，幸无迷复。"吕颖反对学馆"毁方瓦合"的做法，且态度明确。他认为儒学作为国学，应是老师教导的根本，而学馆却找错了教育的源头，这怎么能教出真正的儒生呢？吕颖坚信，儒生要有自己鲜明的个性，所以他提醒学生"冑子顺以向方，幸无迷复"。

崔玄亮的判词为："学于是专教，所以立信尊贤；可上在易性，难从眷彼儒流。职司教学，诚宜警不及之诚，惧将落之辞。苟毁方以为心虽容众，而奚用且非善诱。……无易由言，请从司业之规，无取学官之见。"崔玄亮也反对"毁方瓦合"，只是他的论据显得有些苍白无力。他认为学馆的任务就是要教学生"警不及之诚，惧将落之辞"，像毁方瓦合这样的教学内容并非善诱。所以，崔玄亮在判词的最后给出了"请从司业之规，无取学官之见"的结论。

比较上述五人的答卷后不难看出，虽然同受儒学教育，但在处理同一问题上确实存在个体差异。白居易看待问题相对比较全面深刻，判词的写作水准也略胜一筹。元稹、哥舒恒和吕颖则是儒学教育下的"高材生"，在他们判词的字里行间，随处可见他们所崇尚的仲尼之礼和圣人之情。崔玄亮的判词相对上述四人的而言，则略显逊色，一是所设论点比较狭隘，二是论据苍白无力。

当年此五人的考试成绩也是评价他们水平和能力的佐证。白居易于贞元十九年入等书判拔萃科，被授予秘书省校书郎。而元稹在同年以平判登科，等第为第四等乙科。而吕颖和哥舒恒均在敬宗朝时才擢书判拔萃科。①

一个时代的政治制度对于个体而言，是一个从接受到认识的被动过程，那么，主导个体主动思考和做出判断的则是其自身的知识水平和经验积累等内在因素，这些内在因素决定了人们在面对问题

---

① （清）董皓：《全唐文》卷七四〇，上海古籍出版社 2007 年版。

时所形成的是一个从认识到接受的主动过程。换句话说，唐判在产生之初，是在被动地适应这样一种选官制度。只不过在这渐进的适应中，随着选人身份的转化和法律知识的不断积累，判词中处理各类案件的方法被整理总结出来，以便在今后的司法实践中派上用场。

二、习判：与官吏考核相挂钩的自课练习

如果说吏部的试判，选人往往是出于应对考试的心态，为了能够得官而被动接受，那么，每年对百官进行的有针对性的考课制度，则促使州县基层官吏以及中央的专业司法官吏开始主动地研习判词的写作技巧以及如何使用法律。

所谓"考课"，是指考核政事的优良得失和考核官员的功过善恶。其包含两种意义：一是考，就是考察自中央至地方各级官吏在其任职期间执行国家法令的具体表现；二是课，就是依照国家的行政计划进行督课。唐代考课的最高标准，可以概括为"四善二十七最"，四善是对所有官吏道德方面的要求，二十七最是对不同官职官吏行能才干方面的考量。其中，对司法官吏吏德与吏能的考察尤为重要。唐代的司法官吏大体可以分为掌管中央审判职能的法官，负责察举百官、监督司法的监察官以及地方州县衙门中享有一定审判权的通判官和判官。

例如张鹭的《龙筋凤髓判》，白居易的《甲乙判》《文苑英华》等判词集都是为官之人习练的成果，这其中不乏作者对唐代考课制度的理解。本节选取涉及法官、监察官以及判官的案例，解构唐代对不同司法官吏考课之法的认定标准。

（一）推鞫得情，处断公允

"推鞫得情，处断公允"是对法官的最高要求。作为国家法律的执行者，如要做到办理的每一起案件都公正无错是很难的，而国家对法官职责的要求核心就是断案公允。那么如何才能达到"法官之最"呢？

1. 得情必先察情

"推鞠得情"之"情"首先指的是具体的案情、狱状，若想全面地掌握案件情状，首要任务是要查明案件的真相。如果不能够掌握确凿的证据，就不能还以案件真实，那么所得到的案情也是歪曲的，这必然会影响到案件判决的公正性。所以，得情必先察情是对推鞠得情的深层理解。例如，在白居易的《甲乙判》中有这样一起替考的案件，案情大体为："得乙充选人识官，选人代试。法司断乙与代试者同罪。诉云：实不知情"。[1]白居易对法司的处断并不完全赞同。白居易认为法官判决乙与代试者同罪有失公允，其原因是法官并没有查明乙与代试者之间的关系。他在判文中写道："察情谅不同谋，结罪诚应异罚。"[1] 实是对该案判决的一种纠正，但从另一角度看，白居易亦是对法官判案之考核标准的一次强调。

2. 公允须遵律条

查明案情，只是作为断案的一个基础，而如何能够使当事人接受最终的判决结果，并且能够得到社会的认可，其依凭的必然是法律。唐律中"断罪不具引律令格式"条已经以法律条文的形式规制了法官的自由裁量，要求法官断罪量刑必须要援引律条，这也是处断公允的权力保障。

但是，对于律条的理解，并不应仅限定于成文法律的规定，成文法典只是达到公允的最惯常的一种依据，对于有些案件，往往法

---

① （唐）白居易：《白居易集》卷六十七，顾学颉点校，中华书局1979年版。

官的判决并无律条可供依循。例如，在《文明判集残卷》中有一起民事侵权案，案情的概要是选人所租赁的马匹在途中突然倒地暴毙，马主向选人索要赔偿，选人不服，遂诉至法官，要求给予合理判决。① 这是一起在当时律令并无明确规定的案件，如何判决，需要法官发挥自由裁量。针对此案，法官展开了逻辑性很强的推理：首先，选人是熟悉路况的，对于平路有泥的风险，应该有所预见；其次，如果选人策马扬鞭，马在受控制的情况下突然倒地，路上会留下明显的痕迹，就目前所掌握的情况来看，并非如此；再次，如马确是因人而死，在奔跑中突然倒地，那么人也应该受伤，但"人乃无伤损"，通过这些事实可以断言，马并不是因奔致殂，而是在闲乘之时，自然死亡，此乃天命，并非人为；最后，法官为了使自己的论断更加有力，又用反例加以明理："至若马倒不伤，人便致死，死状虽因马倒，马主岂肯当辜？"① 也就是说，如果马倒无事，但致选人死亡，那么马主你还敢声称无辜，要求赔偿吗？通过这一系列的逻辑分析，制判者最后认定"马不合陪，理无在惑"。

可见，公允须遵的律条，实乃判案的一切准据。既可以是成文法典，也可以是情理，甚至可能是习惯法，法官需要掌握的一个重要原则就是做到案件判决的实质公正。可见，欲想达到法官之最的考核要求，就必须牢牢地把握住"察情"和"依据律条"这两点。

3. 对法官知法犯法的处置

法官作为握有审判权的特殊群体，精通律法是该职业的基本素养。若法官知法犯法，应如何处置？张鷟的《龙筋凤髓判》中，有

----

① 杨一凡：《中国珍稀法律典籍集成》（甲编），第三册，"文明判集残卷"，科学出版社 2007 年版，第 294 页。

这样一起案件：大理丞徐逖在宵禁之后仍游走于街，被金吾卫抓获时称事出有因，对笞二十的处罚不服。① 张鷟对徐逖的态度严于常人，他在判词中说"徐逖躬沾士职，名属法官，应知玉律之严，颇识勾陈之禁"，这是对徐逖知法犯法的责备。而对大理丞的处罚也毫无宽缓可言，《唐律疏议·杂律》"犯夜"条中规定："诸犯夜者，笞二十；有故者，不坐。"疏议对故的解释为"谓公事急速"并且无论是公事还是私事，皆须有县或本坊的文牒，方能夜行。徐逖是在宵禁后于街中游走，并非急速，而且没有批准夜行的文牒，虽状称有故，但并不符合法律中关于"故"的解释。所以，张鷟认为对徐逖执行笞二十的处罚并不为过。此外，执法也须谨慎。徐逖在被提时已经被笞二十，故而，张鷟在最后的判词中说"罪既总除，固宜从释"。由此可见，法官犯法，并无特权可言，甚至对其处罚要严于常人。

（二）访察精审，弹举必当

"访察精审，弹举必当"是对监察官考核的最高标准。监察官既代表国家处理公诉类案件，又对百官行使监督检察的权力。要在司法实践中达到"访察精审，弹举必当"的最高要求，监察官须应做到以下几点。

1. 访察即察隐微之罪

所谓"访察"从字面意义上不难看出，作为监察官应主动的走访调查，要善于发现犯罪。这与法官的职责有些许不同，法官的主要职责在于对已经发现或既成的犯罪进行判决，而监察官的主要任务是要主动地发现犯罪，特别是那些难以发觉的隐蔽犯罪行为。如

---

① 张鷟：《龙筋凤髓判》，田涛、郭成伟校注，中国政法大学出版社 1996 年版，第116 页。

据《旧唐书·元稹传》记载，元和四年（公元 809 年），元稹任监察御史时，他趁出使机会，了解民众疾苦，暗查官吏不法之事，弹奏了原剑南东川节度使严砺擅自没收管辖内百姓家产、于两税外另加征钱、米、草等不法之事。之后，又先后弹奏了数十件不法之事。可见，"访察"更多的是要发挥监察官的主观能动性，要深入社会，体察民情，发现犯罪。

2. 精审要穷问囚情

何谓"精审"？《晋书·裴秀传》有云："虽有粗形，皆不精审，不可依据。"唐代的孔颖达在《〈礼记正义〉序》中也说过："文证详悉，义理精审。"对"精审"的字面解释就是要求事物达到精密确实。而用在刑狱诉讼中，精审所强调的是要对案件的审理精密详尽，逻辑流畅，证据掌握充分。而要做到精审，就必须穷问囚情。汉代注释大家张晏《汉书》曾做过这样的解释："鞫，穷也，谓穷问囚情也。"可见，监察官访察后的精审与法官推鞫所得案情如出一辙，所强调的都是要全面掌握案情狱状。

3. 弹举须合置严苛

御史除了"掌以刑法典章"之外，还有"纠正百官之罪恶"的职责，即行使弹劾的权力。但监察御史也不能随意使用弹劾权，弹劾需要合置严苛。也就是说，弹劾官吏是一件严肃的事情，需要监察御史在弄清案情的基础上合理弹奏。例如，在张鷟的《龙筋凤髓判》中有擅用官物一案，此案中的郎将侯圭出使西域贩马，却将买马的钱用来买粮，以免饥饿受死，此举遭到御史弹核。张鷟认为负责此案的御史并没有查清该案的案情，就对郎将侯圭进行纠弹，实为鲁莽，这种做法也不符合监察御史的职责要求，故而张鷟在判词最后写道："柏台奏劾，合置严科，棘署论刑，更宜推鞫"。① 此外，与对法官犯法进行处置一样，监察官若弹举失当也要得到及时的纠正，但要把握的一个大原则就是要按照法律的规定处理。

（三）处断不滞，予夺合理

"处断不滞，予夺合理"为判事之最。判官在唐代的四等官制中人数众多，多为担任主要职责的负责人。对这些存数众多的判事官的考核，更多的是重注对其吏能的考察。

1. 不滞即要无隐瞒无稽失

处断不滞，一是从个别角度而言，即要求判官在处理案件时，要公开透明，不能隐瞒，并且要求稳妥而没有闪失；二是从总体角度来说，要求判官处理的公务或案件没有积压不能贻误，这也是作为评价官员能力的一个重要标准。《大唐新语》中有这样一个故事：

裴琰弱冠时任同州司户，但以行乐为事，略不视案牍。刺史李崇仪怪之，问户佐，户佐对："司户小儿郎，不娴书判。"复数日，曹事委积，众议以为琰之不知书，但邀游耳。他日崇仪召入，励而责之。琰之出，问户佐曰："文案几何？"对曰："急者二百多道。"琰曰："有何多？如此逼人。"命每案后连纸十张，令五六人供研墨点笔。琰之不上厅，语主案者略言其事意，倚柱而断之，词理纵横，文笔灿烂，手不停辍，落纸如飞。倾州官僚，观者如堵，既而回案于崇仪，崇仪曰："司户解判耶？"户佐曰："司户太高手笔。"……琰由此名动一州。②

这个故事从侧面折射出唐代政府对判官办事效率的要求。

---

① 张鷟：《龙筋凤髓判》，田涛、郭成伟校注，中国政法大学出版社 1996 年版，第146 页。

② （唐）刘肃：《大唐新语》卷八，许德楠、李鼎霞点校，中华书局 2004 年版。

2. 或予或夺要权衡利弊

作为判官的考核标准之"予夺"，更多的应解释为一种裁决或决定的取舍。如《旧唐书·裴濯传》记载："琰之命书吏数人，连纸进笔，斯须剖断并毕，文翰俱美，且尽与夺之理。"白居易《论考试进士事宜状》："虽诗赋之间，皆有瑕病，在与夺之际，或可矜量。"在诸多的判词中，也经常出现或与或夺的选择问题。例如，加药窃资判中，制判者就强调"予夺要为合理"；阿刘守志有孕判中，作者也没有轻易给出判决结论，而是说"援情据法，不可轻为与夺"；请塞斗门判中，白居易也点明"利益斯见，予夺可知"。可见，判断当事人哪方胜诉，这就是一个予或夺的过程，而在此过程中应把握的一个准则就是要合理。这里所合的应是何"理"？除了常人所能接受的天理、道理、常理之外，笔者觉得更为重要的是针对个案的特殊情况，由法官在权衡利弊之后所做出的一种合乎情理的取舍。这是一种选择，要在人情与国法之间做出选择，要在利益之间做出选择。这样一来，是运用严格的罪刑法定主义判案，还是依情理判案，都成为法官裁断案件所使用的方法和技巧。在这种"予夺合理"的制度要求下，最终要达到一种平衡，对于案件的判决结果既要得到当事人的接受，又要得到社会的广泛认可。

唐代的司法官吏考课制度，无论从考课标准的设计方面，还是从考课内容的规定方面，都有一条显而易见的主线，这就是"严格治吏"的治国方略。为官之人如何保证自己在考核中不被淘汰，只有在平时加强吏能的训练，而习判、练判是提升吏能的最有效手段。

综上所述，唐代举制与选制相分离的特有选官制度，其优点在于打破了选官的阶层限制，为普通举子进入仕途搭建了一个平台；而守选制度也为选人更好地充实自己的学识，增加吏能训练留出了足够的时间。大量的"儒生"不断地充实到官吏队伍中来，一方面他们摆脱不了久已成型的悲天悯人的文人情怀，另一方面迫于实际司法行政工作的需要，他们把强大的儒家传统思想带入司法领域是自然而然的事情。纵观整个中国汉代以后的官吏群体，不难推断，享有相似的教育资源和学习经历所导致的结果是儒家的基本价值观和人生观在广大为官之人的思想中已经成型，而后的法律专业化训练，又形成了大体一致的法理观，即儒、法之间不得偏颇。

唐代判词的这种写作风格之所以盛行，正是因为，它符合儒吏们的修身之道，同时也促使官吏个体主动思考情理观念的准确内涵，揣摩宽恕用刑的尺度，毕竟，情法两平一直都是中国古代司法官吏在审判过程中所追寻的终极目标。与官吏的专业化审判过程相比，普通百姓更加关注的是案件的结果正义，只有案件的审断结果被普遍接受，法官所秉持的情理观念才会得到认可。也就是说，习判、练判的写作习惯有助于官吏对情理观的理解，有利于案件审断结果被普通百姓所接受，进而促进了整个社会对情理观念的认可。

第二节
中国古代"法官"精神对现代法官的借鉴意义

一、古今法官概念之比较

（一）"法官"概念今释

法官是指依照法律规定的程序产生，在司法机关（一般指法院）中依法行使国家审判权的审判人员，是司法权的执行者。《中华人民共和国法官法》第二条明文规定："法官是依法行使国家审判权的审判人员，包括最高人民法院、地方各级人民法院和军事法院等专门人民法院的院长、副院长、审判委员会委员、庭长、副庭长、审判员和助理审判员。"

在不同法系的国家中法官的角色不尽相同，如在英美法系国家，普通法是由法官创造和建立起来的，法官承担着传承和创造法律的重任，而在我国，法官是司法权的行使者，法官不参与立法，不创制法律。但无论是在英美法系还是在大陆法系，对法官的职责都有着相同的要求，即不偏不倚、不受他人影响或掣肘、刚正无私地根据法律判案。除了我们熟悉的法官（英文 Judge）的称谓外，在亚洲，日本国的法官称为判事，我国台湾地区的法官以前称为推事，后亦改为法官。

（二）中国古代"法官"的内涵与外延

在中国古代，法官亦称之为刑官，主掌刑法狱讼。五帝时期，即有专门主管司法的官员。据《文献通考》记载："今大理者，亦舜摄帝位，皋繇作士，正五刑，周秋官之任。"① 皋繇亦作皋陶，是虞舜时期的名臣。《尚书》中记述了皋陶的事迹，帝曰："皋陶！惟兹臣庶，罔或干予正。汝作士，明于五刑以弼五教，期于予治，刑期于无刑，民协于中，时乃功。懋哉！"② 司马迁著《史记》，叙述上古设官分职时引《尚书》记载说："皋陶为大理，平，民各伏其实。"③"皋陶作士以理民。"④

可见，皋陶应当为我国最早的刑官，亦成为后代刑官之鼻祖。上述文字中，舜帝对皋陶的执法理念赞赏有加，是因为皋陶所作刑

---

① （元）马端临：《文献通考》卷五六，职官考十，中华书局 1986 年版，第 506 页。
② 《尚书·大禹谟》。
③ 《史记》卷一，《五帝本纪》。
④ 《史记》卷二，《夏本纪》。

官之理念是要达到以刑去刑的目的，是要让百姓自觉地杜绝犯罪，此执法理念对后诸世法官影响深远。

据《周礼》等文献记载，周代设立秋官司寇，以掌邦禁，佐王刑邦国。司寇下设大司寇、小司寇等职。秦建立大一统国家后，设三公九卿制，其中廷尉为九卿之一，掌刑辟。廷尉之名，盖由"听狱必质诸朝廷，与众共之，兵狱同制，故称廷尉"。台湾李甲孚对"廷尉"的解释为"廷者平也，治狱贵平，故以为名；尉者自上安下也"①。汉代承袭秦制，亦称廷尉。汉景帝中元六年（公元前144年），将廷尉改为大理，取"天官贵人之牢曰大理"之义，"大理"遂成为职官名称。后或曰廷尉，或曰大理。至魏晋南北朝，廷尉成为国家最高审判机关，掌刑法狱讼。后齐置大理寺，这是"大理寺"成为中央官署名称之始。可见，大理成为职官名称要早于中央官署名称大理寺。

沈家本《历代刑法考》总结历代大理寺变迁时说："夫刑部隶于尚书省，乃行政之官，大理则裁判之官。汉代刑狱掌于廷尉，尚书出纳王命而已。唐时大理断狱上刑部，覆于中书、门下。宋时，刑部设审刑院，大理断天下奏狱，送审刑院，上中书，中书以奏天子。是其时中书为行政，大理为司法，刑部特于中书、大理中间作一枢纽，惟有详议纠正之职，而初不干预审断之事，其界限尚未分明也。自大理裁而刑部置狱，司法、行政遂混合为一，不可复分。迨明初权归六部，设大理以稽查刑部，盖与唐、宋之制适相反矣。"②

从上述对历代大理寺的建置沿革的简单梳理可以看出，原初掌管审判的"专职机构"只有大理寺（廷尉），从唐代开始，大理寺

---

① 李甲孚：《古代法官录》，台湾商务印书馆1984年版，序言部分。
② （清）沈家本：《历代刑法考》（第四册），"历代刑官考下"，中华书局1985年版，第2002页。

与刑部、御史台同为中央司法机关，中国古代的司法权才开始逐渐放大，明代开始，大理寺、刑部的职责互换，司法、行政混同合一，法官的概念也随之扩大。①

诚然，中国古代法官的群体范围呈逐渐扩大的趋势，但作为法官所应秉持的基本价值观却是一以贯之的。本节之目的不在于探讨中国古代法官的字面含义，而是欲从法的本质所决定的法官的职业特质以及官本位观念下法官群体的道德操守两个层面来对中国古代法官做一解读。

二、法贵为平——法官的职业素养

（一）不畏上，争取独立审判

法贵在平稳。法律制定出来后不能朝令夕改，不能因人而立，亦不能因人而废。唐代王志愔著《应正论》，其中所言："刑者俪也，俪者成也，一成而不可变，故君子尽心焉，若以喜怒制刑轻重，则所不可。刑赏二柄，唯人主操之。崇厚任宽，是谓帝王之德。慎子曰：以力役法者，百姓也，以死守法者，有司也，以道变法者，君上也。故法乃人君所操，不可不慎。"② 此论断不只是王志愔说给唐中宗一人听，也是王志愔对皋陶谟以来有关行事用法典范的总结。在人治社会，能够影响法律稳定的个体主要就是皇帝，而阻止皇帝任意司法的重任往往落在法官身上。从汉代张释之处理的犯跸案伊

---

① 马小红在其《混合法的制度设计："法律"与"法官"的折中》一文中，对古代法官做了明确的界定，她认为古代"法官"，一般指在法司中任职的官员。以唐代为例，大理寺、刑部、御史台称为"三法司"，在这其中任职的均称为法官。此外，在地方，北齐与隋置法曹行参军，唐于府中置法曹参军，州府置司法参军，县置司法佐，宋设有司法参军，掌议法断刑，又有司理参军，掌讼狱勘鞫。这些也都应视为法官。较之我们现在所说的"法官"，其范围要宽泛得多。

② 《旧唐书》卷一百《王志愔传》。

始，类似的情形在后世亦有发生。

上行，出中渭桥，有一人从桥下走，乘舆马惊，于是使骑捕之，委之廷尉。释之治问，其人曰："因闻跸，匿桥下，久，以为行过，既出，见车骑，即走耳。"释之乃奏："此人犯跸，当罚金。"文帝怒，曰："此人惊吾马，幸马柔和，如用它马，岂不伤我乎？而廷尉乃当之罚金哉？"释之回奏曰："法者，天子所与天下公共也。今法如是，更重之，是法不信于民也。且方其时，上使使诛之则已，今已下廷尉。廷尉，天下之平也，天下用法皆为之轻重，民安所错其手足？惟陛下察之。"文帝审思良久，曰："廷尉当是也。"①

张廷尉能为人称道者，即其人在听讼断狱时能持法如衡。隋有赵绰，秉性刚直，处法平允，守法称职。

时有一案：

时上禁行恶钱，有二人在市，以恶钱易好者，武侯执以闻，上令悉斩之。绰进谏曰："此人坐当杖，杀之非法。"上曰："不关卿事。"绰曰："陛下不以臣愚暗，置在法司，欲妄杀人，岂得不关臣事！"上曰："撼大木不动者，当退。"对曰："臣望撼天心，何论动木？"上复曰："啜羹者，热则置之。天子之威，欲相挫耶？"绰拜而益前，诃之不肯退，上遂入。治书侍御史柳彧复上奏切谏，上乃止。②

唐朝戴胄，自少明习法律，通晓法务，断案多依律法而违君意，大理少卿任内，以称职崇法闻于世。

时朝廷盛开选举，或有诈伪资荫者，帝令其自首，不首者罪至于死。俄有诈伪者事泄，胄据法断流以奏之。帝曰："朕下敕不首者

---

① 《汉书》卷五十《张释之传》。
② 《北史》卷七七《赵绰传》。

死，今断从流，是示天下以不信。卿欲卖狱乎？"胄曰："陛下当即杀之，非臣所及。既付所司，臣不敢亏法。"帝曰："卿自守法，而令我失信邪？"胄曰："法者，国家所以布大信于天下；言者，当时喜怒之所发耳。陛下发一朝之忿而许杀之，既知不可而置之于法，此乃忍小忿而存大信也。若顺忿违信，臣窃为陛下惜之。"帝曰："法有所失，公能正之，朕何忧也！"①

戴胄犯颜执法多如此类。中国古代法官治理狱讼时，以平停曲直为己任。正如曹魏时期的高柔有句名言："天下之平也，安得以至尊喜怒而毁法？"② 在帝制时代，皇帝往往握有生杀予夺的大权，且令出法随，人生人死，全在帝王一念之间。但当刑案交于廷尉，即须法官依法而行，此一原则不可违，法官不但要维系适用于个案的法律持平如衡，还要规劝皇帝不能因一时冲动破坏了法律的整体平衡。法贵持平，不平则多冤。

（二）决狱断刑，多依矜恕

法贵在公允。公允即在用法时要"宽""轻"，这与"深""刻"相对立，与"仁""恕"相联系。

何承天为南朝宋时的著名法官，他在任廷尉时，断狱贵情，疑则从轻。有尹嘉其人，家贫，其母熊氏，自以贴身钱为尹嘉偿债，依当时律有罪坐不孝，当死。何承天的判词如下：

夫寻事原心。嘉母自求质钱，为子还债，嘉虽亏犯教义，而其母无请杀子之词，其母所以生子，熟知反贻杀子之名。始以不孝为劾，终于亏母结刑，倚旁两端，母子具罪，夫明德慎罚，文王所以恤下，议狱缓死，中孚所以垂化，言情则母为子隐，语敬则礼所不

---

① 《旧唐书》卷七十《戴胄传》。
② 《三国志》卷二四《高柔传》。

及，今责敬恭之节于饥寒，非罚疑从轻、宁失有罪之义。愚以为降嘉之死，以普春泽之恩，赦其母之怨，以明子隐之宜。①

何承天的此道判词称于当时，亦为后人所认可，其原因在于，何承天办案认事详究，用法矜恕，不深刻。诚如唐代殿中侍御史崔仁师所言："理狱之体，必在仁恕。"

西汉于定国父子以平反矜疑为治狱之能，一片祥和之气，呈现于刑狱之间，未闻有深刻之事。则天朝出徐有功，任蒲州司法参军时，执法以宽平为事，不处杖罚，任内未曾刑戮一人，人送别称"徐无杖"。载初元年，迁司刑丞，不与来俊臣、周兴等酷吏为伍，来俊臣、周兴等构陷无辜之人，徐有功均一一出之，活人无算。徐有功在任左台侍御史时，遇一案。时有给事中薛季昶，奉武则天之命办理某官妻子旁氏被奴诬告"夜解祈福"案。薛欲拟旁氏处斩，有功则明其无罪，有人向武则天议徐有功断狱常至失出之事，并请处有功弃市。武则天诘问徐有功，有功奏曰："失出，臣下之小过，好生，圣人之大德，愿陛下宏大德，则幸甚！"武则天闻奏泰然，虽将徐有功除名庶人，但旁氏一案则改判其处流刑。身为大理，徐有功常都责自己："人命所悬，必不能顺旨诡辞，以求苟免。"故其在大理官任内，凡有冤屈，必予以申雪。

"公允""宽""平"皆存仁恕之心。这既是中国古代法官所普遍认可的主流价值，也是对他们的职业要求。中国古代法官们治狱平恕之记载颇多，今有学者对此进行过详细的总结，在此不加赘述。②

无有仁恕之心，用法自然"深""刻"。用刑深刻皆为诸朝酷吏

---

① 《南史》卷三三《何承天传》。
② 具体内容可详见霍存福："'断狱平'或'持法平'：中国古代司法的价值标准——'听讼明''断狱平'系列研究之一"，《华东政法大学学报》，2010年第5期。

之共同特质。汉书言张汤为廷尉时"舞文巧诋"，"取他人利为己有"，"深刻吏并为汤之爪牙用"，后汉周纡"以严酷闻"，北齐卢斐"少以残忍出名，决断果敢，多用刑讯，手段残忍"，隋朝的杨远、刘子通皆为杨素心腹，二人"性喜深文，断狱深刻"。二人都是用法深刻的法官，其共同特征即用法手段上的残忍，拷训囚人，以苛酷为务，但这并不是用法深刻的全部。西汉杜周为廷尉时，诏狱益多："两千石系廷尉者，不下百余人；郡吏之廷尉者，一岁至千余章。章大者，连逮证数百人，小者数十人，远者数千里，近者数百里。既抵狱，吏依章告劾之，不服以笞定之，于是皆亡匿。……以上廷尉及中都诏狱，逮至六七万人，吏所增加又十有余万。"① 可见，深刻之于酷吏，不止用刑手段上的残酷，还有苛人之深，扰民之烈。杜周为廷尉时，一章之狱，动辄牵连无辜百姓达数百人之多，小者亦数十人。古代交通不便，路程远者数千里，近者亦有数百里，役民之酷烈可想而知，难怪百姓闻之皆亡匿。在杜周之立场，一案牵动数百百姓，是为了狱讼之平，在鞠讯上力求其明。王船山对此的评价一语中的："徒知明慎，而不知其应止。"②

古人深知"治乱之要，其本在吏"的道理，作为法官，更是如此。认事宜须详究，用法不宜深刻，以免损伤民心。

（三）明解法令，省刑简法

法贵在简明。明即明白，这需要法官在执法过程中对法律进行解释。"简"不是简单，亦不是宽松，法律过于宽简会出漏洞。诚如唐代唐临所言："为国之要，在于刑法，法急则人残，法宽则失罪，

---

① 《史记·酷吏列传·杜周》。
② 李甲孚：《古代法官录》，台湾商务印书馆1984年版，第6页。

务令折中。"① 所以，简要有度，简要适中。古代国家法令出于帝王，但在法律的制定和修改过程中，法官也起到了重要作用。作为法律职业群体，他们更了解法律的漏洞和不足，更知晓法律制度上存在的缺陷。如北宋有郭昭度、郭昭升、郭昭用三兄弟，皆为法官，时宋真宗对司法事务曾力加整饬，在听取郭氏三兄弟等众法官的建议后，真宗先后设立病囚院，医治有病的囚犯；在各路设提点刑狱官，检举刑狱枉滥者；整肃审案严刻之现状，要求用刑依法，勿用酷刑。所以，法官对皇帝的奏谳，皇帝更为重视，采纳的概率也很高。

法官断狱理讼，首务是要依律推治，依律势必要对法条做出解释。卢毓是曹魏时著名的法律思想家，且对律典有精湛研究。东汉末年，曹操订《士亡法》，用以遏制人口逃亡，规定："士亡，妻亦坐罪。"适有士亡之白（女）等嫁适夫家，时只数日，且未与夫相见，大理据奏请弃市。卢毓认为白（女）等生有未见之悲，死有非妇之痛，与其杀不辜，宁失不经，刑之固可，杀之则重，驳之。曹操以其驳是，遂准。宋有马寻、杜会二法官，均以知法著称。当时襄州有民因饥饿，成群结党，进入富有人家掠夺，狱吏鞫之以强盗罪，马寻就此事向狱吏说："此脱死而，其情与强盗异。"此案的争议点是对强盗的不同理解，狱吏认为饥民的掠夺行为是使用暴力将属于他人的财物据为己有，从行为上符合"以威若利"（强盗），认定为强盗罪无错。但马寻则从犯罪动机出发，认为此群人的抢掠行为是为了充饥，因饥饿而产生的劫掠行为并非属于主观故意，而是源于人的本性，于情不应与强盗同论。杜会在讨论如何区分谋杀伤与故杀时显得更加专业。杜曾曰："国朝因唐大中制，于杀人罪，虽

---

① 《新唐书》卷一一三《唐临传》。

已伤未死，已死更生，皆论如已杀。夫杀人者死，伤人者刑，先王不易典。律虽定谋杀已伤则绞，盖甚其处心积虑。至于初无杀意之杀人，须其已死，乃有杀名。苟无杀名，而用杀法，其与谋杀熟辨？自大中之制行，不知杀几何人矣。"朝廷以为然，遂著为令。

唐代徐有功在颜余庆一案中，主要探讨了法律的溯及力问题，同时对"魁首"的解释也更为精彩。

魏州的人告发颜余庆参与了李冲的谋反活动，则天皇后命令来俊臣审讯处理，汇报了他参与谋反的情况。有关主管官吏建议："颜余庆应该更改永昌年间的赦令，依法判处流放。"侍御史魏元忠讲："颜余庆替李冲催讨债务，互通书信，合伙谋反清楚得很，不能叫作从犯，请处斩刑，没收他的家人财产。"则天皇后下令说行。徐有功说："永昌年间的赦令写着：'与虺贞狼狈为奸的，魁首已处死刑，尚未直接参与行动的从犯给予赦免。'《尚书·胤征》说'歼灭罪魁祸首，胁从不予治罪'，法律规定'率先倡议的叫作魁首'，刚刚颁发赦令说魁首已处死刑，那么魁首没有遗漏的了。颜余庆在颁发赦令之后被告发，这就是从犯。如果把从犯当作魁首，就是把不该判死刑的人推向死亡。赦免了又判罪，不如不赦免；放生了又要杀，不如不放生。我私下认为朝廷不应当那样。"则天皇后恼怒地问："什么叫作魁首？"徐有功回答说："魁，就是主帅；首，就是主谋。"则天皇后说："颜余庆怎么不算魁首？"回答说："要说魁首，这就是虺贞。魁首已经被处死刑之后，颜余庆现在才被追究，不是从犯又是什么？"则天皇后怒气消失了，才说："这事您再考虑一下。"就免去了颜余庆的死刑。[①]

不同的学识背景导致不同的法官对于法律条文的理解会有偏差，

---

① 《新唐书》卷一一三《徐有功传》。

解释法律时也会出现不同的结果。后魏窦瑗久在廷尉任职，瑗曾为后魏令中规定的"子为亲隐罪"向朝廷奏议，要点有云：

> 伏读三公曹第六十六条："母杀其父，子不得告，告者死。"再三反复，未得其门，按律："子孙告父母者，死。"汉宣帝云："子匿父母，勿论。"盖谓父母小如攘羊，甚者杀害之类，恩须相隐，法理如是，未必指母杀父而止子不言？父杀母，乃是夫杀妻。母卑于父，其子不告，甚是，今母杀父，不听子告，臣诚下愚，辄以为惑。母之于父，同在门内，恩然可掩，义无断割，知母将杀父，理应告父知，如其已杀，更宜听之告官。今不告，乃知母而不知父也，讥比野人，义近禽兽，母下手杀父之日，母恩即离，以母道不告，臣即致惑。①

　　法官的主要职责是适用和解释法律，同时法官也要适时地参与法律的修订。法官参与法律的修订，多为廷议方式，这不免会发生法官与其他文官之间对某一法律问题发生争执的现象。北宋王济因汀州银冶案处理得当，遂被诏举为法官，后迁光禄寺丞，继调大理寺丞，再迁刑部详覆官，后拜监察御史。王济认为当时法网太繁，向朝廷建议删定制敕，上命丞相张齐贤领其事，济亦参预。宋刑统旧条规定："持杖行劫，不以赃有无，一律抵死。"张齐贤主张"贷不得财者"。王济不以为然，认为："刑期于无刑，以死惧之，尚不畏，况缓其死乎！"二人在朝廷争论数次，济语气甚严。某日，真宗语人曰："法寺宜择当官不回者，用非其人，或有冤滥，或有伤和气。王济近数言事，似有操持，可试之。"对于法网繁疏的问题，王济的基本立场是，法网不应过繁，但对于像"携带凶器抢劫"这样

---

　　① 朝廷对此给出的答复是："身体发肤，受之父母，恩情相同。今论其尊卑，使子告母，母告由死，便是子杀。天下未有无母之人，不知此子将欲何之？"窦瑗对此事之奏议并无结果上的记载，其观点在当时也难以被接受。《北史》卷八六《循吏列传》。

的犯罪，王济也有自己不可动摇的立场，即应严而不能从宽。由此可见，在如何省刑简法的具体做法上，应具体问题具体分析，不能一概而论。北宋许遵任大理寺详断官及审刑院详议官，在处理阿云谋杀未婚夫疑案时，发生了谋杀自首应否减等的辩论。司马光支持刑部，按"谋杀已伤"条例处阿云绞刑，王安石支持许遵，认为"谋杀已伤自首者，从谋杀减二等论"。经过这场"世纪大辩论"，最终王安石、许遵一派获得了胜利，有人谓为"数百年误用刑名，今乃得正"。但司马光后再度为相，关于谋杀自首有诏改为"不用减等"。宋朝此一事，从起初的关于法条解释的辩论演变为派系之间的斗争。

史料中关于法官参与律令修订和法律制度改革的记载颇多，如后汉陈忠以用法宽详闻于世，忠任三公曹后，奏请省刑简法五事，皆准行：一曰上"决事比"二十三条，以省请谳之敝；二曰除蚕室；三曰解三世禁锢；四曰狂易杀人，得减重论；五曰母子兄弟相代死，听赦所代者。卢毓为曹魏时期的行政法贡献亦多，建议定考课之法，曹丕深然之。《唐会要》记载唐高祖于武德元年六月"因隋开皇律令而损益之，遂制为五十三条"，"同年十一月下令尚书令左仆射裴寂、吏部尚书殷开山、大理卿朗楚之、内史舍人崔善为等，更撰定律令"。剧可久自后唐起即任职大理，继后在后晋、后周、北宋皆任大理职务。在后周时期，剧可久与大理正苏晓等十人，共修刑统三十卷，为时所称。北宋的司徒昌运曾建议每年四月至六月，炎热之时，减期日之半。此乃明清热审制度的发端。金章宗明昌三年七月，右司郎中孙铎元、大理卿董师中等校律各篇，五年正月，又令钩校制律，采前代刑书宜于时者以补遗缺，著为常法，名曰"明昌律义"。后章宗又派御史中丞董师中、大理丞麻安止为校定官，大理卿阎公贞任覆定官，重修新律，名曰"泰和律义"。清末法官参与修律更为频繁。清代大理少卿金应麟曾疏请修改刑例，对于斗殴、报盗、劫囚、诬告、私铸、服舍违式、断罪引律、奴婢殴主、故禁故勘平人、应捕人追捕罪人、犯罪存留养亲、官司出入人罪、徒流迁徙地方、外省驻防逃人，逐条论列，多被采取改定。清代黄爵滋建议增设吸烟罪新例。清末沈家本主持变法修律活动，沈家本以为治国须本于法，官吏首应通习法律，如清律不变，不可能收回领事裁判权，光绪帝遂有二十八年（1902 年）变法之诏，由家本与伍廷芳总其事，并设法部侍郎（法部为刑部改称），时而任修订法律大臣。其工作重心在于修撰民刑商法、法院编制法（法院组织法前称），以及各种程序法则等，所修法典，虽因反对者多，未能全部实施，但其法律观念，制度改革对民国乃至今日仍产生重要影响。

三、官贵为清——法官的道德操守

中国古代的法官可被理解为涉法的官，究其本质仍然为官。而且，自唐张九龄提出"不历州县，不拟台省"的政策后，从地方擢升官吏的机会加大，同时官吏的职位流动性也开始加快，如唐临这种在大理寺、刑部、御史台均有任职经历的官吏成为少数，大多数官吏在其宦海生涯中，法官的经历只是其中的一小部分。故而，法官掌听讼断狱之事，较其他职官，彰显的是其职业性的一面，而为官清正廉洁乃是贯穿整个为官生涯的通识性要求，触及的是为官、做人的道德操守。

何谓清官？中国古代称清官为"清吏""廉吏"，汉代也叫清白吏。"清"意味着操守上的清白，古时"清"字常与"浊"字并用。如《晋书·王彪之传》云："时众官见多，而迁徙每速，彪之上议曰：'凡庸之族众，贤能之才寡，才寡于世而官多于朝，焉得不贤鄙共贯、清浊同官！"至于"廉"，首先讲的是品行方正，如司马迁在评价屈原时说:"其辞微,其志洁,其行廉。"①"廉"还有廉洁、不贪之意。由于"清"与"廉"的意思相近,所以后人常把清与廉合并使用,如《后汉书·王吉传》中所说:"吉子俊,俊子崇,自吉到崇,世名清廉。"李甲孚总结说:"汉人取吏,贵在廉平不苛,廉乃平之本,则能在其中矣,后世以廉能评人,乃不谙经术之论也。"②古代所谓的"能吏"强调的是为官者的能力,而"清吏""廉吏"强调的为官者的品德,引申出操守上要清白,品行要方正,为官要大公无私,不贪污、不图享乐等意蕴。

"廉乃平之本",法官廉洁、谨慎、无私,才能依法审断官司,如若收受贿赂,必会枉法裁断。汪辉祖作为幕僚,这方面体悟甚多,他说:"官惟贿径不开,莫得而污之;偶一失检,墨声四播。"③为官者只要不开行贿受贿的口子,谁都不能玷污他;偶尔一次的不检点、不约束自己,他贪污受贿的坏名声就会传扬四方。并不是所有的人都喜欢廉正不阿的法官,案件当事人、家属、差役这些人都很喜欢官吏不廉洁,因为官员一不廉洁,他们就可以乘虚而入,去干一些非法的勾当。所以,清廉不是一时一事,而是要自始至终地保持。

(一)官不可墨,清不可刻

身为法官,在行为上不可贪墨。贪墨即贪污,《左传·昭公十四年》载:"贪以败官为墨",杜预注"墨"为不洁不称。贪墨自古都是为官大忌,《太公阴符》里记述了吏有重罪十,其中第三条为"吏贪汙(污)",历朝都有"赃罪",是对贪墨官吏的刑罚处置。

---

① 《史记·屈原贾生列传》。
② 李甲孚:《古代法官录》,台湾商务印书馆 1984 年版,第 13 页。
③ 管曙光、陈襄民:《为官经》,湖北人民出版社 1996 年版,第 269 页。

历史上，作为正面形象的法官，大多具有不贪墨的特质。汉代尹翁归"洁清自守，温良谦退，不以行能骄人。病卒，家无余财"。尹翁归能得到世人之尊重的根本原因，即"其廉而不爱钱，正与文官不爱钱之旨吻合。尹翁归能出人头地，从小吏擢升为显宦，亦由其清廉自守有以致之。故其世后身外无物，清白长留人间，苟非砥砺有素，曷克致此"①。杨机在后魏任廷尉平，"当官正色，不避权势，断狱以清，甚得声誉。机为人方直，久而弥笃，奉公正己，家无马，则乘小牛车上朝"②。宋代的杜纯在任大理正前，承父荫任泉州司法参军。泉州富饶，在其地为官者，无不中饱私囊，唯独杜纯不私贾，故后来他人皆坐，独杜纯不与。其任官廉洁自律，做事严谨有度。

历史上的贪墨之官，多如杜周、周兴、来俊臣一类，史载杜周"初为廷尉史时，家境贫寒，只一马。及久任事，列三公后，家资累巨万"③，"秋官侍郎周兴、来俊臣等，操持大权，以构陷无辜为事"④。然而，并不是所有酷吏都如杜周一样，喜贪墨。汉代的张汤、赵禹均被收录在《汉书·酷吏传》中，张汤与赵禹共定律令，务在深文。张汤自杀以正清白，史料记载张汤死后，家产不过五百金。赵禹用法深刻，亚夫为丞相时，评论赵禹："予知禹无害，然其人持法深刻，不可以居大府。"但赵禹与杜周不同之处在于其为人廉平，时丞相府中皆称禹为人廉平。汉初刑罚甚简易，吏治亦严苛，未至于奸，后世酷吏渐增，然赵禹在汉一代酷吏中，尚属据法守正之人也。后汉的周纡实为特殊酷吏。周纡专任刑法，以严酷闻，且

---

① 《汉书》卷七六《尹翁归传》。
② 《北史》卷五十《杨机传》。
③ 《史记·酷吏列传·杜周》。
④ 《新唐书》卷一一三《徐有功传》。

不畏权贵。纟为官清廉，家无余粟，免官后，为人筑墙谋生，事为肃宗所闻，怜其清苦，复召为郎。李甲孚感叹周纟一生"三黜三出，终其身任司法官，虽以清廉闻于朝，亦以严苛知于世。周亏执法，失之于酷，一生并无污迹，仍被列入后汉书酷吏传，惜哉"！①儒家虽以重礼闻，但并不主张废法，所重者乃明法，如得其情，则哀矜而勿喜。

由此可见，身为法官者，忌贪腐，此为首要之务。同时用法亦不能深刻，那些治理公务力求严格，执行法律务求严峻的官吏，会给官场带来紧张的气氛，会使属僚人心惶惶，一旦自己做错了一件事情，众人会群起而攻之，即使为官廉平，也会被他的苛刻之道而抹杀。

（二）厉行节俭，俭亦有度

作为法官，在生活上要厉行节俭，正所谓"志俭以养廉"。生活上的奢靡会导致对金钱的欲望，从而走上贪墨的道路，只有在生活上放低标准，无淫奢，方能保持廉正的本质。老子倡导节用省俭之说，提出"以为利即害之源，富为奢所倚"的主张，墨子同样主张节用，墨子批评厚葬之礼费财，主张效法大禹之死陵葬陵、死泽葬泽之精神，期以节财。

西汉公孙弘身行检约，且轻财重义。"弘位三时，俸禄甚多，然盖布被，人责其诈，弘不否认，上以为有让，愈贤之。封侯拜相后，俸禄皆以给之故人宾客仰衣食者，己则身食一肉，脱粟饭，家无所余。"②宋史记载，杜衍为相时，以清介著称，不置私产，食时一面一饭。俸禄之余，并以之贻亲族之贫者。退位后居南都十余年，第

---

① 李甲孚：《古代法官录》，台湾商务印书馆1984年版，第73页。
② 《汉书》卷五八《公孙弘传》。

室卑微，居之裕如。死时戒子忠孝，殓以一枕一席，其生其死，其俭如此。① 明代廖庄为人性情刚直，尝当面折损他人，因而得罪了不少权势，因此其一生宦海沉浮。但廖庄平日并不恤于细枝末节，与人争执也止于就事论事，内心并无芥蒂。廖庄好宾客，法司任内，后人劝之，庄曰："昔人有言：臣门如市，臣心如水，无愧吾心而已。"卒之日，无钱入殓，友人捐钱助葬。② 晋代的吴隐之先以孝行闻于乡里，后被太常韩康伯发现，走上仕途。在任廷尉时，居所清显，家无余粟，冬月无被御寒，困苦同于贫庶，虽有赐，皆班亲族，其为人如此。后因有功，朝廷赐其钱宅，均辞。③

以上诸法官，均具有节俭之美德，居家持之以俭，内无奢侈之子弟，为官节俭者，执法必无偏私。但是，俭亦应该有度，节俭太过，将失之于吝。南朝南宋的卢愿，出晋平太守时，家中除睡床、破絮外，仅余书籍，他无所有，后迁廷尉，治理司法，廉洁如故。卢愿之清，不免有些过，身为国家高级官吏，如此寒酸，是否有失国家之尊严？荀子以为天生万物，固有余足以食人衣人，如此节用而使国家贫，毋来太过？此一评语，用在卢愿身上正合适不过。《太平御览》评北齐封述时说："久为法官，明解法令，议断平允。"可见，封述是位合格称职的法官，但其人也有缺点，就是生活上过于吝啬，传记中记载他"虽至亲密友贫病困笃，亦吝于拯济，朝野鄙之"④。可见，节俭是一种生活态度，生活上的节俭有助于为官廉正，但节俭也应有度，俭亦应不失尊严，俭亦不能吝啬。

---

① 《宋史·杜衍传》。
② 《明史》卷一六二《廖庄传》。
③ 《晋书》卷九十《良吏列传》。
④ 李甲孚：《古代法官录》，台湾商务印书馆 1984 年版，第 117 页。

（三）清官之理想与理想之清官

中国自古就不缺乏为官治术之道，为官者在各种经验传授中，都有自己的体悟和升华，成为一位名留青史的循良之吏乃是大多数为官者的理想。金朝的宗端修对何为为政之道有过高深的解释："人问其为政之道？端修曰：'为政不难，治气养心而已；心正则不私，气平则不暴，为政之衡，尽于此矣。'"① 在宗端修看来，为官的最高境界乃是心要清静，廉正、节俭都是外在表象，一切均源于内心的平和，只有心不私，气不暴，为官为政才能平衡。内心无欲，行为上才能无求。

徐有功曾被诬为"党援恶逆罪"将被处死，他的一位好友便将此消息悄悄跑到他家去告诉了徐有功，流着眼泪叫他早做准备。徐有功听后坦然地说："不要哭，难道这世上只有我一个人会死吗？我为维护国家的法律，公正地为法律说话，权不能大于法呀！我为执法、护法而死，死何足惜！"他若无其事地陪同那位朋友吃了饭，睡了午觉。午后，他就被刀斧手绑着押赴了刑场，后武则天下令免除了徐有功的死罪，免官流放边疆。徐有功"将死，泰然不忧，赦之，亦不喜"。像宗端修、徐有功这样能够做到内心平静并非易事。

古代文官深受儒家思想影响，讲求名节，不喜金钱，但求清白长留人间。理想中的清官，正如庄子所主张的"不累于俗，不饰于物，不苟于人，不欺于众，求天下之安宁，以活民命"②。贤能之官，应关心民生疾苦，勤于理政。对于豪猾之徒，亦必绳之以法，以儆其奸，正所谓"道不足以治则用法"。

法贵为持平，不平则多冤滥。法官在处理案件时，要详究案情，

---

① 《金史》卷一〇〇《宗端修传》。
② 李甲孚：《古代法官录》，台湾商务印书馆1984年版，第20页。

同时用法也不宜深刻。本应从轻反而加重的判决，这并非立法之本意，也非法之所许。昔日汉武帝的外甥昭平君杀人，以为其公主子之故，廷尉依律上请，武帝垂泣叹曰："法令者，先王之所以造也，用亲而故诬先帝之法，吾何面目入高庙乎？"[1] 作为君主，应该懂得法自君出，君亦守之的道理。法律之所以造成不公正的后果，并不都是法律自身的问题，大多是执法者在司法过程中造成的不公正。法官是法律的执行者，是赋予法律生命的使者，法官既须精通法律条文，这是对法官职业的基本要求，同时，法平还须持法者注重自身的修养。法官应近窥圣贤之门径以润其身，平和心气，益励操守。法官如若能以此修为执法，不平之事焉存。

---

[1] 《旧唐书》卷一百《王志愔传》。

---

* 本部分内容是夏婷婷在集中其前期研究成果的基础上完成的。

我国传统司法制度中官员的判词是衡量司法官员政绩的主要依据，也是现在考证传统司法制度特点的主要依据，而且，从司法官员的判词中还可以找到传统司法文化的可借鉴之处。

第一节
判决在中国古代司法制度中的地位

引例：

[**判目**] 导官署令姚泰盗用进米二十石，上米估四十五价，次绢估三十价，断绞不伏。

[**判词**] 务农重谷，旷代之彝典，税熟贡新，经邦之雅训。……磨蜃而耦，百谷所以繁滋，驱象而耕，三农以之告稔。……姚泰策名列署，受委导官，专司瑞鹊之禾，实主鸣蝉之稻。……五种燕颔之粲，粒若流珠，六月枭白之租，精如散玉。岂得安定之麦，不进中宫，长安之米，窃留私室。刑名极峻，法焉可逃，情状难容，死有余谴。但平赃定律，必依高估，供进所须，宜从极价。论次缣则，状当绞，坐准。①

这是从《龙筋凤髓判》七十九道判词中随意选取的一道，比较

---

① （唐）张鷟：《龙筋凤髓判》，田涛、郭成伟校注，中国政法大学出版社1996年版，第176页。

完整地体现了《龙筋凤髓判》的体例结构。《龙筋凤髓判》中的判词都由两部分构成，即用于交代案情的判目部分和给出判决意见的判词部分。《龙筋凤髓判》以中央官职作为案件的划分标准，且案件多改编自真实事件，① 所收录的案件以刑事类、行政类、军事外交类等公法性案件为主。唐代吏部选官择人以身、言、书、判四项作为考察重点，其中"判"就是用来考察选人吏事功夫的，并且在吏部所试四者之中，判尤为重要。张鷟的《龙筋凤髓判》就是当时官方认可的考试参考教材。由于判的水平高低与得官品级直接挂钩，所以，唐代习判、练判之风尤甚，像《龙筋凤髓判》这样的官方指定教材更是被当时的举子和为官之人奉为圭臬。

《龙筋凤髓判》有其自身特点。首先，是它的审判场域具有模拟性。与绝大多数唐代判词一样，《龙筋凤髓判》为拟判，即张鷟所写的判词并非是具有真实法律效力的判决，而是在模拟的审判情景下做出的司法审判训练。其次，判词中的案件事实具有既成性。面对真实的案件，证据规则是发现案件事实中最为重要的一点。法官的一个重要任务是通过证据来重塑发案过程，原告所提供的案情能否成立，也在法官的考量范围之内。但《龙筋凤髓判》中所提供的案件事实，制判者往往并不对案情能否成立给予过多的关注，既成性的案件事实，是写作拟判的一个前提。最后，《龙筋凤髓判》还兼具文学作品的鉴赏性。从引例中可以体察得到，判词本身均是四六对仗的短论，判词中多用典故、对偶等语言表达形式。加上吏部对"判"的考核标准为"文理优长"，这就必然导致作者张鷟在判词的写作中着力去追求文辞的典雅和用典的精当。

---

① 对于《龙筋凤髓判》中案件来源的考证，可以参见霍存福："《龙筋凤髓判》判目破译——张鷟判词的问目来源于真实案例、奏章、史事考"，《吉林大学社会学学报》，1998 年第 2 期，第 19～27 页。

以张鷟为代表的唐代官吏之所以善于习判、练判的一个重要原因，就是要通过大量的判词写作，摸索出判案的一些技巧和规律，用以提升自身的办案经验。经验丰富的法官往往会养成类判决的判案习惯。类判决，顾名思义，就是对相似的案件进行归类，什么样的案件，习惯于什么样的判决思路，使用何种判案方法和技巧。本章就是要通过对《龙筋凤髓判》中的个案考察，来探讨这种类判决的具体方法和技巧。

一、张鷟对唐代法源的把握和运用

唐代的法源呈多元化特点，既有律、令、格、式的成文法典，又有判例法，既有在民事判决中起着重要作用的情理性法源，又有呈明显地域特征的习惯性法源。面对《龙筋凤髓判》中的具体个案，张鷟首先要熟知法律，因为只有知晓选择何种法源，才能用自己所理解的法律来解释和适用于具体个案。

（一）案件性质影响法源的选取

笔者对《龙筋凤髓判》中的案件进行分类整理后发现，案件的性质对张鷟选取法源的影响很大。现选取主要三种性质的案件，以表格的形式说明之。

表 5-1 《龙筋凤髓判》中案件性质分类统计表

案件性质	件数	援引律（令、格、式）	情、理	违礼	其他
刑事类	34	29	4	1	
行政类	22	13	5	1	依习惯1件、依例2件
民事类	4	1	2		尊敕1件

从表格的数字统计不难看出，在刑事类案件中，选择律令等制定法源的案件占刑事案件总数的82%；而行政类案件中选择制定性法源的案件也占到了行政类案件总数的59%；对于民事类案件而言，并不是张鹭写作的重点，只有4件。而在这4件民事类的案件中，依据律、令、格、式断案的只有1件，可见，针对民事类案件法源的选择，法官主要还是依据情理来断案。

通过上述的数据统计可见，张鹭在选取适合个案的"大前提"时，还有一个意识上的"前见"，即对于公法类的案件，往往首选成文法作为规范个案的"原法律"，而以其他法源作为断案的补充性法律依据；对于私法类的案件，则更加注重于对个案的调处结果，"法律"更多地成了指引法官调整民事纠纷的一种"潜在"依据。在不违背法律精神的前提下，处理民事类案件，就显得特别灵活，"如果把情理看作是一种'活法'，那么将情理作为判决的依据也可以说是'依法判决'"①。

值得强调的是，张鹭基于案件性质来寻找法源的做法，只是一种习惯性思维，但并不代表他一定能够找到完全适用于个案的"大前提"。因为，选取何种法源，还要通过分析具体的案情才能知晓。

（二）选取法源的主要原则

案件性质会影响到张鹭对法源的选取，同时，张鹭也会有意识地遵循一些选取法源时需要注意的原则。

1. 区分"断狱"与"细故"的原则

从理论上说，张鹭在制作拟判的过程中，首先要对案件的性质进行定性，这很类似于在现代司法环境下，从不同的部门法中大致确立发现裁判依据的场所。出于长期的司法实践经验，对于案件的

---

① 徐忠明：《案例、故事与明清时期的司法文化》，法律出版社2006年版，第303页。

性质大体可以归为两类："断狱"和"细故"。

在中国传统社会，"断狱"在制度上严格规定了法官适用法律的场所。例如，在《唐律疏议》卷三十"诸断罪不具引律令格式条"的疏议中进一步解释了"断狱"类案件所须援引的法律渊源，"犯罪之人，皆有条制。断狱之法，须凭正文。若不具引，或致乖谬"。所能"成狱"之案多指那些违背伦常、命盗重案等关系到国家的统治秩序和社会安定的案件，而对于这类案件，古代立法者将裁判依据的确立场所定位于国家的制定性法源。

相对于事关伦常及命盗重案的"断狱"类案件而言，"细故"类户婚、田土案件的裁决，并不要求拘于成文法。裁断细故类案件时，张鷟选择的判决依据并不总和国家制定的成文法源相一致，其更关注的是以个案为中心的实质正义的实现，判决结果被接受的程度以及该判决结果所能产生的社会影响力也在考量范围内。因此，细故类的案件裁决显得更加灵活。

2. 应时而变的原则

汉武帝重儒，所以从汉中期开始，弘通经史的"儒吏"成为后世各朝法官群体的中坚力量。而具有儒家经义思想的法官，在司法实践中，就惯于将儒家伦理纲常与个案案情相结合。再加上儒吏所深怀的为天地立心，为生民立道，为去圣继绝学，为万事开太平的价值观，势必会影响到他们在司法裁判中法源的选择和对法律的解释。然而，像张鷟这样的具有儒家智识的官吏，在司法审判中必然要在两者之间做出抉择：一方面，国家制定法所坚持的是严格的规则主义，它禁止法官法外造法；另一方面，"刑罚为政教之用，德礼为政教之本"的儒家治国理念，又不希望看到法官的僵直和不通情面。所以，当张鷟遇到"情轻法重"或"情重法轻"的疑难案件时，往往更加在意所欲达至的"情法两平"的裁判结果。而在此过程中，应时而变的原则恰恰有助于他所期冀的结果的出现。

二、张鷟对案情的推理方法

用典故或史实来作为分析案情的说理方式，颇受儒家传统推理方法的影响，如我们所熟知的"温故而知新"的著名论断、"告诸往而知来者"的理论思想都在传递着一种"推而知之"的说理方法，这种问一知二的思想明确地揭示了由已知到未知的推理过程和推理作用。但是，张鷟在分析案情时，并不是毫无章法地援引经典，何种经典更适合作为该案的论据，在他那里是经过深思熟虑的，具体方法有以下几种。

（一）典型事例归纳法

1. 借古评今

借古评今，顾名思义就是以过去发生的典型事例为论据，对所要裁判之事做出评价。此法是张鷟最为善用的一种推理方法。例如，御史台二条之二记载的是一件御史严宣有公报私仇嫌疑的案件。张鷟给出的判词为："田顺题与晋望，让佩汾阳，作贰分城，参荣半刺。……严宣昔为县尉，雌伏乔元之班；今践宪司，雄飞杜林之位。祁奚荐举，不避亲仇，鲍永绳愆，宁论贵贱。许杨大辟，讵顾微嫌，振白鹭之清尘，纠黄鱼之浊政。贪残有核，赃罪非虚，此乃为国除凶，岂是挟私弹事。二百锧坐，法有常科，三千狱条，刑兹罔赦。"[①]

张鷟在判词中，首先借用晋王承放犯夜学子归家的故事和曹魏时的何夔常怀揣毒药、防加杖受辱的故事来映射田顺在长史之位上

---

① （唐）张鷟：《龙筋凤髓判》，田涛、郭成伟校注，中国政法大学出版社 1996 年版，第 13 页。

耀武扬威的做法的错误；接下来，张鷟在论述严宣从卑微县尉荣升为御史之职位而导致职权变化的时候，相继引用了祁奚举贤和鲍永绳愆这两个典型事例。晋国贤者祁奚站在客观公正的立场上，举荐仇人接替自己，在晋悼公问谁可以做国尉时，他又举荐自己的儿子。而东汉时候的鲍永，他曾被刘秀征用，任为谏议大夫，始终以忠直正言而著称，遭到豪门贵戚的忌恨。张鷟引用这两个故事，意在说明御史职权之核心——客观公正。既然田顺受赃是事实，那么作为御史就应该秉公办事，也就不存在严宣公报私仇之说。所以，张鷟最后说："贫残有核，赃罪非虚，此乃为国除凶，岂是挟私弹事。"田顺自然是要受到法律科罪的。在这个判词的写作中，张鷟分别用了两反两正四个典型事例作为其论据，从正反两方面对御史是否公报私仇进行了充分的说理论证。

2. 以甲为度校乙

曹魏时的嵇康曾经提出过一个"以甲为度校乙"的推理关系。嵇康指出："若神心独语，暗语而当，非理之所得也。虽日听蹄，无取验于儿声矣。"[1] 嵇康认为羊舌母尝听儿啼哭之声为恶，今之啼哭声似昔日之啼声，故用甲声为度，以校乙之啼声，来推知"今啼当恶也"。这个推理过程是：

由已知"度"：尝闻甲声为恶

和乙声似甲声

推出结论"校知"：乙声为恶

这里的"度"是标准，是类似于形式逻辑中的大前提，只是这里的"度"是用归纳列举的方法得出的；而"校"是检验所得出的结论，连接两者之间的小前提就是"似甲声"，这里的"似"具有

---

[1] 戴明扬：《嵇康集校注》，人民文学出版社 1962 年版，第 33 页。

一定的或然性，也可能是"不及"。

《龙筋凤髓判》中有一道对水工郑国欲改造河道的判词，判目为："水工郑国状请决汉水直山，凿山通道，至伊水入洛，须夫五百，乃运江淮租极便。"① 张鷟在说理的过程中，先后以后稷、夏禹为"度"，来与水工郑国欲行的做法进行比较。后稷是周族的始祖，善于种植各种粮食作物，被认为是开始种稷和麦的人。夏禹更是众所周知的治水英雄，他是我国上古时代与尧、舜齐名的贤圣帝王。张鷟以两个圣贤的事迹作为大前提，认为像后稷这样具有神性的人，也不可能让麦苗在冬天里存活，像夏禹这样能打败滔天洪水的英雄，也不可能逆转江河东入大海的事实，而水工郑国不论是在才学上，还是智能上都没有突出之处，更远不及先贤，他又怎么可能"逆地势而开山，绝天真以决水"呢！张鷟在这里用来作为标准的"度"，是复数形式的，是通过选取两个相似的人物事件来作为大前提。这样的类推方法可以说是对嵇康的"以甲为度校乙"推理关系的实践和发展。

3. 以小知大

以小知大，是从事物的某一个方面而推知整个事物，或者由一个小事件而推出大的、更重要的事件。《龙筋凤髓判》有一道因人口脱漏而导致税收减少的案例。判词开篇写道："虞书五教，实委司徒之官，周礼六卿，爰开地官之位。莫不织成都邑，编辑甿黎，设九土之网维，成四方之管辖。"① 张鷟借用《尚书·舜典》和《周礼》中的记载来表明地官的重要性，对土地进行划分管理，对人口进行划等登记，都是州县地方官最基本的职责。但张鷟并没有只停留在

---

① （唐）张鷟：《龙筋凤髓判》，田涛、郭成伟校注，中国政法大学出版社 1996 年版，第 81 页。

对人口脱漏，税收减少这一点上，他认为对人口管理的疏忽会直接破坏税收的征缴，而税收的波动会直接导致国家粮食储备量的下降，国库财力的降低，以及军事武装和工程兴造上的停滞，最终就是国力的下降。所以，诸州县的失职已经远远不是脱漏人口、税收减少这么简单了，自然要从重处罚。

（二）引辟援类法

辟喻是古代对比喻的别称。"辟"就是用人们已经知道和认识的事物来喻人们不知道或不认识的事物，从而使人们知道和认识原来不知道或不认识的事物。而已知道或已认识的事物与不知道或不认识的事物之间并没有直接的关系，但是构成比喻的本体和喻体之间必须有相似点。例如，《龙筋凤髓判》有一起收受贿赂的案件，张鷟所做判词用了大量的比喻，旨在讽刺令史王隆收受贿赂的恶劣行为。判词有云："王隆忝沾趋吏，幸列胥徒，禄虽给于斗储，官未阶于尺木。鸡卵之馔，虽避嫌疑，鹅目之钱，若为窥觎。每受一状，皆取百文，未申疵面之功，翻起黑头之患。猎青蚨之小利，触骢马之威严。因事受财，实非通理，枉法科罪，颇涉深文，宜据六赃，式明三典。"①

"尺木"是传说中龙头上的一物，如山峦状，龙若没有尺木自不能升天。张鷟说王隆官未阶于尺木，就是用比喻的方式来说明，王隆虽供职于尚书都省，但也只是个属官，职位低微，但在尚书都省，令史的责任又很重。张鷟认为，正是王隆没有正确认识到自己的职位的神圣性和重要性，为他最后的可悲命运埋下了隐患。

鸡卵之馔、鹅目之钱都指小恩小惠，与后文的"猎青蚨之小利，

---

① （唐）张鷟：《龙筋凤髓判》，田涛、郭成伟校注，中国政法大学出版社1996年版，第18页。

触骢马之威严"相联系，以此来比喻王隆因为小恩小惠而触动了尚书省的威严，也败坏了令史之职的名节。所以，对王隆的判决自然不能轻慢。最后，张鷟也做出了"因事受财，实非通理，枉法科罪，颇涉深文，宜据六赃，式明三典"的判决。

（三）得类不可必推

中国古代人善于将事物进行归类，并用相近或者是相反的事例作为推理的有力论据，但是在类推的过程中，古人也注意到了推理中的一些谬误，许多事物从表面上看似乎是相似的，但实质上却是不一样的，所以不能随意乱推。

张鷟对得类不可必推的方法也有清醒的认识。例如，在分田训农判中，张鷟对廪牺令王尧效法诸侯分封，欲将无籍之田分给刺史的做法提出了批评。张鷟认为推崇古训的做法是好的，但当时的刺史实与古之诸侯已有本质上的差别，而训农之事在于长官的亲力亲为，持之以恒，跟分不分与田地关系并不大，不能因为刺史与诸侯一样同为地方长官，就可以得出效法诸侯分封田地的结论。

三、提高推理准确度的技巧

为了使推理的结论更加准确可靠，古代先贤在注重推理具体方法运用的同时，也总结出了一系列提高推理可靠性的方法，以防止在类推的过程中产生谬误。

（一）知 类

"听其言而察其类，无使放悖"，即"知类"就是要懂得事物之间的类比关系，进而做到依类推理，而不致产生自相矛盾的逻辑错误。显然，知类是类比推理方法中最基本的工作。如何才能做到知类？笔者认为这与古人的知识储备有直接关系。

"学而优则仕"，说明决定古人知识储备内容的是古代的选官制度。毫无疑问，科举考试是古代选官的主要渠道，从隋唐到清末，在这一千三百多年的时间里，科举逐渐成了选官的制度化形式，考试的科目也经历了由多元到单一的转变。本章就以唐代科举考试科目为例，来对唐人的知识储备做一考查。唐代的科举考试的科目有秀才、明经、俊士、进士、明法、明字、明算、一史、三史、开元礼、道举、童子。考试的内容因各科之间的差别而有异，如"明经"考查的内容有："凡礼记、春秋左氏传为大经，诗、周礼、礼仪为中经，易、尚书、春秋公羊传、谷梁传为小经，大经、小经各一，若中经二。通三经者，大经、中经、小经各一。"①

由于中国古代属"通才"型教育，所以在科举考试中，即便有分科，但就整体的知识储备而言无外乎经学和文学两种。经学主要包括先秦史学和子学（主要是儒家学说），而文学主要就是对诗词歌赋的掌握。在科举考试中，就表现为通经致用，并且在论述时还要带有文采。可见，"知类"是有意识地训练的结果。

（二）察　故

事由因生，事情之所以会发生，都会有其中的缘故。要在推理中尽量避免认识错误的发生，就要持审慎的态度察其所以然。故而，制判者在做判时，也时刻不忘查明事情的缘故。

例如，在"私习天文判"中，张鹭正是在审慎地查明了案情缘由之后，才着手下判的。唐律是禁止私习天文的，其规定为："诸玄象器物，天文，图书，谶书，兵书，七曜历，太一，雷公式，私家不得有，违者徒两年。私习天文者亦同。其纬侯及论语谶，不在禁限。"其疏议对"私习天文者"也给予了解释："谓非自有书，转相

---

① 《通典》卷十五《选举三》。

习学者。"① 从判目中的表述可知，太史令杜淹教他的儿子私习天文是实，且还有玄象器物，其情节完全符合唐律禁止之规定，本应该按照唐律的规定进行处罚，但张鷟却不以为然。他认为此案有别于普通的私习天文的案件，原因之一是杜淹的儿子对天文非常感兴趣，原因之二是杜淹为太史令，有传授天文知识的优越条件。那么，父亲教授儿子学习天文，还属不属于私习天文的范畴呢？张鷟给予了否定回答，在他的判词中有很明显的体现，"父为太史，子学天文，堂构无堕，家风不坠。私家不容辄畜，史局何废流行"。张认为，父子既然是太史令，教授儿子天文知识是很正常的事情，无损家风。倘若在太史令的家里都禁止天文藏书，那么太史局又该如何存续呢？所以，张鷟最后并没有按照唐律的规定做出判决，而是给出了"准法无辜，按宜从记"的结论。

张鷟在对该案进行分析时，显然注意到了"察故"的重要性，对该案的案由进行了分析，在发现此案案情有别于普通的私习天文的案件后，张鷟才选择了有利于杜淹父子的类推说理方法。可见，多能体察个案的特殊性，斟酌情节的轻重和缘由，做到处罚得当、执法平宽，这也正是循吏优良作风的展现。

（三）当　理

提高类比推理可靠性还有一个重要的方法，就是要"当理"。根据《吕氏春秋》中的解释，"辩而不当理则伪"。这里的"理"是指事物的发展规律，认定是非得失的标准。如果在推类、论证的过程中，不合事物之理，那么这个"不当理"的结论也是错误的。

如在太卜条中，御史预治太卜袁纲之罪，理由为太卜袁纲没能占卜到被害人术士荣俨的首级的下落。张鷟认为此案中御史的做法

---

① （唐）长孙无忌：《唐律疏议·职制律》，法律出版社1999年版，第212页。

是"不当理"的。他说："莫知贼首，须察真踪，纲为研寻，竟无的状。"要想抓住凶手，就必须靠司法手段追查其踪迹，靠占卜的方法未免有些愚蠢。况且"知有所不察，神有所不通"，也不是所有的占卜活动都会灵验，御史应该对占卜的失败给予一定的包容和理解。御史现在将精力放在弹劾太卜上，则"终纵大戮"。所以，对袁纲"即处重刑"的做法，显然在张鷟看来是不当理的，"恐亏平典"是他对此案给出的结论。

综上，张鷟所著的《龙筋凤髓判》被当时及后世应试的举子视为圭臬，书中所蕴含的对案件事实的推理方法也被他人所学习和效仿。况且，在具有相似教育背景和知识储备的前提下，这样的类比推理方法也很容易被接受和认可。推而广之，在现存于世的其他唐代作者的判词中，类比推理的案情说理也是最为主要的推理方式。

四、张鷟将法律具体适用于个案的技巧与方法

从本章所引判例可见，与用宏大篇幅对案情进行推理相比，张鷟在将法律适用到个案时，用词就显得"惜墨如金"，且不喜直接引述所用法律。值得强调的是，张鷟虽然侧重于对案情的阐述，但其背后却是有"原法律"作为支撑。换句话说，法官在接触案件时，首先考虑的仍然是适用何种法律，然后才对案情进行分析，最终还是要对法律如何适用于个案做一简要解释。

（一）罪行轻重决定适用的法源及其解释方法

如前所述，案件的性质会影响到法官对法源的搜索范围，但这并不能决定法律的最终适用。适用何种法律是由案情所决定的。具体而言，如果是杀人越货、盗窃抢劫、贪污受贿等公法类案件，罪状清楚，犯罪动机明确且罪行较重，法官在说理陈述案情时往往不会出现偏袒当事人的情形，在判词最后同意适用成文法规定的概率很高，并且严格遵照法律条文的规定做出解释。在《龙筋凤髓判》中，刑事、行政类、军事外交类案件共 56 件，除去因证据不足待裁定的 7 件外，严格遵照律典规定判处的案件共计 41 件，占整个统计比重的 72%。如引例"姚泰盗米判"，正是一道官吏坐赃的案件，判目中清楚交代了导官姚泰贪赃的数额和大理寺的处罚结果。从张鷟所给出的 263 字的判词中来看，90% 以上的篇幅是在阐述导官职权之重以及对姚泰贪污行为的谴责，只是在判词的最后隐含了对坐赃罪的法律规定，"平赃定律，必依高估，供进所须，宜从极价。论次缣则，状当绞"。姚泰作为官吏的特殊身份，他是不能适用《唐律·杂律》中关于坐赃致罪的判罚的，因为此条的最高处罚只有徒三年，而姚泰是特殊身份的犯罪，应该适用"监守自盗"条的规定，而且该条对于坐赃数额规定达到三十疋的就处以绞刑，张鷟在判词的最后也如是说"状当绞，坐准"。此案，姚泰作为国家官员，贪污钱粮，犯罪情节较重，数额较大，应该适用重典。张鷟在对该案进行分析时，词语严厉，对姚泰的犯罪行为，毫无姑息，严格按照唐律的规定做出判决。

（二）罪之有无决定适用的法源及其解释方法

如果法官认为所谓的犯罪事实存在疑问或有"情有可原"之处，情理就成为判决所使用的法源，并且多从情理角度对案件进行解释。

《龙筋凤髓判》有一件私习天文的案件："太史令杜淹教男私习天文，兼有元象器物，被刘建告，勘当并实。"[①] 唐代对民间私习天文是进行严格控制的，《唐律疏议·职制律》"私有玄象器物"条规

---

① （唐）张鷟：《龙筋凤髓判》，田涛、郭成伟校注，中国政法大学出版社 1996 年版，第 164 页。

定："诸玄象器物，天文，图书，谶书，兵书，七曜历，太一，雷公式，私家不得有，违者徒两年。私习天文者亦同。其纬侯及论语谶，不在禁限。"[①] 如果严格按照唐律的规定，杜淹应处"徒二年"的刑罚是没有疑义的。张鷟在判词末给出了自己的处理意见是："父为太史，子学天文，堂构无堕，家风不坠。私家不容辄畜，史局何废流行。准法无辜，按宜从记。"针对该案，张鷟并没有简单地从律文的字面意思来考量，而是更多的从人情道理等因素来解释和适用该律条的规定。他对适用于私习天文的行为人的范围给予了限缩性的解释，他认为的禁止"私习"只是针对没有天文专业需求的普通民众，其立论的依据是"私家不容辄畜，史局何废流行"，法律只是规定私家不得学习天文，但杜淹作为太史令，主要掌管国家的典籍和天文历法，这就有别于一般意义上的"私家"，他的主体资格是不符合该条规定的。所以，最后的判定为："准法无辜，按宜从记。"

情理可以作为法源，成为断案的准据。同时，在对个案进行解释分析时，古代法官也擅于运用情理的方法。"情理分析的方法是一种检验法律正当性的分析方法，情理能够对既定的法律规则进行实践领域的矫正或纠正。"[②]

（三）利害关系决定适用的法源及其解释方法

在《龙筋凤髓判》中的某类案件，既不属于罪之有无的范围，也与罪之大小的定性无涉，而是针对某种利益冲突而发，其中以"百姓占苑地判"最具代表。该案有关土地所有权归属问题的案例，百姓私占皇家弃用苑地，从表面上看，是触犯了唐律的有关规定，

---

① （唐）长孙无忌：《唐律疏议》，法律出版社 1999 年版，第 212 页。
② 霍存福："中国传统法文化的文化性状与文化追寻——情理法的发生、发展及其命运"，《法制与社会发展》，2001 年第 3 期。

但该案实质上是民众利益与皇室利益之间的博弈。对于该案，张鷟将论述重心放在了百姓对此空地的开发利用上，他说："天田大小，先有规模，御圃短长，非无制度"，意思是在指明皇家苑地的范围大小其实是没有明文规定的，完全由皇帝的个人喜好决定。可见，在苑地制度模糊与百姓占地成业的事实面前，张鷟的选择显然是倾向于后者的。"利人之与利国，相去几何，施人之与夺人，失之弥远。何惜数顷之地，顿伤百姓之情"① 这句已经很清楚地说明了张鷟的选择结果是支持百姓的，他否定了收回旧有苑地的做法。

从该判词的写作技巧来看，为了提升立论的根据，张鷟参借了传统的"三表法"，即"言必有三表。何谓三表？有本之者，有原之者，有用之者。于何本之？上本于古者圣王之事。于何原之？下原察百姓耳目之实。于何用之？发以为刑政，观其中国家百姓人民之利。此谓言有三表也"。② 此第一表"上本于古者圣王之事"指的是前人的经验，也就是我们通常说的间接经验；第二表"下原察百姓耳目之实"指的是用现在人的感官经验来衡量和认识事物，这是直接经验；第三表"发以为刑政，观其中国家百姓人民之利"讲的是实际效果，也就是看论证的结果是不是对国家人民百姓有利。张鷟也是抓住了墨子第三表的方法，对于苑地的所属问题是在权衡国家和百姓的利益之下，为了地方的稳定和百姓能够安居乐业而做出的一种双赢选择。

（四）案件事实推理与所适用法律之间的承接关系

《龙筋凤髓判》中的判词，模拟的是司法判决这一司法活动中

---

① （唐）张鷟：《龙筋凤髓判》，田涛、郭成伟校注，中国政法大学出版社 1996 年版，第 87 页。

② 《墨子·非命上》。

的最后环节。从表面上看，法官的目光并不是来回穿梭在案件事实与律法之间，而是用大量的篇幅来阐述案件事实，对于法律的适用则不做过多的阐释。探究判词写作背后的深层价值，笔者觉得张鷟在面对不同的案件情节时，首先考虑的仍然是法律"大前提"的选择，是适用成文法典，抑或是情理，甚至是习惯法，然后找出具体适用的法律条文，或者是在情理的适用时如何说得在情在理。然后，仍然是与具体个案相结合，使得法律在适用于具体案件时天衣无缝。也就是说，由于唐判所模拟的场景的特殊性，使得我们所关怀的案件事实推理与法律适用之间的回转关系从台前走到了幕后。

五、结论：古代法官判案的终极目标——情法两平

张鷟可谓是唐代儒吏的代表，有"青钱学士"之称，被广为敬仰。他的判案思路和判词写作风格被广大为官之人所推崇和效仿。纵观整个中国汉代以后的官吏群体，不难推断，享有相似的教育资源和学习经历所导致的结果是，儒家的基本价值观和人生观在广大为官之人的思想中已经成型，而后的法律专业化训练，又形成了大体一致的法理观，即情法两平。

我们习惯用情理社会对中国传统法律社会给予定性，这是中国传统法文化中的核心价值。当然，我们所讲的情理社会是与罪刑法定主义相比较而言的。对于严格的罪刑法定主义，甚至禁止作类推及类推解释，更不容许在判案过程中，掺杂情感元素。在中国传统法律社会中既有依情理判案的一面，也有罪刑法定的一面。何时依法裁断，何时"揆理准情"，这完全取决于案情：如果是杀人越货、盗窃抢劫、贪污受贿等恶性案件，犯罪动机明确，犯罪情节严重，古代法官的判决也是毫不留情的；如果是民间"细故"，犯罪情节轻

微，或案件确有特殊之处，古代法官在审理案件时就要"揆理准情"，力求"情法两平"。为了实现"情法两平"，法官面对纷繁复杂的案情，要努力寻找案件的特殊之处，选择相对应的律例，比照律例进行处断，甚至可以依据情理处断。它实际是法官在天理、国法、人情以及社会民俗的支配和作用下，对案件做出合于现实需要的适当处理。在中国古代社会，无论是法官站在司法的角度，还是普通民众站在世俗的角度，只要案件的判决结果能够体现正义，那么，法官所使用的办案方法和技巧以及所适用的法律也都是可以被接受和认可的。基于古代社会对这种实质正义的追求，从某种角度讲，法亦是情，情亦是法。

第二节
利益衡量理论在唐代判词中的运用

利益衡量理论诞生于自由法运动之后，由利益法学派（Jurisprudence of Interests）首先提出。利益法学派认为法律的实际作用远比法律的抽象内容更为重要，法官在用法之际，应在尊重法条文字之意的同时，还应兼顾立法者之意旨；对立法者疏忽之处，应运用智慧，自动审查各种利益，加以衡量。换言之，"法官在阐释法律时，应摆脱逻辑的机械规则之束缚，而探求立法者于制定法律时衡量各种利益所为之取舍，设立法者本省对各种利益业已衡量，而加取舍，则法义甚明，只有一种解释之可能性，必须尊重法条之文字。若有许多解释可能性时，法官自须衡量现行环境及各种利益之变化，以探求立法者出于今日立法时，所可能表示之意思，而加取舍。斯即利益衡量"①。杨仁寿认为运用利益衡量的方法来发现法律，有一个前提是非常重要的，即对于"大前提"有许多种解释。只有出现多种选择时，才能运用利益衡量的方法。

一、私权益中的价值取舍

中国古代对于案件的处理，尤其是对民事纠纷的处理，往往重结果而轻程序，正是在追求这种实质正义的过程中，法官对于判决结果的考量也是全方位多角度的。我们常说，中国传统社会对于司法判决结果的最高境界是要达到"情法两平"，其实一个"平"字就足以说明这其中对各种利益和环境因素的考量。这就要求法官在不违背立法者的立法意图这一大的前提下，权衡利弊，最终做出一个最大限度的公正的判决。其实，中国古代这样一种"两平"的断案方法，跟近现代西方所提出的利益衡量理论无异。

例如，在张鷟的《龙筋凤髓判》左右屯卫二条之二中，讲述的就是对飞骑将军刘恭才貌取舍的案例。

[**判目**] 飞骑将军刘恭膂力轶群，弓马超众，眇其一目，恐不堪侍奉，欲放归乡里，又惜其身材。

[**判词**] 主上股肱是为心膂，汉高之得樊哙，廓去妖氛，曹公之得典韦，克宁寰宇。刘恭力齐乌获，勇若专诸，非无孟悦之才，实兼任鄙之状。登城断布，所向无前，荷石投人，谁当其勇。越稷门之宇，俊健有闻，举大国之关，骁雄可尚。昔子夏丧目，犹讲授于西河，左邱失明，亦修书于东鲁。殷堪虽眇，作牧于江滨，丁仪止

---

①　杨仁寿：《法学方法论》，中国政法大学出版社 1999 年版，第 175 页。

婚，兴嗟于魏帝。用大掩小，弃短从长，川泽纳污，山薮藏疾。蛇衔辉乘，不以细类为嫌，虹气连城，不以微瑕致损。大材可录，小疹何伤，既要所须，宜依旧定。①

从判目中可知，刘恭武功高强，但长相凶恶，不敢让他服侍长官，对于这样一个矛盾，不知该如何解决。我们都熟悉的猛将樊哙，本是以屠狗为业的屠户，后成为刘邦的心腹，开国的功勋，是楚汉时期仅次于项羽的著名将领。典韦是三国时期曹魏的一员猛将，更是有"古之恶来"的称谓，但对曹操衷心之致更是传为佳话。陈寿对此二人曾有过评述："许褚、典韦折冲左右，抑亦汉之樊哙也，而典韦早夭，实乃太祖之大不幸也。"② 可见，张鷟将刘恭与古时的樊哙和典韦做比较，用意在于肯定刘恭在军事上的才气。那么，对于这样一位难得的人才，怎么能因为他的长相而弃之不用呢？正确的做法是要"用大掩小，弃短从长"，"不以微瑕致损。大材可录，小疹何伤"。此道判所要求的是对一个人的才貌进行取舍，利弊之间的差别明显，相对来说给出此判决结论还是比较容易的。

二、公权益之间的价值比较

对于公利益的裁量就复杂得多，在白居易的《甲乙判》中，有这样一个案例。

[判目] 得转运使以汴河水浅，运本不通，请筑塞两河斗门。节度使以当军营田，悉在河次；若斗门筑塞，无以供军。

[判词] 川以利涉，竭则壅税；水能润下，塞亦伤农。将舍短以从长，宜去彼而取此。汴河决能降雨，流可通财。引漕运之千艘，

① （唐）张鷟：《龙筋凤髓判》，田涛、郭成伟校注，中国政法大学出版社1996年版，第118页。
② 《三国志·魏书》。

实资积水；生稻粱于一溉，亦籍余波。利既相妨，用难兼济。节度使以军储务足，思开窦而有年；转运司以邦赋贵通，恐负舟而无力。辞虽执竞，理可明征。奎四国之征，其伤多矣！专一方之利，所获几何？赡军虽望于秋成，济国难亏于日用。利害斯见，与夺可知。[1]

判目中介绍了争议的要点：转运使认为汴河河水过浅，妨碍运输，要求筑塞两河斗门，以增加水位；节度使认为这样做会淹没两岸的营田，影响收成，无法供给军需。这是一道要求制判者在平行的公权益之间做出抉择的判词，白居易在给出的判词中也言明"利既相妨，用难兼济"。

对于此判词的写作，白居易一改往常开篇点明自己观点的写作风格，而是将转运使和节度使双方关于汴河河水关及切身利益的理由详加阐述。"汴河决能降雨，流可通财。引漕运之千艘，实资积水；生稻粱于一溉，亦籍余波"，汴河确能通船，运输货物，带来财富，转运使并不是无理请求；但粮食需要灌溉而不是用水来淹盖，节度使站在军需的立场上，反对河水上涨也是正确的。这就涉及在转运使与节度使各自的利益下，如何做出取舍。在判词的篇末，白居易给出了自己的取舍结果："奎四国之征，其伤多矣！专一方之利，所获几何？"意思是说战士征战沙场，伤亡很多！而为了一点小利，就要上涨水位，最终所获得的利益又有多少呢？"赡军虽望于秋成，济国难亏于日用"，虽然粮食丰收要等到秋天，但将士的休养生息需要从平日的生活中取得。可见，白居易在权衡利弊之后，是不同意转运使筑塞两河斗门增加水位的请求的。

在处理类似于上述案例的具体个案时，对于利益的权衡仍然脱离不了儒家思想的框架。儒家崇尚仁、义、礼、智、信，孔子常言

---

[1] 《白居易集》卷第六十六。

"君子言于义，小人言于利"，对于"义"和"利"价值位阶是非常明显的，义要远大于利。这也就是白居易所认为的，对于战士之义要给予回报，而对于转运之利要给予舍弃的根本原因。此判词的利益取舍较张鷟判词中的才貌取舍问题复杂困难了许多，它是对平行的两个公利益进行价值衡量，然后给出取舍的结论。

三、公权益与私权益发生冲突时的利益衡量

当遇到的是公利益与私利益之间的冲突，那又该如何权衡裁量呢？在张鷟的《龙筋凤髓判》中有这样一个案例，是对于旧有皇家苑地的归属发生了纠纷，试问该如何解决。

[判目] 奏新安谷水社旧是苑内地，近被百姓吞并，将作数请收入苑，百姓不伏。

[判词] 伊洛瀍涧，八溪九谷之津，少室嵩高，五岳三涂之险。邵公相宅，灼龟墨以定王畿，光武建都，因凤集而成帝业。濯龙芳苑，宝盖成荫，走马交衢，金钱满垆。谤门曲榭，从来别馆之基，寿永安宁，旧是离宫之地。眷兹谷水，俯瞰神州，斜连四会之郊，回控两京之路。都人接轸，桑枣成林，逆旅分区，间阎扑地。虽其原是苑内，不合辄许人居，四边皆有业恒，百姓若为吞并。天田大小，先有规模，御圃短长，非无制度。文王百里之圃，不以为多，齐宣四十之园，犹嫌太广。利人之与利国，相去几何，施人之与夺人，失之弥远。何惜数顷之地，顿伤百姓之情，如愚所裁，宜依旧定。①

这是一道有关土地所有权归属问题的案例，皇家旧有苑地久弃不用被百姓占用，现想将苑地收回，遭到百姓的拒绝。对于皇家苑

---

① （唐）张鷟：《龙筋凤髓判》，田涛、郭成伟校注，中国政法大学出版社1996年版，第87页。

地的属性毫无疑问是公有田产，按照唐律的规定，盗耕公私田者，按照亩数的大小，会处以笞三十到徒一年半不等的处罚。张鷟对于皇家苑地的属性也不予否认，他说的"谤门曲榭，从来别馆之基，寿永安宁，旧是离宫之地"之句，正是对皇家苑地属公的肯定。但是，从判词的后半部分来看，张鷟并没有延续唐律对于盗耕公私田产的处罚规定继续论述，而是撇开此条不谈，转而着重论述百姓对此空地的开发利用上，他说："天田大小，先有规模，御圃短长，非无制度"，意思在指明皇家苑地的范围大小其实是没有明文规定的，完全由皇帝的个人喜好决定，像周文王有百里之园囿还嫌不够，而齐宣王的"四十之园"就已经觉得很多了。可见，在苑地制度模糊与百姓占地成业的事实面前，张鷟的选择显然是倾向于后者的。"利人之与利国，相去几何，施人之与夺人，失之弥远。何惜数顷之地，顿伤百姓之情"这句已经很清楚地说明了张鷟的选择结果，自然是支持百姓的，否定了收回九有苑地的做法。

此判词是在公权益与私权益之间做出利益衡量，最终张鷟的选择结果似乎是出人意料的，其实他是站在了更高的高度来看待这一问题，他认为利民就是利国，牺牲区区几倾土地，换回的是百姓的安居乐业和对官府的信赖，还有什么比这更重要呢？唐代在借鉴了之前各朝代的更迭轮回之后，儒家的民本思想已经独自的脱离出来，成为治国方略，君与民的鱼水关系就是对这一认识的最形象比喻。张鷟作为官吏的代表，对此治国方略自然是时刻谨记的。

从该判词的写作技巧来看，为了提升立论的根据，张鷟在此种方法的运用上也是深谙其道的。墨子在《非命上》中提出过认识问题本质的三种方法，即"三表法"："言必有三表。何谓三表？有本之者，有原之者，有用之者。于何本之？上本于古者圣王之事。于何原之？下原察百姓耳目之实。于何用之？发以为刑政，观其中国家百姓人民之利。此谓言有三表也。"① 此第一表"上本于古者圣王之事"指的是前人的经验，也就是我们通常说的间接经验；第二表"下原察百姓耳目之实"指的是用现在人的感官经验来衡量和认识事物，这是直接经验；第三表"发以为刑政，观其中国家百姓人民之利"讲的是实际效果，也就是看论证的结果是不是对国家人民百姓有利。张鷟也是抓住了墨子第三表的方法，对于苑地的所属问题是在权衡国家和百姓的利益之下，为了地方的稳定和百姓能够安居乐业而做出的一种双赢选择。

日本学者滋贺秀三在《明清时期的民事审判与民间契约》一文中，对中国传统司法做了相当细致而深入的描述，将中国定性为一个"情理"的社会。从上述论述中，也不难看出，"情法两平"作为中国传统司法的习惯表达，在唐代乃至整个中国古代判牍中确实是十分常见的。但是，由于情、理本身的变动不居和缺乏基点，"酌情"实际上是一种模糊表达。归根结底，所谓"情法两平"，与其说是在平衡情理与律例，还不如说是在进行利益的分配与考量。

第三节
法律发现在我国司法实践中适用的必要性及其理论依据

一、什么是法律发现——一个舶来的法律概念

法律发现或者叫法发现（law-finding），是西方法学家惯用的术

---

① 《墨子·非命上》。

语，是指在特定的制度内用以发现与解决具体问题或在具体问题上确定与案件相关的法律原则、规则的意义而使用的方法。随着自动售货机式的三段论在司法实践中的告急，人们思考法律问题的立场开始从立法中心主义转向司法中心主义。为了使法官在忠于法律与追求正义的活动之间不发生冲突，法学家们开始为从事法律职业活动尤其是审判活动列出了一系列的方法，而法发现就是其中之一。日本法学家川崎武夫曾说："所谓法学方法论是指在裁判中如何正确发现法律标准的理论，大陆法系国家对法学方法论的普遍认识是有关正确确定作为法源的法律（实定法源包括成文法和习惯法）的解释和适用方法的法学理论。"① 由此可见，作为法律方法的法律发现，是一种对法律职业者尤其是对法官具有支配力的理论，它的目的是找到一种对个案而言既正当合理，同时又不违背立法意图的裁判方法。

（一）主观主义发现论与客观主义发现论的缺陷

对法发现的概念，在西方学界并不是一开始就达成一致，不同的学派对此有过不同的态度。传统的分析法学认为，法律是主权者的命令，是"为一个理性人所设定的指导法则，这法则是由另一位拥有较高权力的理性人所制定的"，因此法官之职责仅限于运用逻辑的方法适用法律；法律本身业已"自满自足"，法官仅以法律中所含概念作为大前提，运用逻辑去推演，以解决一切问题。不允许在法律之外考虑道德及其他善恶问题，司法者只考虑运用法律这一问题即可。

与分析法学派不同，历史法学派则认为，法律是民族精神的产物，与政治力量并无过多关联。在法发现这一问题上，历史法学派

----

① ［日］川崎武夫：《法哲学与法解释学》，晃洋书局 1975 年版，第 330 页。

主张，法律是发现的，并非制定的，其成长之本质乃系一无意识的、自然的过程；立法只是对法律自然成长过程的总结而已；法律因不同民族而产生不同习性，不可能放之四海而皆准。对于法官司法，历史法学派认为，法官之职责乃在于发现法律，适用法律，绝不可以用自己的智慧创造法律。

在历史法学派之后，对法发现又出现了第三种态度，即关于法律的自由发现。此观点系自由法学派提出的。自由法学派认为概念法学过于机械，发现了共性的法律难以弥合其与具体个案之间的缝隙，因而主张限缩成文法的权威，扩大法官的自由裁量权，希望法官自由地发现法律，以弥补成文法典的缺陷。法律的自由发现理论主张，法官适用法律可以不受任何约束，可以自由地从社会生活中去发现。

总结上述三种对法发现的态度，会看到历史法学派与分析法学派的法律发现有一个共同点，就是主张在法官自身之外，或在成文法中、或在社会生活中去发现法律，因而被学者称之为客观主义的发现论。而自由法学的法发现，是典型的主观主义发现论，他们过于强调法律的不确定性，主张法官可以不受任何约束的发现法律。不可否认，主观主义与客观主义的法发现理论，在一定程度上模糊了我们对司法活动的正确认识。因为，在处理案件的整个过程来看，它是一个主观与客观相统一且相互渗透的活动。只要存在法律，法官的任务之一是要表现为对法律的忠诚，但法官也是有主观情感和价值偏好的普通人，他不可能不进行主观思考，这在一定程度上会融进自己的价值判断和情感判断。可见，我们当下所舶来的法发现之概念是与上述两种法发现理论有一定区别的，其中主要的区别就是要消解这种主客观的对立。

（二）法创制与法发现的司法二元论

除了上述三个学派曾对法发现给出过自己的态度之外，作为法社会学派代表之一的马克斯·韦伯则从立法与司法二元论的角度对法发现给出过解读。他认为我们现今的法学思维习惯，政治团体的活动在"法律"方面可分为两大范畴："法创制"（立法）与"法发现"（司法）。"法发现"，指的是将那些被制定的规范和透过法学思考的工作而从那些规范导出的一个个"法命题"，"适用"到"含摄"在这些命题下的具体"事实"上。① 透过韦伯的创制——适用的法发现理论，可以看到，作为立法者是"对某种限定和指明类型案件所做判决中共同要素的一种概括"。而作为法官，如何赋予这些具有共性的法律规范以生命，这就需要将每一个"法命题"，"适用"到"含摄"在这些命题下的具体"事实"上。

当然，如果法官遇到的是典型案件，即与法律规范所设计的模型完全一致的案件，那么法官只需把法律规范作为其大前提进行三段论式的法律推理，即可得出正确判决结论。但在实际的司法实践中所遇到的大多是疑难案件，法律规范难以完全含摄案件事实，面对这样的案件，法官在思考成文法向判决转换的过程时，需要寻求判决的合理基础，因为人们的希望不仅停留在立法者以立法的形式来规制现实生活，更多的是要求法官对具体个案的判决符合公平正义的法治技艺。而我们所讲的法发现其实就是这样一个在个案中寻求正当性、合法性的动态过程。正如我国台湾学者黄建辉所说的那样："法律的适用是一种发现法律的动态过程，其非仅系逻辑推演，而是往返于法律规范与案件事实的活动。"

---

① ［德］马克斯·韦伯：《法律社会学》，康乐、简惠美译，广西师范大学出版社2005 年版，第 24 页。

所以，抛开主客观论之后，我们认为，法律发现是在法律理念的指导下运用演绎、归纳、类推等逻辑思维模式，从法律渊源中寻找适合个案的法律，以达至解决纠纷的过程。用一句话来概括就是，法官运用法律人的思维发现适合个案的法律的过程。卡尔·恩吉施曾经说过这样一句名言："一旦有人适用一部法典的一个条文，他就是在适用整个法典。"既然法发现是一个过程，那么在这个过程中就包括了法官应从何种场所中去发现法律；发现适用的法律之后又该如何解释适用于具体个案；在发现法律规范的同时，对于具体的案件事实的发现也是法发现的应有内容。

二、法律发现在我国适用的必要性

法律发现的概念已然在西方法学界得到了系统化的论述和研究，但此概念被引进入中国还是近几年的事，且很少被学界提及和使用。这其中最主要的原因是，我国是一个成文法诞生较早的国家，且"立法者君也，守法者臣也"的法制两分法，人为地忽视了法律在司法领域如何运作的研究。也就是说，我们的法学研究对成文法如何实现其法律效力的中间环节是不够重视的，很少提及法律发现的问题。在惯常人的观念中，法律就是由立法机关用文字的形式做出的正确的、公开的规范性表述，而执法者的职责就是要遵照成文法条来"照章办事"，至于立法机关所创设的法律是不是够明确，看似一目了然的法律是不是具有隐蔽性等问题不做过多地考虑。而且，目前我国的法律解释体制也是存在问题的。考察我国现行司法审判制度后会不难发现，立法机关及最高法院在某一法律、法规出台后，联合或单独做出系统而全面的解释，这种解释显然是在与具体某个案遭遇之前进行的，而这种解释其实与再次立法无异。

在我国目前法官队伍素质特别是基层法官的整体素质还有待提

高的情况下，法官应对绝大部分案件的手段就是案件事实与法律文本之间的简单对应，而仅局限于使用文义解释这一种解释方法来应对一切问题，其必然结果就是解释过程及结果脱离具体案件。这就不难想象，在司法判决中许多案件的判决缺少个性，程式化的语言让法律缺少活力，甚至有些案件的判决结果不但使得当事人无法接受，更是在社会上引起轩然大波。① 面对当今我国司法实践中所存在的种种问题，笔者觉得对于法发现的研究就显得更加重要。而从有些学者的研究成果来看，对法发现的理解尚存分歧。例如，有学者认为法律发现是西方（特别是大陆法系）法学家常用的术语，是法律方法的问题之一。它既包含法律规范的内容完整、确定，适用法律的活动，就是运用纯粹形式逻辑的三段论推理，即作为推理大前提的法律规范和小前提的案件事实，前后排列一下的推理活动；也包括当法律存在漏洞，即当法律没有为正待判断的案件准备好完善的法律可得适用时，法律适用者应当积极地、有创造性地"发现法律"（法官造法）裁判案件的活动。也有学者认为"所谓法律发

---

① 如著名的许霆案。对其一审的判决从一开始就吵得沸沸扬扬，吸引了众多的学者甚至平民大众的关注与讨论，一审法院判决许霆无期徒刑的法律依据是《刑法》第二百六十四条，并将之定性为"盗窃金融机构"。法院将之定性为"盗窃金融机构"，其实正是反映了司法机关仅仅将目光聚焦于法律文本，而无视立法原意甚至立法目的。正如赵秉志教授的分析，"从立法原意来看，97 刑法典 264 条之所以规定'盗窃金融机构，数额特别巨大的'，作为可以适用死刑的加重情形之一，主要是为了严格限制死刑的适用。从这一立法原意出发，应当对作为盗窃罪加重情形的'盗窃金融机构'做出严格的限制解释，而不应将 ATM 机解释成金融机构，也不宜把盗窃 ATM 机中的资金解释成'盗窃金融机构'"。由此，很多观点试图从文字含义或者从社会发展、经济发展的角度去分析论证可以将 ATM 机认定为"盗窃金融机构"，表面上似乎合乎语义与实际情况，但根本上却违反了刑法的立法目的，违背了刑法保护法益、实现正义的宗旨。针对此案的讨论，前期主要是一些建设性的司法建议，而后期则集中于对刑事司法的反思，笔者认为后者的意义更为深远与重要。有学者通过许霆案透视到我国的众多司法解释犹如一副戴在司法人员脚上的脚镣，使得司法人员的办案犹如"戴着脚镣跳舞"，而无法自由伸展自己的舞姿，并造成办案人员对上级司法机关和司法解释的过度依赖。

现，是指发现处理案件的法律依据的活动"。而郑永流教授在他的《法律判断形式的模式》一文中更是介绍了法律发现中的诸多概念，并且认为法律发现是在 1907 年齐特尔曼提出法律存在漏洞后，人们把填补法律中的漏洞这种创造性活动视为"法律发现"，所以也有学者认为狭义的法律发现其内容仅包括填补法律漏洞这一种法律方法。由狭义的法律发现概念所引出的中国适用法律发现的法律依据即为法官的审判权。① 笔者认为以上国内诸学者对于法律发现这一术语的理解的差异在于对其外延和内涵的不同界定上，而且多以静态的视角来解释该术语。法律发现所呈现出的是一个宾语前置的语法结构，所强调的是"发现"这一动态过程，所以从某一案件进入司法程序开始，发现法律的种种行为就已经启动，这里既包括寻找适合该案件的法源并予以解释适用，也包括对案件事实的发现。而狭义的法律发现，笔者觉得限定在法律漏洞这一种情形，有些不妥。因为在法律存在漏洞的情况下，法官造法的可能性就会增大，那么法官脱离立法意图的任意造法的风险也会增高，而我们所讲的法律发现的一个重要前提是不能违背立法者的立法意图。也就是说，在法律存在漏洞的情况下，法官所做的只是在立法框架下的"法律续造"，而不是任意的造法。故而，笔者认为狭义的法律发现是指在找到适合于个案的"原法律"后，如何将该"原法律"适用于个案的解释过程，在本节中笔者称之为"法律发现"。

三、在我国适用法律发现的理论依据

有学者认为法律发现在我国得以适用的法律依据为法官的审判

---

① 上述诸概念皆引自于明辉、朱海航所写《法律发现在我国适用的必要性及法律依据》一文。该论文载于 http://www.sd.xinhuanet.com/sdzfwq/2006-03/20/content_6520453.htm.

权，笔者觉得此说法是不够完善的。因为，此法律依据是建立在对狭义法律发现——法律存在漏洞时的发现——这一认知上的。而我国当下适用法律发现的法律依据不应仅停留在赋予法官审判权这一点上，法官如何将所赋予的审判权更好地行使才是我们所关注的焦点，此中与法官个人的法律素养、智识基础、职业操守、舆论导向等诸多因素有关。

那么什么是推行法律发现的理论依据呢？其实，中国古人曾经给出过答案。鲁庄公与曹刿论战时，曹刿当听到鲁庄公说"小大之狱，虽不能察，必以情"时，才点头允战。这里的"必以情"正被解释为"尽己情察审"。① "尽己情察审"中的"情"指的是案情、狱状，要求司法者对所办案件要持有一种负责任的态度；"尽己情"所强调的正是要顾及每一个具体的案件所呈现的个性化特征，因为此"己情"在遇到具体、复杂且多样的现实案件时，就会依准客观案件的具体情状衍生出万般变化。而将此理论运用到司法审判中，恰能体现出法律被赋予生命力的整个过程，而此过程正是我们所言的法律发现。

---

① 《左传·庄公十年》。

附录1
《古代法官录》人物出处表

序号	朝代	法官姓名	查寻主要出处	备注
1	汉	张 汤	《汉书》卷五九《张汤传》	《史记·酷吏列传·张汤》
2	汉	杜 周	《汉书》卷六十《杜周传》	《史记·酷吏列传·杜周》
3	汉	于定国	《汉书》卷七一《于定国传》	
4	汉	张释之	《汉书》卷五十《张释之传》	《史记》卷一百二《张释之传》
5	汉	赵 禹	《汉书》卷九十《酷吏传》	《史记·酷吏列传·赵禹》
6	汉	公孙弘	《汉书》卷五八《公孙弘传》	
7	汉	王温舒	《汉书》卷九十《酷吏传》	《史记·酷吏列传·王温舒》
8	汉	尹翁归	《汉书》卷七六《尹翁归传》	
9	汉	田 甲		
10	汉	黄 霸	《汉书》卷八九《黄霸传》	
11	汉	丙 吉	《汉书》卷七四《丙吉传》	
12	汉	路温舒	《汉书》卷五一《路温舒传》	
13	汉	王 立		
14	汉	薛 宣	《汉书》卷八三《薛宣传》	
15	汉	王 尊	《汉书》卷七六《王尊传》	

续表

序号	朝代	法官姓名	查寻主要出处	备注
16	汉	钟 元		
17	汉	朱 博	《汉书》卷八三《朱博传》	
18	汉	彭 宣	《汉书》卷七一《彭宣传》	
19	汉	杜延年、王 平	《汉书》卷六十《杜周传》	附子延年等事
20	汉	孔 光	《汉书》卷八一《孔光传》	
21	汉	马 宫	《汉书》卷八一《马宫传》	
22	汉	张 欧	《汉书》卷四六《张欧传》	
23	汉	翟 公	《汉书》卷八四《翟方进传》	《史记》卷一二〇《汲郑列传》
24	汉	郭弘等	《后汉书》卷四六《郭躬传》	载郭弘等事
25	后汉	郭 躬	《后汉书》卷四六《郭躬传》	
26	后汉	陈咸、陈躬		
27	后汉	陈 宠	《后汉书》卷四六《陈宠传》	
28	后汉	陈 忠	《后汉书》卷四六《陈忠传》	
29	后汉	张 禹	《后汉书》卷四四《张禹传》	
30	后汉	陈 球	《后汉书》卷五六《陈球传》	
31	后汉	霍 谞	《后汉书》卷四八《霍谞传》	
32	后汉	董 昆	《八家后汉书辑注》卷八《董坤传》	
33	后汉	吴雄等	《后汉书》卷四六《郭陈列传》	《后汉书》卷七《孝桓帝纪第七》
34	后汉	张 皓	《后汉书》卷五六《张皓传》	
35	后汉	周 纾	《后汉书》卷七七《酷吏列传》	
36	后汉	杨 赐	《后汉书》卷五四《杨震传》	附孙杨赐传
37	后汉	虞 经	《后汉书》卷五八《虞诩传》	载祖父经事
38	魏	锺 繇	《三国志》卷十三《锺繇传》	

序号	朝代	法官姓名	查寻主要出处	备注
39	魏	卢　毓	《三国志》卷二二《卢毓传》	
40	魏	高　柔	《三国志》卷二四《高柔传》	
41	魏	王　朗	《三国志》卷十三《王朗传》	
42	魏	王　观	《三国志》卷十三《王观传》	
43	吴	顾　雍	《三国志》卷五二《顾雍传》	
44	晋	吴隐之	《晋书》卷九十《良吏列传》	《吴隐之传》
45	晋	刘　颂	《晋书》卷四六《刘颂传》	
46	晋	卫　展	《晋书》卷三六《卫瓘传》	附卫展事
47	南齐	孔稚圭	《南齐书》卷四八《孔稚圭传》	
48	南朝宋	虞　愿	《南史》卷七十《循吏列传》	《虞愿传》
49	南朝宋	何承天	《南史》卷三三《何承天传》	
50	梁	王　泰	《梁书》卷二一《王泰传》	《南史》卷二二《王泰传》
51	陈	沈仲由	《陈书》卷三三《儒林·沈洙传》	
52	陈	宗元饶	《南史》卷六八《宗元饶传》	
53	陈	司马申	《南史》卷七七《恩幸列传》	《司马申传》
54	后魏	袁　翻	《北史》卷四七《袁翻传》	
55	后魏	窦　瑗	《魏书》卷八八《良吏列传》	《北史》卷八六《循吏列传》
56	后魏	杨　机	《北史》卷五十《杨机传》	
57	后魏	崔　纂	《北史》卷三二《崔挺传》	附崔纂事
58	后魏	裴延俊	《北史》卷三八《裴延俊传》	
59	北齐	宋世轨	《北齐书》卷四六《宋世轨传》	
60	北齐	卢　斐	《北齐书》卷四七《卢斐传》	《北史》卷八七《酷吏列传》
61	北齐	李稚廉	《北齐书》卷四三《李稚廉传》	《北史》卷三三《李幼廉传》

续表

序号	朝代	法官姓名	查寻主要出处	备注
62	北齐	封 述	《北齐书》卷四三《封述传》	《北史》卷二四《封述传》
63	北周	赵 肃	《北史》卷七十《赵肃传》	
64	隋	杨 远、刘子通	《隋书》卷二五《刑法志》	
65	隋	杨 汪	《北史》卷七五《杨汪传》	《隋书》卷五六《杨汪传》
66	隋	赵 绰	《北史》卷七七《赵绰传》	《隋书》卷六二《赵绰传》
67	隋	薛 胄	《隋书》卷五六《薛胄传》	
68	唐	戴 胄	《旧唐书》卷七十《戴胄传》	《新唐书》卷九九《戴胄传》
69	唐	刘德威	《旧唐书》卷七七《刘德威传》	《新唐书》卷一〇六《刘德威传》
70	唐	唐 临	《旧唐书》卷八五《唐临传》	《新唐书》卷一一三《唐临传》
71	唐	王志愔	《旧唐书》卷一百《王志愔传》	《新唐书》卷一二八《王志愔传》
72	唐	李朝隐	《旧唐书》卷一百《李朝隐传》	《新唐书》卷一二九《李朝隐传》
73	唐	徐有功	《旧唐书》卷八五《徐有功传》	《新唐书》卷一一三《徐有功传》
74	唐	张文瓘	《旧唐书》卷八五《张文瓘传》	《新唐书》卷一一三《张文瓘传》
75	唐	崔善为、郎楚之	《新唐书》卷九一《崔善为传》	《旧唐书》卷一九一《方伎》
76	唐	胡 演	《唐会要》卷四十《君上慎恤》	
77	唐	张蕴古	《旧唐书》卷一九〇上《文苑上》	《新唐书》卷五十六《刑法志》

序号	朝代	法官姓名	查寻主要出处	备注
78	唐	段宝元	《唐会要》卷三九《定格令》	《旧唐书》五十《刑法志》
79	唐	狄仁杰	《旧唐书》卷八九《狄仁杰传》	《新唐书》卷一一五《狄仁杰传》
80	唐	裴遵庆、裴向父子	《旧唐书》卷一一三《裴遵庆传》	《新唐书》卷一四〇《裴遵庆传》
81	唐	孙伏伽	《旧唐书》卷七五《孙伏枷传》	《新唐书》卷一〇三《孙伏枷传》
82	唐	敬 括	《旧唐书》卷一一五《敬括传》	
83	唐	王正雅	《旧唐书》卷一六五《王正雅传》	《新唐书》卷一四三《王正雅传》
84	唐	崔元略	《旧唐书》卷一六三《崔元略传》	《新唐书》卷一六〇《崔元略传》
85	后梁	王 鄩		
86	后唐	李保殷	《旧五代史》卷六八《李宝殷传》	
87	五代蜀国	赵匡明		
88	后唐	王 鬱		
89	后晋	李专美	《旧五代史》卷九三《李专美传》	
90	后晋	张仁愿	《旧五代史》卷九三《张仁愿传》	
91	后周	苏 晓		
92	后周	段 涛		
93	宋	窦 仪	《宋史》卷二六三《窦仪传》	
94	宋	温仲舒	《宋史》卷二六六《温仲舒传》	
95	宋	范 旻	《宋史》卷二四九《范旻传》	

续表

序号	朝代	法官姓名	查寻主要出处	备注
96	宋	高继申	《宋史》卷二〇一《刑法志三》	载高继申事
97	宋	郭昭度兄弟	《宋史》卷二六六《郭贽传》	
98	宋	张 佖		
99	宋	魏 羽	《宋史》卷二六七《魏羽传》	
100	宋	司徒昌运		
101	宋	剧可久	《宋史》卷二七〇《剧可久传》	
102	宋	刘保勋	《宋史》卷二七六《刘宝勋传》	
103	宋	冯 瓒	《宋史》卷二七〇《冯瓒传》	
104	宋	查 陶	《宋史》卷二九六《查陶传》	
105	宋	张若谷	《宋史》卷二九九《张若古传》	
106	宋	从钧、从锐		
107	宋	马寻、杜曾		
108	宋	赵 贺	《宋史》卷三〇一《赵贺传》	
109	宋	陈太素		
110	宋	吴 及	《宋史》卷三〇二《吴及传》	
111	宋	王 济	《宋史》卷三〇四《王济传》	
112	宋	张师德		
113	宋	庞 籍	《宋史》卷三一一《庞籍传》	
114	宋	钱象先	《宋史》卷三三〇《钱象先传》	
115	宋	许 遵	《宋史》卷三三〇《许遵传》	
116	宋	杜 纯	《宋史》卷三三〇《杜纯传》	
117	宋	苏 寀	《宋史》卷三三一《苏寀传》	
118	宋	王吉甫	《宋史》卷三三〇《王吉甫传》	
119	宋	张 近	《宋史》卷三五三《张近传》	
120	宋	杨 汲	《宋史》卷三五五《杨汲传》	

续表

序号	朝代	法官姓名	查寻主要出处	备注
121	宋	崔台符	《宋史》卷三五五《崔台符传》	
122	宋	李伯宗	《宋史》卷三五四《李伯宗传》	
123	宋	路昌衡	《宋史》卷三五四《路昌衡传》	
124	宋	莫濛	《宋史》卷三九〇《莫濛传》	
125	宋	辛弃疾	《宋史》卷四〇一《辛弃疾传》	
126	宋	韩晋卿	《宋史》卷四二六《循吏列传》	
127	宋	王衣	《宋史》卷三七七《王衣传》	
128	辽	耶律俨	《辽史》卷九八《耶律俨传》	
129	辽	刘伸	《辽史》卷九八《刘伸传》	
130	辽	大公鼎	《辽史》卷一〇五《能吏列传》	
131	金	马讽	《金史》卷九〇《马讽传》	
132	金	刘徽柔	《金史》卷九〇《刘徽柔传》	
133	金	张九思	《金史》卷九〇《张九思传》	
134	金	丁暐仁	《金史》卷九〇《丁暐仁传》	
135	金	康元弼	《金史》卷九七《康元弼传》	
136	金	阎公贞	《金史》卷九七《阎公贞传》	
137	金	宗端修	《金史》卷一〇〇《宗端修传》	
138	金	邹谷	《金史》卷一〇四《邹谷传》	
139	金	蒲察思忠	《金史》卷一〇四《蒲察思忠传》	
140	金	纥石烈胡失门	《金史》卷一〇四《纥石烈胡失门传》	
141	元	姚天福	《元史》卷一六八《姚天福传》	
142	明	周桢	《明史》卷一三八《周桢传》	
143	明	刘惟谦	《明史》卷一三八《刘惟谦传》	
144	明	邹俊		

序号	朝代	法官姓名	查寻主要出处	备注
145	明	虞 谦	《明史》卷一五〇《虞谦传》	
146	明	严 本	《明史》卷一五〇《严本传》	
147	明	吕 升	《明史》卷一五〇《吕升传》	
148	明	仰 瞻	《明史》卷一五〇《仰瞻传》	
149	明	夏时正	《明史》卷一五七《夏时正传》	
150	明	王 宇	《明史》卷一五九《王宇传》	
151	明	廖庄	《明史》卷一六二《廖庄传》	
152	明	戈 谦	《明史》卷一六四《戈谦传》	
153	明	王 文	《明史》卷一六八《王文传》	
154	明	张 骥	《明史》卷一七二《张骥传》	
155	明	王 玠		
156	明	李从智、马 豫	《帝纪部汇考·明十·英宗本纪》（卷一百四十二）	
157	明	俞士悦	《吴县志录》	
158	明	杨守随	《明史》卷一八六《杨守随传》	
159	明	沈良才	《明史》卷二一〇《沈良才传》	
160	清	郝维讷	《清史稿》卷二六四《郝维讷传》	
161	清	王永吉	《清史稿》卷二三八《王永吉传》	
162	清	刘 楗	《清史稿》卷二六四《刘楗传》	
163	清	许三礼	《清史稿》卷二六六《许三礼传》	《国朝理学备考》之许三礼卷
164	清	何国宗	《清史稿》列传七十《何国宗传》	
165	清	梁文標		
166	清	陈梦说	《清史稿》列传一二三《陈梦说传》	

序号	朝代	法官姓名	查寻主要出处	备注
167	清	徐 绩	《清史稿》列传一一九《徐绩传》	
168	清	卓秉恬	《清史稿》列传一五二《卓秉恬传》	
169	清	黄恩彤	《清史稿》列传一五八《黄恩彤传》	
170	清	黄爵滋	《清史稿》列传一六五《黄爵滋传》	
171	清	金应麟	《清史稿》列传一六五《金应麟传》	
172	清	沈家本	《清史稿》列传二三〇《沈家本传》	

附录2
《古代法官录》人物出身、学识、履历迁转表

序号	朝代	法官	出身	学识	履历迁转
1	汉	张 汤	继承父职推荐		长安吏—丞相史—太中大夫—廷尉史—御史大夫
2	汉	杜 周	出身小吏推荐		廷尉史—廷尉—执金吾—御史大夫
3	汉	于定国	举	少时随父学法	狱吏—郡决曹—廷尉史—光禄大夫—廷尉—御史大夫—丞相
4	汉	张释之	赀选		骑郎—谒者仆射—公车令—中大夫—廷尉—淮南相
5	汉	赵 禹	丞相提拔		中都官小吏—令史—丞相史—御史—中大夫—廷尉—少府九卿—燕相
6	汉	公孙弘	下诏求贤应征		狱吏—博士—待诏金马门—左内史—御史大夫—丞相
7	汉	王温舒			吏—廷尉史—御史—广平都尉—太守—廷尉—中尉
8	汉	尹翁归	举廉	晓习文法	狱吏—市吏—卒史—部汾南—太守
9	汉	田 甲			狱吏
10	汉	黄 霸		少学律令	待诏—侍郎谒者—太守丞—廷尉正—太守—太子太傅—御史大夫—丞相

续表

序号	朝代	法官	出身	学识	履历迁转
11	汉	丙吉		治律令	狱吏—廷尉右监—大将军长史—光禄大夫给事中—省尚书事—丞相
12	汉	路温舒	举孝廉	习律令	狱吏—狱史—廷尉奏曹掾—廷尉史—广阳私府长—县丞—太守
13	汉	王立	举廉		狱掾
14	汉	薛宣	察廉举茂材	明习文法	廷尉书佐—都船狱史—丞掾—郡都尉丞—长安令—御史中丞—太守—左冯翊—御史大夫—丞相—视尚书事
15	汉	王尊	以令举察廉	能史书尚书论语	狱吏—给事太守府—守属治狱—郡决曹史—军中司马—县令—太守—护羌武职—刺史—军中司马—司隶校尉—谏大夫—守京辅都尉—光禄大夫—行京兆尹事
16	汉	钟元			尚书令—廷尉
17	汉	朱博	察廉		亭长—功曹—县丞—督邮书佐—郡功曹—刺史—护漕都尉—太守—左冯翊—大司马—廷尉—丞相
18	汉	彭宣	推举明经	师从易经	博士—东平太傅—右扶风—廷尉—太守—大司农—光禄勋—右将军—左将军—光禄大夫—御史大夫—大司空

续表

序号	朝代	法官	出身	学识	履历迁转
19	汉	杜延年	御史大夫子	通晓法律	军司空—谏大夫
	汉	王平			廷尉
20	汉	孔光	举	明经	议郎—博士—尚书—仆射尚书令—御史大夫—廷尉—丞相—光禄大夫—太傅
21	汉	马宫	射策甲科征	治春秋严氏	郎官—楚国长史—丞相史司直—廷尉平—刺史—太守—詹事—光禄勋—右将军—大司徒—太师—相位—太子师
22	汉	张欧	安丘侯子	治刑名	九卿—御史大夫—上大夫
23	汉	翟公			廷尉
24	汉	郭弘(郭氏家族)		习小杜律	太守决曹掾
25	后汉	郭躬(郭氏家族)	辟公府	明法专家	郡吏—廷尉正—廷尉
	后汉	郭镇		小杜律	尚书—尚书令—河南尹—廷尉
	后汉	郭贺			廷尉
	后汉	郭桢			廷尉
	后汉	郭僖		律儒	廷尉
26	后汉	陈咸		律令	尚书
	后汉	陈躬			廷尉左监
27	后汉	陈宠	辟	律令	州郡吏辟—司徒辞曹—尚书—太守—大司农左冯翊—廷尉—尚书—大鸿胪—司空
28	后汉	陈忠	征召举荐	精通法律	辟司徒府—廷尉正—尚书—三公曹—尚书令—司隶校尉—太守

序号	朝代	法官	出身	学识	履历迁转
29	后汉	张 禹	举孝廉		刺史—下邳相—大司农—太尉—卫尉—太傅—录尚书事—太尉
30	后汉	陈 球	举孝廉	儒学律令	县令—太守—将作大匠—廷尉—司空——光禄大夫—永乐少府
31	后汉	霍 谞	举孝廉	明经	太守—北海相—尚书仆射—河南尹—少府廷尉
32	后汉	董 昆		春秋律令	县功曹—狱吏—刺史属文学—廷尉卿
33	后汉	吴 雄		明法大家	司徒
	后汉	吴 䜣		明法大家	廷尉
	后汉	吴 恭		明法大家	廷尉
34	后汉	张 晧	六世祖良辟		仕州郡—辟大将军府—尚书仆射—彭城相—廷尉—司空
35	后汉	周 纡		韩非之术	廷尉史—县令—齐相—太守—侯相—郎—洛阳令—御史中丞—司隶校尉—将作大匠
36	后汉	杨 赐	司空高第		侍中越骑校尉—帝侍讲—司空—光禄大夫—司徒—太常—太尉—尚书令—廷尉
37	后汉	虞 经			狱吏
38	魏	钟 繇	举孝廉		廷尉正—御史中丞—侍中尚书仆射—大理—相国—廷尉—定陵侯—太傅

序号	朝代	法官	出身	学识	履历迁转
39	魏	卢 毓		于律典有研究	贼曹—冀州主簿—黄门侍郎—济阴相及梁、燕二郡太守—睢阳典农校尉—安平、广平太守—侍中—礼部尚书—廷尉—（免官）—光禄勋—吏部尚书—高乐亭侯—光禄大夫—大梁乡侯—司空
40	魏	高 柔			管长—除奸令史—丞相仓曹属—尚书郎—丞相理曹掾—治书侍御史—关内侯—廷尉—太常司空及司徒太傅—万岁乡侯
41	魏	王 朗	拜郎中并举孝廉	通经及孝友	会稽太守—谏议大夫—魏郡太守—大理—御史大夫及安陵亭侯—司空—兰陵侯
42	魏	王 观			丞相文学掾—高唐、阳泉县令—尚书郎—廷尉监—南阳及涿郡太守—治书侍御史—尚书—少府—太仆—尚书—封侯—司空
43	吴	顾 雍		学琴习书	郡丞—左司马—大理奉常—丞相
44	晋	吴隐之	举荐		尚书郎—晋陵太守—中书侍郎—廷尉—龙骧将军及广州刺史
45	晋	刘 颂		辨察物理	尚书三公郎—中书侍郎—黄门郎—廷尉—京兆太守—淮南相
46	晋	卫 展			廷尉
47	南齐	孔稚圭	引荐	张杜律	记事参军—尚书左丞—司徒从事—骁骑将军—左丞—黄门郎左丞—廷尉

续表

序号	朝代	法官	出身	学识	履历迁转
48	南朝宋	虞 愿	国子生		湘东王国常侍—浔阳王府墨曹参军—太常丞尚书祠部郎—中书郎—晋平太守—中书郎—廷尉
49	南朝宋	何承天		儒史百家	参军—尚书祠部郎—南台治书侍御史—尚书殿中郎兼左丞—著作佐郎—国子博士—御史中丞—廷尉
50	梁	王 泰			秘书郎—秘书丞—中书侍郎—南徐州别驾从事史—黄门侍郎—员外散骑常侍—吏部郎事—廷尉—吏部尚书
51	陈	沈仲由			廷尉
52	陈	宗元饶		善持法	晋陵令—尚书功论郎—廷尉正—廷尉卿—尚书左丞—贞威将军及南康内史—吏部尚书
53	陈	司马申	引荐	弈棋	丹阳尹之主簿—安东临川王之谘议参军—廷尉监—秣陵令—文治县伯—右卫将军—任廷尉监侯
54	后魏	袁 飜			尚书殿中郎—东观著作佐郎—廷尉少卿—凉州刺史—吏部郎中及光禄大夫—中书令—给事黄门侍郎—度支尚书
55	后魏	窦 瑗			廷尉卿—镇东将军及金紫光禄大夫—广东太守—平州及晋州刺史
56	后魏	杨 机	被举		给事中—廷尉评—光禄大夫—廷尉卿—度支尚书

序号	朝代	法官	出身	学识	履历迁转
57	后魏	崔纂			太学博士—梁丹征虏府长史—廷尉正—左中郎将—尚书三公之郎中—洛阳令—大理正或廷尉正（有待考证）
58	后魏	裴延儁	举秀才	涉猎经史	散骑侍郎—中书侍郎—司州别驾—加镇远将军—廷尉卿—幽州刺史—太常—尚书—西北道行台节度—吏部尚书
59	北齐	宋世轨		喜爱法律	清河太守—东郡太守—廷尉卿
60	北齐	卢斐	魏世宗引	对于事理，颇能决断	刑狱参军—尚书左丞—典狱
61	北齐	李稚廉			骠骑府长史—济州长史—瀛洲长史—并州长史—安南将军—太原郡守—济阴郡守—兖州刺史—廷尉少卿—都官尚书
62	北齐	封述			北魏参军—尚书三公之郎中—廷尉少卿—法曹—大理卿—廷尉
63	北周	赵肃			河南尹主簿—殿中侍御史—廷尉—廷尉监—廷尉正—廷尉少卿—清河县子爵—廷尉卿—征东将军
64	隋	杨远、刘子通			大理寺丞
65	隋	杨汪		左传、三礼	掌朝下大夫—各曹侍郎—秦州、荆州、洛州之总管长史—尚书左丞—大理寺卿
66	隋	赵绰			大官府吏—夏官府下士—内史中士—录事参军—掌朝大夫—大理寺丞—大理正—尚书都官侍郎—刑部侍郎—大理寺少卿

序号	朝代	法官	出身	学识	履历迁转
67	隋	薛冑	世袭		司金大夫—兖州刺史—大理寺卿及刑部尚书—相州检校
68	唐	戴冑		明习律令通晓法务	秦府士曹参军—兵部郎中—大理寺少卿
69	唐	刘德威			封左武将军，封以公爵—转任大理寺少卿兼刑部侍郎—刑部尚书及雍州别驾遂州—同州刺史
70	唐	唐临	正军献策，遂授右卫官职		右卫官职，参军殿内—万泉县丞侍御史—检校吏部侍郎—大理寺卿—御史大夫—刑部尚书—兵部尚书、度支—吏部尚书
71	唐	王志愔	进士		左台御史大理正—郎中—大理寺少卿—扬州大都督府长史—刑部尚书
72	唐	李朝隐		明法学	县尉—大理寺丞—闻喜令—御史—长安令—降州刺史兼吏部事—侍郎—滑州刺史—同州刺史—河南尹—大理寺卿—大都督—扬州长史—大理寺卿。
73	唐	徐有功		明经	蒲州司法参军—司刑丞；积升秋审郎中—左台侍御史—司刑少卿即大理寺少卿
74	唐	张文瓘	举明经，补并州参军		并州参军—水部员外郎—东西台舍人—东台侍郎兼知左史事—黄门侍郎兼太子左庶子—大理寺卿—侍中兼太子宾客
75	唐	崔善为、郎楚之			崔善为：太守—陕州刺史—大理寺卿—司农卿—刑部尚书 郎楚之：大理寺卿

续表

序号	朝代	法官	出身	学识	履历迁转
76	唐	胡 演			大理寺少卿
77	唐	张蕴古		善缀文	幽州总管府记室—中书省事—大理寺丞
78	唐	段宝元			大理卿
79	唐	狄仁杰	举明经	少时以孝友闻	汴州判佐—并州都督府法曹—大理丞—豫州刺史—判尚书同凤阁鸾台平章事
80	唐	裴遵宪、裴 向	门荫		裴遵宪：潞府司法参军—大理寺丞—礼部侍郎—同中书门下平章事—太子少傅—吏部尚书；裴向：太子司议郎—栎阳县令—渭南县令—户部员外郎—太原少尹—御史中丞—汾州刺史—大理寺卿—吏部尚书
81	唐	孙伏伽	在隋朝末年任大理寺史，继补万年县法曹		治书侍御史—大理寺少卿—免官—刑部郎中—大理寺少卿—大理寺卿
82	唐	敬 括	在乡举进士后又应制登科	以文词擅长	迁右拾遗—殿中侍御史—果州刺史—兵部侍郎—大理卿—同州刺史—内调御史大夫
83	唐	王正雅	举进士，登甲科	以孝行修谨于当代	礼部长官府任职—监察御史—迁万年县令—户部郎中—太常少尉—汝州刺史—本州防御使—大理寺卿
84	唐	崔元略	少举世		在使府为佐—拜殿中侍御史—刑部郎中—迁京兆尹—黔南观察使—大理寺卿—户部尚书—检校吏部尚书

续表

序号	朝代	法官	出身	学识	履历迁转
85	后梁	王鄠、李保、殷进		刊定律令格式	皆为大理寺卿
86	后唐	李保殷	处士授人推荐为官	撰《刑律总要》十二卷	除太子正字—钱塘县尉—推官—河南兵曹参军—长水令、毛诗博士—太常少卿—大理寺卿
87	五代蜀	赵匡明		长于文章	江陵府文举—峡州刺史—蜀国大理卿—工部尚书
88	后唐	王鬱			后唐庄宗时代任大理少卿
89	后晋	李专美	受荐得官		舞阳令—长安留守从事—兵部侍郎—端明殿学士—宣徽北院使—卫尉少卿—大理寺卿
90	后晋	张仁愿	勋臣之子授官	熟悉法律事务	卫尉寺主簿—著作佐—大理正—将作少监—大理少卿—节度使判官—大理少卿—大理卿—光禄卿—大理寺卿
91	后周	苏晓		参编后周刑统	后周世宗显德四年任大理正
92	后周	段涛		参与后周法令重编	后周太祖广顺年间任大理正
93	宋	窦仪	进士		节度使记室—礼部员外郎—翰林学士—端明殿学士—兵部侍郎—工部尚书—判大理寺—礼部尚书
94	宋	温仲舒	进士		大理寺评事—州通判—知州—工部户部侍郎—参知政事—礼部尚书—御史中丞
95	宋	范旻	父荫		判大理寺正—知县—知州—州通判—淮南转运

续表

序号	朝代	法官	出身	学识	履历迁转
96	宋	高继甲			大理正
97	宋	郭昭度	父太子侍讲		大理寺丞
	宋	郭昭升	父太子侍讲		大理寺评事
	宋	郭昭用	父太子侍讲		大理寺评事
98	宋	张 佖			判大理寺
99	宋	魏 羽	少以能文		弘文馆校书郎—军判官—太子中舍—知州—京兆尹—太子博士—膳部员外郎 判大理寺—秘书少监—左谏议大夫—度支使—盐铁史—三司使左计使—工部侍郎
100	宋	司徒昌运			判大理寺
101	宋	剧可久			州司法—大理评事—大理正—大理少卿—大理卿—光禄卿
102	宋	刘保勋	随父军衔任职	刑名宰相擢	太常—秘书丞—大理正—任催茶事—伺部郎中—州通判—判大理寺—右谏议大夫—知开封府—知州
103	宋	冯瓒	父荫		兵部郎中—谏议大夫—知州—左赞善大夫—判大理寺—大理寺卿
104	宋	查 陶	知州兄	明法登科	州录事参军—大理评事—大理寺丞—大理正—判大理寺—工部郎中—秘书少监—知审刑院

219

序号	朝代	法官	出身	学识	履历迁转
105	宋	张若谷	进士		州军事推官—大理寺丞—广宁监—知州—三司度支盐铁副使—左谏议大夫—判大理寺—知审刑院—尚书左丞
106	宋	从均	吴越主婿子		大理寺丞
	宋	从锐	吴越主婿子		大理寺丞
107	宋	马寻	朝廷赏识	为时所称	判大理寺—提点两浙刑狱—两浙转运使—知州—司农卿
	宋	杜会		知法	大理寺吏
108	宋	赵贺	举毛诗及第		县主簿—大理寺评事—太子中舍—殿中丞—州通判—知州—户部度支判官—益州路转运使—纠察在京刑狱—工部刑部郎中—光禄卿—判大理寺
109	宋	陈太素	进士		大理寺详断官—审刑院详议官—大理寺少卿—判大理寺—知江阴军—知州—尚书
110	宋	吴及	进士		候官尉—提点刑狱—大理寺检法官—审刑院详议—秘阁校理—知州
111	宋	王济	试学士院举法官		县主簿—光禄寺丞—大理寺丞—刑部详覆官—州通判—判登闻鼓院—监察御史—判大理寺—知州—西路安抚使
112	宋	张师德	进士		将作监丞—州通判—秘书省著作郎—判司农寺—刑部员外郎—知州—判大理寺

续表

序号	朝代	法官	出身	学识	履历迁转
113	宋	庞籍	进士及第		州司理参军—开封府兵曹参军—法曹—大理寺丞—知县—刑部详覆官—群牧判官—祠部员外郎—福建转运使—侍御史—刑部员外郎—判大理寺—天章阁待制—龙图阁直学士—左谏议大夫—参知政事—中书门下平章事—昭文馆大学士—太子少保
114	宋	钱象先	进士	通法家说	国子监直讲—大理少卿—江东转运使—天章阁侍讲—知审刑院—龙图阁直学士—知州—吏部侍郎
115	宋	许遵	进士 明法		大理寺详断官—审刑院详断官—知州—审刑院详议官—判大理寺卿
116	宋	杜纯	父荫		州司法参军—审刑院详议官—大理正—河北转运判官—刑部员外郎—大理少卿—侍御史—兵部侍郎
117	宋	苏寀	入第	长于刑名	州观察推官—大理详断官—审刑院评议—御史台推官—知州—提点各路刑狱—判大理寺—路转运使—侍御史—判刑部—留京纠察刑狱—知河南府—知审刑院
118	宋	王吉甫	明经	兼习法律	大理评事—大理丞—大理正—刑部员外郎—提点京畿刑狱—开封少尹—知州—中大夫
119	宋	张近	进士		大理正—提点各路刑狱—大理少卿—出镇高阳—知府

序号	朝代	法官	出身	学识	履历迁转
120	宋	杨 汲	进士及第		州司法参军—开封都水丞—淮西提点刑狱—大理寺少卿及卿—刑部户部侍郎—宝文阁待制—知州—户部侍郎
121	宋	崔台符	明法	才学美	大理详断官—群牧判官—判大理寺—知审刑院—大理卿—徙相州
122	宋	李伯宗	进士		知县—提举京畿保甲—提点坑冶铸钱—将作少监—大理卿—刑部侍郎—提举崇福宫—知州—陕西都转运使
123	宋	路昌衡	进士		太常博士—右司员外郎—江淮发运—陕西转运副使—知州—卫尉—大理寺卿—工部侍郎—宝文阁待制—知开封府—入党籍
124	宋	莫 濛	祖荫两魁法科		将仕郎—大理寺评事—大理寺正—户部员外郎—淮南转运判官—知州—宝文阁直学士—大理少卿—评定司敕令官—刑部侍郎
125	宋	辛弃疾	奉表归宋		节度使书记—丞务郎—通判建康府—司农寺主簿—知州—仓部郎官—提点江西刑狱—秘阁修撰—江西安抚—大理寺少卿—湖北转运副使—大理寺卿—知府—枢密都丞旨
126	宋	韩晋卿	五经中第	奏课第一	安肃军司法参军—县令—大理寺详断官—审刑院详断官—通判应天府—知州—刑部郎中—两浙转运使—大理寺少卿—大理寺卿

序号	朝代	法官	出身	学识	履历迁转
127	宋	王衣	门荫 明法		州法曹掾—大理评事—大理寺正—陕西都转运司—知州—刑部员外郎—司勋郎中—大理寺少卿—大理寺卿—刑部侍郎—集英殿修撰
128	辽	耶律俨			
129	辽	刘伸			
130	辽	大公鼎			
131	金	马讽			
132	金	刘徽柔			
133	金	张九思			
134	金	丁暐仁			
135	金	康元弼			
136	金	阎公贞			
137	金	宗端修			
138	金	邹谷			
139	金	蒲察思忠			
140	金	纥石烈胡失门			
141	元	姚天福	授官	少从儒家学,知大义	怀仁县丞—架阁管勾兼狱丞—监察御史
142	明	周桢			江西行省佥事—大理寺卿—尚书—广东行省参政
143	明	刘惟谦	以有才学被举		大理寺少卿—刑部尚书
144	明	邹俊			大理寺卿
145	明	虞谦	由国子监擢刑部郎中	以廉能闻	刑部郎中—杭州知府—大理寺少卿—台副御史—大理寺卿—大理寺少卿—大理寺卿

序号	朝代	法官	出身	学识	履历迁转
146	明	严 本	得荐应职考试	少通群书，攻习律学而有成	刑部主事—大理寺正
147	明	吕 升			溧阳教谕—江西、福建按察金事—大理寺少卿—大理寺卿
148	明	仰 瞻			兰贲卫—大理寺丞—大理寺右寺丞—大理寺少卿
149	明	夏时正	中进士		刑部主事—刑部郎中—大理寺丞—大理寺少卿—大理寺卿
150	明	王 宇	登进士		南京户部主事—抚州知府—山东右布政使—右副都御史—大理寺卿
151	明	廖 庄	进士及第，八年改庶士		刑科给事中—大理寺事—左寺丞—南京大理寺少卿—定羌驿丞—刑部右侍郎—刑部左侍郎
152	明	戈 谦	进士		监察御史—峡山县知县—大理寺少卿—专任大理寺司事—副御史
153	明	王 文	进士		监察御史—陕西按察使—右副都御史—大理寺卿—都御史—吏部尚书—直文渊阁并进东阁大学士
154	明	张 骥	中举于乡		江西御史—大理寺右寺丞—巡抚山东—大理寺右少卿—浙江巡抚
155	明	王 玲			大理寺少卿
156	明	李从智 马 豫			（李）大理寺正英宗正；（马）大理寺评事
157	明	余士悦			大理寺卿
158	明	杨守随			大理寺卿—工部尚书—大理寺卿

续表

序号	朝代	法官	出身	学识	履历迁转
159	明	沈良才			大理寺卿
160	清	郝维讷	考取进士		刑部主事—迁郎中—福建建都糧道金事—专属按察使—大理寺卿
161	清	王永吉	得顺天巡抚宋权荫		明末蓟辽总督—大理寺卿—户部侍郎—秘书员大学士—国史院大学士加太子太保—吏部尚书
162	清	刘楗	进士及第		户科给事中—兵科右给事中—左给事中—山西河东道副使—湖广按察使—江西布政使—太常寺卿—大理寺卿—刑部尚书
163	清	许三礼	进士	立书院，教民读书	海宁知县—福建建道御史—太常寺少卿—大理寺卿—兵部督捕侍郎
164	清	何国宗	中进士后又改庶吉士		未散馆即授编辑—庶子—大理寺卿—内阁学士
165	清	梁文標			一生皆在刑部任司狱
166	清	陈梦说	进士		刑部主事，兼任提牢—礼部郎中—江宁绍台道—督粮道
167	清	徐绩	举人，入资授官		通判—泰武道—按察使—工部侍郎—山东巡抚—河南巡抚—礼部侍郎—三等侍卫—大理寺少卿—宗人府府丞
168	清	卓秉恬	进士后选翰林庶吉士		检讨—御史—给事中—鸿胪寺少卿—顺天府丞—奉天府丞—大理寺少卿—户部尚书—吏部尚书—文渊阁大学士

序号	朝代	法官	出身	学识	履历迁转
169	清	黄恩彤	道光六年进士		刑部主事—刑部郎中—江南监巡道—按察使—江宁布政使—广东按察使、巡抚
170	清	黄爵滋	道光三年进士	主修禁烟新例	庶吉士授翰林院编修—御史给事中—鸿胪寺少卿—大理寺少卿
171	清	金应麟	以举人入资捐官，后中进士		刑部主事—刑部郎中—御史—给事中—太常寺少卿—直隶按察使—大理寺少卿
172	清	沈家本	光绪九年进士	年少以深思好学而出名	刑部侍郎—大理寺卿—法部侍郎—修订法律大臣—资政院副总裁

附录3
相关研究成果

杖刑在唐律中的适用①

关于杖刑适用的规定主要集中在唐律中。此外，唐中宗神龙元年（公元705年）依贞观、永徽故事，诏尚书右臣上国柱、苏璟等人奉敕删定完成的《神龙散颁刑部格》中也集中规定了杖刑的适用问题。基于本文写作重点的需要以及篇幅的限制，关于杖刑法律规定的比较，主要以《唐律》和《神龙散颁刑部格》为中心。

现有《神龙散颁刑部格残卷》（P.3078.、S.4673.）120行（以下简称《残卷》），分别藏于法国巴黎国立图书馆、英国伦敦大英图书馆。② 关于《残卷》中的内容可以分为多少条目，不同的学者由于关注的角度不同，所得出的结论有出入。张晋藩认为"留有格文十六条"③，刘俊文、钱大群均认为格文共十八条④，王斐弘认

---

① 此部分内容为夏婷婷的成果。

② 有学者对唐代的格做了专门的研究："唐格主要可做两大分类：一是留司格，主要适用于各曹司；二是散颁格，主要适用于地方各州县。唐格的形式也可分为两种：一种是编入格典的正格，一种是零散的杂格。"《神龙散颁刑部格》属于天下所共有的散颁格，同时也是编入格典的正格。王斐弘："敦煌写本《神龙散颁刑部格残卷》研究——唐格的源流与递变新论"，《现代法学》，2005年第1期。

③ 张晋藩主编：《中国法制史》，法律出版社2000年版，第277页。

④ 刘俊文在《论唐格——敦煌写本唐格残卷研究》一文中，认为"存卷首及格文18条"，钱大群在《唐律研究》一书中也认为"其内容可以细绎为十八条"。

为格文就内容而言，应当是十七条。① 笔者认为，《残卷》现有格文十八条，就内容完整性而言，116 行后残缺，故 117 行一条不具有研究价值，可供研究的共有十七条；《残卷》现标示 34～36 为一条，37 为一条，但很明显 37 行是 36 行的接续，实为一条。可见，具有研究价值的条文共十六条，其中与施用杖刑相关的共计十二条，下面将这十二条格文与《唐律》的相关法条做一分类比较。

（一）格文对律文之补充、修改

此类格文均对唐律相关条文做出补充规定，如刑法施用主体之扩大、格文中加入唐律中未被涉及的情由、法外加刑等。

表1　《残卷》与《唐律》相关条文对照（1）

《残卷》4～9 行	《唐律》卷二五"伪写官文书印及余印"条	《唐律》卷"伪宝印符节假人及出卖"条	《唐律》卷二五"盗宝印符节封用"条
伪造官文书印若转将用行［行用］，并盗用官文书印及亡印而行用，并伪造前代官文书印若将行用，因得成官，假与人官，情受假：各先决杖一百，头首配流岭南远恶处，从配缘边有军府小州。并不在会赦之限。其同情受用文书之人，亦准此	诸伪写官文书印者，流二千里。余印，徒一年。即伪写前代官文书印，有所规求，封用者，徒二年	诸以伪宝、印、符、节及得亡宝、印、符、节假人，若出卖，及所假若买者封用，各以伪造、写论。即以伪印印文书施行，若假与人，及受假者施行，亦与伪写同；未施行，及伪写印、符、节未成者，各减三等	诸盗宝、印、符、节封用；谓意在诈伪，不关由所主。即所主者盗封用及以假人，若出卖；所假及买者封用；各以伪造、写论。主司不觉人盗封用者，各减封用罪五等；印，又减二等。即事直及避稽而盗用印者，各杖一百；事虽不直，本法应用印而封用者，加一等。主司不觉，笞五十，故纵者，各与同罪

---

① 王斐弘："敦煌写本《神龙散颁刑部格残卷》研究——唐格的源流与递变新论"，《现代法学》，2005 年第 1 期。

此条格文相较律文而言，重在"行用"二字上，即无论是伪造官文书印、盗用官文书印还是伪造前代官文书印，着重看是否造成"因此得官、假与人官、[同]情受假"的结果。若结果即成。则量刑加重，规定凡已造成上述结果之一者，先决杖一百，主犯还要配流岭南，从犯配缘边有军府小州，且会赦不免。这是格文对律文的修改。

表2　《残卷》与《唐律》相关条文对照（2）

《残卷》40～47行	《唐律》卷二六"私铸钱"条
私铸钱人，勘当得实，先决杖一百，头首处尽，家资没官；从者配流，不得官当、荫赎，有官者仍除名。勾合头首及居停主人，虽不自铸，亦处尽，家资亦没官。若家人共犯罪，其家长资财并没；家长不知，坐其所由者一房资财。其铸钱处邻保处徒一年，里正、坊正各决杖一百。若有人纠告，应没家资并赏纠人。同犯自首告者，免罪，依例酬赏①	诸私铸钱者，流三千里；作具已备，未铸者，徒二年；作具未备者，杖一百。若磨错成钱，令薄小，取铜以求利者，徒一年

关于非法铸币的行为，《唐律》中明确规定凡非法铸钱的，处流刑三千里。后又分两种减轻刑罚的情况，一是模具已成，但未铸造的情况；一种是模具未成的情况。其中，模具未成者，杖打一百。

---

① 经刘俊文先生考证，此格文是以"永淳元年"敕为蓝本。"《通典》卷九食货门钱币下载永淳元年五月敕云：'私铸钱，造意人及勾合头首并处绞，仍先决杖一百；从及居停主人加役流，各决杖六十。若家人共犯，坐其家长；老疾不坐者，则罪归以次家长。其铸钱处邻保配徒一年，里正、坊正、村正各决杖六十。若有纠告者，即以所铸钱毁破并铜物等赏纠人。同犯自首免罪，依例酬赏。'内容与格文略同，当即格文所本，只不过格文较敕文进一步加严而已。"刘俊文：《敦煌吐鲁番唐代法制文书考释》，中华书局1989年版，第262页。

此格文对律文做出了修改和补充规定：一是加重了对私铸钱币犯罪行为的处罚力度。只要犯罪事实清楚，就要先杖打一百，主犯处死，从犯配流，没收家产，且不得官当和荫赎。二是扩大处罚的主体范围。除了加重处罚私铸钱币的主从罪犯，邻保要处徒刑一年，里正、坊正各处杖一百。

可见，关于私铸钱币罪，格文将最高刑由唐律中的流三千里上升到死（绞）刑。而"先决杖"成为死刑的附加刑。同时，里正、坊正也牵连获罪，惩罚与《唐律》中模具未成者同。

表3　《残卷》与《唐律》相关条文对照（3）

《残卷》48～51行	《唐律》卷五"犯罪未发自首"条	《唐律》卷一八"造畜蛊毒"条问答	《唐律》二十"略人略卖人"条
略及和诱、和同相卖为奴婢自首者，非追得卖人，并不得成首。其略良人，仍先决杖一百，然后依法。若于羁縻及轻税州自首者，虽得良人，非本州者亦不成自首	诸犯罪未发而自首者，原其罪。……其于人损伤、于物不可备偿、即事发逃亡，若越度关津及奸，并私习天文者：并不在自首之例	又问：依律，犯罪未发自首，合原。造畜蛊毒之家，良贱一人先首，事既首讫，得免罪以否？答曰：犯罪首免，本许自新。蛊毒已成，自新难雪，比之会赦，仍并从流	诸略人、略卖人：不知为略，十岁以下，难知，亦同略法。为奴婢者，绞；为部曲者，流三千里；为妻妾子孙者，徒三年。因而杀伤人者，同强盗法

此段格文涉及相关唐律三条，对律文进行了补充规定。《唐律》中规定不许自首的情况共有七种，即于人损伤，于物不可备偿，事发逃亡，偷渡关津，行奸良人，造畜蛊毒。此条格文是在唐律规定这七种不许自首的情形之外，又增规定劫掠、串通拐卖人为奴婢的，在一般州内，不能追回卖人，则不许自首。在羁縻州和轻税州，即

使追得所卖之人，但非本州籍贯也不许自首。

　　若劫掠良人，则要先杖打一百，后施用《唐律》卷二十"略人略卖人"条之刑罚。即劫掠良人、劫掠良人后出卖为奴婢的，先决杖一百，再处绞刑；卖作部曲的，先决杖一百，再流三千里；卖作人妻或妾的，先决杖一百，再徒三年。由此可见，格文关于略卖良人的规定，呈现出一罪两刑的结果。

表4　《残卷》与《唐律》相关条文对照（4）

《残卷》73~77行	《唐律》卷二十"部内有人为盗与容止"条
光火劫贼，必藉主人，兼倚乡豪，助成影援。其所获贼，各委州县长官尽理评覆，应合死者奏闻。其居停主人先决杖一百，仍与贼同罪。邻保、里正、坊正、村正各决杖六十，并移贯边州	诸部内有一人为盗及容止盗者，里正笞五十，坊正、村正亦同。三人加一等；县内，一人笞三十，四人加一等；部界内有盗发及杀人者，一处以一人论，杀人者仍同强盗之法

　　此格文之特点在于重点强调强盗犯罪中之一种——光火盗。光火盗是持械入室抢劫的强盗。这类犯罪经常有当地的恶徒作为同伙，帮助指示地点、提供食宿、窝藏赃物等。唐中后期始，加强了对强盗罪的惩处力度。[①] 此条格文正是从光火盗贼这类犯罪着手，扩大了惩罚的主体范围，居停主人（房东）、邻保、里正、坊正、村正都牵

　　① 唐德宗建中三年（公元782年）三月敕："当府界内，捉获强盗，不论有赃无赃，及窃盗赃满三疋以上者，并准敕集众决杀；不满疋者，量事科决，补充所由。犯盗人虽有官及属军等，一切并依此处分。"刘俊文元和十年（公元815年）八月敕："京兆府奏，应擒获强盗，不论有赃无赃，并集众决杀。"针对光火劫盗的又一规定出现在文宗太和九年（公元835年）十二月，朝廷发布《平息浮言诏》："昨者有擅入逆人之家，盗掠财物，拥无故之利，生怙乱之心……委御史台、京兆府严加伺察，擒获奏闻，所在集众决杀，不在恩赦之限。"

连受罪。其中视居停主人为同案犯，居停主人要先决杖一百，后与贼同罪处罚，可见处罚之重。这也是一罪两刑的表现。又邻保等一千人等也要决杖六十，在移籍边远之州。此格文如此规定，其意在于"以光火劫贼皆藉居停主人及乡豪之助，故设此法威吓，以绝其影援"①。

表5　《残卷》与《唐律》相关条文对照（5）

《残卷》85～87条	《唐律》卷一九"盗官私马牛而杀"条
盗及煞官驼马一疋以上者，先决杖一百，配流岭南，不得官当、赎。其知情博换卖买，及过致人、居停主人知情者，并准此	诸盗官私马牛而杀者，徒二年半

依律，盗官私马牛而杀的，处徒刑二年半，即不区分官、私马牛处罚相同。格文此条单强调盗杀官家驼马，处罚加重。具体规定先决杖一百，后配流岭南，且不许当、赎，其处罚效力高于律，且一罪两罚。此外，处罚主体扩及知情博换买卖人、过致人、居停主人依此格文处断。这是对唐律的修改。

《唐律》"盗官私马牛而杀"条若盗窃而杀的，且按赃计算刑重于两年半徒刑的，按窃盗罪加一等处罚。按《唐律》"窃盗"条"五疋徒一年，五疋加一等"的计赃方式，盗杀官私马牛的计赃起征点是二十疋，当赃数大于二十疋时，加一等处罚。如若盗而不杀者，计赃依窃盗罪处罚。格文显然强调的是盗而杀之的情况，并且计赃从一疋起。以上两点均体现出格文较律文量刑加重。

---

① 刘俊文:《敦煌吐鲁番唐代法制文书考释》，中华书局1989年版，第265页。

表 6　《残卷》与《唐律》相关条文对照（6）

《残卷》101～105 行	《唐律》卷一七"谋杀制使府主等官"条	《唐律》卷二一"殴制使府主刺史县令"条
州县职在亲人，百姓不合凌忽。其有欲害及殴所部者，承前已令斩断。若有犯者，先决杖一百，然后禁身奏闻。其内外官人，有恃其班秩故犯，情状可责者，文武六品以下、勋官二品以下并荫人，并听量情决杖，仍不得过六十	诸谋杀制使若本属府主、刺史、县令，及吏卒谋杀本部五品以上官长者，流二千里；工、乐及公廨户、奴婢与吏卒同。余条准此。已伤者，绞；已杀者，皆斩	诸殴制使、本属府主、刺史、县令及吏卒殴本部五品以上官长，徒三年；伤者，流两千里；折伤者，绞。折伤，谓折齿以上。若殴六品以下长官，各减三等

　　按照唐律"谋杀制使府主等官"条和"殴制使府主刺史县令"条之规定，凡谋杀刺史、县令的，流二千里，已伤者断绞，犯罪既遂者断斩；凡殴打刺史、县令的，徒三年，殴打致伤的，处流三千里，殴打致骨折的，断绞。格文对律文的修改为：第一，若谋害、殴伤朝廷命官，先决杖一百，这是律外加刑。禁身奏闻还强调了一个上报的程序问题。第二，格文强调文武六品以下、勋官二品以下及荫人倚靠官阶品级故意有犯，情状应该受到苛责的，应量情决杖，但最多不得过六十。此条为唐律所无，此乃格文对律文的补充规定。"格文之主旨，盖在尊重地方长官之权威，赋予不可侵犯之法律地位"①。

---

① 刘俊文：《敦煌吐鲁番唐代法制文书考释》，中华书局 1989 年版，第 267 页。

（二）律法外加刑

较第一种分类而言，此类格文仅呈现出加重刑罚的趋势。

表7　《残卷》与《唐律》相关条文对照（7）

《残卷》38～39行	《唐律》卷一九"窃盗"条	《唐律》一九"恐喝取人财物"条	《唐律》二〇"略和诱奴婢"条
盗计赃满一疋以上，及詃诱官私奴婢，并恐喝取财，勘当知实，先决杖一百，仍依法与罪	诸窃盗，不得财笞五十；一尺杖六十，一疋加一等；五疋徒一年，五疋加一等，五十疋加役流	诸恐喝取人财物者，口恐喝亦是。准盗论加一等；虽不足畏忌，财主惧而自与，亦同。辗转传言而受财者，皆为从坐。若为人所侵损，恐喝以求备偿，事有因缘之类者，非。若财未入者，杖六十。即缌麻以上自相恐喝着，犯尊长，以凡人论；强盗亦准此。犯卑幼，各依本法	诸略奴婢者，以强盗论；和诱者，以窃盗论。各罪止流三千里。虽监临主守，亦同。即奴婢别齐财物者，自从强、窃法，不得累而科之

依唐律"窃盗"律规定"一尺杖六十，一疋加一等"，即一疋一尺杖七十。格文所言赃满一疋以上，先杖一百，然后依法与罪，即科罪之前先杖打一百。依律规定，一疋以上，本合杖七十，显然先决杖重于依法科罪之刑。另依律恐吓取人财物，准窃盗加一等处罚；略及和诱奴婢分别以强盗和窃盗罪论处。格文则强调，只要勘当属实，均要先杖一百，然后依法与罪。其严酷程度可见一斑。

表 8　《残卷》与《唐律》《唐令》相关条文对照（1）

《残卷》52～72 行	《唐律》	其他法律形式
但有告密，一准令条		
受告官司，尽理推鞫［鞫］。如先有合决笞、杖者，先决本笞、杖，然后推逐状内	无律文	
不当密条者，不须勘当。密条灼然，有逗留者，即准律掩捕，驰驿闻奏。如无指的，不须浪追及奏	《唐律》卷二三"知谋反谋逆叛不告"条：诸知谋反及大逆者，告密随近官司，不告者，绞。知谋大逆、谋叛不告者，流两千里。……官司承告，不即掩捕，经半日者，各与不告罪同；若事须经略，而违时限者，不坐	开元七年令文：诸告密人，皆经当处长官告；长官有事，经佐官告；长官、佐官俱有密者，经比界论告。若须有掩捕，应与余州相知者，所在准状收捕。事当谋叛已上，驰驿奏闻。且称告谋叛已上，不肯言事意者，给驿部领送京。其犯死罪囚及缘边诸州镇防人等，若犯流人告密，并不在送限①
若推勘事虚，先决杖一百，然后依法科罪，仍不得减赎	《唐律》卷二三"诬告谋反大逆"条：诸诬告谋反及大逆者，斩；从者，绞。若事容不审，原情非诬者，上请。若告谋大逆、谋叛不审者，亦如之	
若责状不吐，确称有密者，即令自抄状自封，长官重封；如不解书，推勘官人为抄，长官封印署，驰驿进奏。仍禁身待进止。有不肯抄状，并不受推勘者，即与无密，宜便准前决杖及科本罪	无律文	

---

①　另据《唐六典》卷六"刑部郎中员外郎"条：告密有不于所由掩捕，则从近也（谓高密人，皆经当处长官告，长官有事，经佐官告；长官、佐官俱有密者，经比界论告（以下与令文同）。［日］仁井田陞：《唐令拾遗》，栗劲、霍存福等编译，长春出版社1989 年版，第 711～712 页。

续表

《残卷》52~72行	《唐律》	其他法律形式
若死囚，旨符已到，有告密者，不须为受	《唐律》卷二四"被囚禁不得告举他事"条：诸被囚禁，不得告举他事。其为狱官酷己者，听之	
仍令州县录敕，于所在村、坊要路榜示，使人具知，勿陷入罪	《唐律》卷二三"知谋反逆叛不告条""告祖父母父母"条、卷二四"部曲奴婢告主"条	

此段格文是《残卷》中较长的一段。对于告密之敏感，是中宗对武周时期做法的一种习惯性延续。同时，武周时期酷吏周兴、来俊臣等造《告密罗织经》所造成的"一人被讼，百人满狱"的恶劣后果，成为中宗朝统治的反例，此条格文在一定程度上是有鉴而发。

神龙狱官令之告密条是规范告密行为的主要法律依据。对于告密行为格文所强调的重点是要确定告密行为的虚实。凡属告密行为，原则上须由长官亲理，推鞫事情真伪，如虚构事实明显，或推勘事虚，或不肯抄状，或挟私报复，则构成"无密"，要先杖打告密者一百，后依《唐律》诬告反坐其罪。这是明显的法外加严的做法。若告密属实或只称有密但不肯言事，则须官府驰驿奏闻，必要时还需将告密者押送进京。

此格既是对唐律的补充，也是对告密行为做出种种限制，如规定告密不当者、死囚旨符已到而告密者均属于"不须勘当"。其目的就是要防止有人利用告密而生事端，诬告无辜之人。这既是对武周时期告密风气的一次纠正，也弥补律文之不周。

（三）格文有规定而律文无规定

此分类中，共有五条格文，所规定之内容分别为：流外行署、州县杂役受所监临财物、官人坐赃犯罪申诉程序、禁断宿宵行道、禁私造违样绫锦。此四种行为律文均无规定。

表9 《残卷》与《唐律》《唐令》《唐六典》相关条文对照（1）

格文	相关律文	其他法律形式
《残卷》13～17行：流外行署、州县杂任，于监主犯赃一疋以上，先决杖六十；满五疋以上，先决一百；并配入军。如当州无府，配侧近州。断后一月内，即差纲领送所配府，取领报讫，申所司。赃不满疋者，即解却。虽会赦，并不在免军及解免之限	《唐律》卷一一"受所监临财物"条：诸监临之官，受所监临财物者，一尺笞四十，一疋加一等；八疋徒一年，八疋加一等；五十疋流二千里。与者，减五等，罪止杖一百。《唐律》卷六"监临主守"条：诸称"监临"者，统摄案验为监临①	《唐六典》"吏部郎中员外郎"条：凡未入仕而吏京司者，复分为九品，通谓之行署。州县杂任指州县中担任杂职之流外官，如佐史之类

① 监临具体指州、县、镇、戍、折冲府等官署，主办官员以上，其他人分别在其管辖之下的，都属监临。此外，只根据统辖监督本官署及对公案做处断为准，如果对下属个人而不对其家口作统辖监督的，对下属家口有奸淫及敛取财物行为的，也与监临同样处置。此外，对主守概念之解读，均可详见钱大群《唐律疏议新注》，卷六"监临主守之概念"条，南京师范大学出版社2007年版，第221、第222页。

续表

格文	相关律文	其他法律形式
《残卷》92～98 行：官人被推赃罪，事迹分明，拟为诉辞，规避不对；或经恩赦，求请证徒，若得重推，多有翻动；或使过之后，州县容翻；宜审详元状，如事验明白，身虽未对，不须为理。必称枉酷，任经省论，州县不得辄受申诉。其告事人但审引虚，先决杖六十，仍各依法处断。支证翻者，亦同此科	《唐律》卷二四"越诉及应受而不受"条：诸越诉及受者，各笞四十。若应合为受，推抑而不受者，笞五十；三条加一等，十条杖九十。又见《唐律》卷三十"断罪应言上而不言"条疏议部分。内容引《狱官令》令文	《唐六典》卷六"刑部郎中员外郎"条：凡有犯罪者，皆从所发州县推而断之。在京诸司，则徒刑以上送大理，杖以下当司断之。若金吾纠获，皆送大理 《狱官令》：杖罪以下，县决之。徒以上，县断定。送州复审讫，徒罪及流应决杖、笞若应赎者，即决配征赎。其大理寺及京兆、河南府断徒及官人罪，并后有雪减，并申省，省司复审无失，速即下知；如有不当者，随事校正。若大理寺及诸州断流以上，若除、免、官当者，皆速写案状申省。大理寺及京兆、河南府即封案送，若驾行幸，即准州例，案覆理尽申奏。若按复事有不尽，在外者遣使就复，在京者追就刑部，复以定之①
《残卷》99～100 行：宿宵行道，男女交杂，因此聚会，并宜禁断。其邻保徒一年，里正决杖一百	无	

① ［日］仁井田陞：《唐令拾遗》，栗劲、霍存福等编译，长春出版社 1989 年版，第 689 页。

续表

格文	相关律文	其他法律形式
《残卷》110～114行：行私造违样绫锦，勘当得实，先决杖一百。造意者徒三年；同造及挑文客织，并居停主人，并徒二年半；惣不得官当。 荫赎。踏碓人及村正、[坊]正、里正，各决杖八十。毛褐作文者，不得服用、买卖，违者物并没官	《唐律》卷八"齎禁物私度关"条：诸齎禁物私度关者，坐赃论；赃轻者，从私造、私有法。 若私家之物，禁约不合度关而私度者，减三等①	唐大诏令集卷一〇八开元二年七月禁奢侈服用敕：天下更不能采取珠玉、刻镂器玩，造作锦绣珠绳，织成帖绍二色，绮绫罗作龙凤禽兽等异文字及竖栏锦文者。违者决一百，受雇工匠降一等科之② 开元二十五年令：诸锦、绫、罗、縠、绌、绵、绢、丝、布、牦牛尾、真珠、金、银、铁，并不得度西边、北边诸关及至缘边诸州兴易③

格文第13～17行是将流外行署、州县杂任从一般监临官犯赃罪中划分出来，单独治罪。有犯赃一疋以上者，即决杖六十。按唐律"受所监临财物"条赃数计算刑等，满二疋一尺杖六十，显然格文要比唐律处罚得重。满五疋以上先杖一百并配军，依唐律此条规定，五疋以上杖九十，要比格文处罚的低一个刑等，除杖一百外，还要配入军，此乃唐律治罪所无。

格文第92～98行规定的是官人犯赃罪的申诉规范，属程序法。

---

① 该条疏议部分强调《关市令》中所规定的锦、绫以下各物品，都属私家科保有之物，但如带出西关、北部诸关的，计赃后比坐赃罪减三等处罚。
② 转引自刘俊文：《敦煌吐鲁番唐代法制文书考释》，中华书局1989年版，第268～269页。
③ ［日］仁井田陞：《唐令拾遗》，粟劲、霍存福等编译，长春出版社1989年版，第643页。

唐律和唐令均无官吏赃罪申诉之单独规定。从格文所言与律令条文对比来看，若官吏对所指犯赃罪声称冤枉或指陈有酷，则须经台省论断，州县不能受理申诉。若告事人但审引虚，则先决杖六十，然后依法处断。这是法外加刑的又一表征。

格文 99~100 行中所谓"宿霄行道"是佛家用语，指佛教夜晚举行的斋会。《册府元龟》卷一五九"革弊门"载开元十九年四月癸未诏书有云："近日僧徒，此风尤甚。因缘讲说，眩惑州间，壑无厌唯财是敛，津梁自坏，其教安施，无益于人，有蠹於俗，或出入州县假威权，或巡历乡村恣行教化。因其聚会，便有宿霄，左道不尝，异端斯起。自今以后，僧尼除讲律之外，一切禁断。"此格文继该诏书之精神，禁断一切宿霄行道之事，并且扩大了惩罚的主体范围，如有宿霄行道之事发，邻保徒一年，里正决杖一百。律文无所规定。

格文 110~114 行规定的是对私造违样绫锦的处罚。违样绫锦就是违反官府规定的花纹样式而制造的绫罗锦缎等织物。对于私造违样绫锦的行为，证据确凿，即可决杖一百，造意者徒三年。相关人员也牵连受罪：同造及挑文客织，并居停主人，并徒二年半；踏碓人及村正、[坊] 正、里正，各决杖八十。唐代的这一法律文献，为我们提供了唐朝对纺织行业严格监管的直接证据。唐政府对民间纺织图样的控制十分严格，如果私自造用，不但相关当事人要受到处分，连相关管理人员也要承担连带责任。唐律仅对禁榷物有系统的规定，对私造违样绫锦并无明文规定。

综上所述，《唐律》规定的五刑体系，一般情况下均单独使用，无附加刑。① 但通过对《神龙散颁刑部格》部分格文的考察，我们

---

① 实际上，唐律中累犯流罪的可以附加杖刑。并且在特殊情况下，杖刑可以替代徒、流行。详见《唐律疏议》卷三《名例律》"徒罪应役家无兼丁之处置"条、"工乐杂户户犯流徒及妇人犯流之处置"条；卷五《名例律》"官户部曲奴婢有犯之处置"条。

不难发现，在十二条格文中，"杖一百"出现过十一次，"先决杖，再科刑"已是一种量刑的常态化做法。并且按五刑二十等的规定来看，杖一百属于杖刑中的最高一等。由此可见，格的规定远比律要严苛。同时，"先决杖一百，并配入军"实际上是把杖与流刑合并起来，成为一个新刑种。

唐格是由皇帝制敕汇编演化而来，终成为一种重要的法律形式，亦成为司法官判案的依据。《新唐书·刑法志》有言，违反格要依律制裁，即"一断以律"，但实则不然。由于格比律更加灵活，能随机应变，格反而成了对律的补充。"在实际司法实践中，依格断狱的情况十分普遍"，"还需提及的是格的地位比律高，这是以格补律，甚至以格破律的重要原因"。①

---

①　王立民："唐律实施问题探究"，《法学》，1990 年第 10 期。

刑事被害人在死刑案件中的影响

（一）刑事被害人的界定

刑事被害人这个概念在不同学科中有不同的理解。犯罪学中的被害人是指犯罪行为所造成的损失或损害即危害结果的担受者。包括四层含义：首先，被害人是遭受一定的损失或者损害者，包括物质或精神、有形与无形、抽象与具体的损害；其次，被害人是危害结果的直接或间接担受者；再次，被害人是犯罪行为的侵害对象或者犯罪行为所侵害的社会关系的主体；最后，从外延来说，既然肯定被害人是危害结果的担受者，则一切遭受犯罪侵害而承担危害结果的"人"，均属被害人。[1] 也有学者从被害人学角度提出"被害人是专门指犯罪被害人，即因他人的犯罪行为（一般也包括尚不构成犯罪的违反刑事法律的行为）而受到伤害、损失或困苦的个人和实体"[2]。还有学者从刑事诉讼法的角度认为被害人是直接遭受犯罪行为侵害，并在刑事诉讼法中执行控告职能的人。[3]

在研究被害人在死刑案件中的作用时，更多要采用犯罪学中被害人的概念，但根据上述概念对被害人外延范围的认定标准可知被害人的范围是比较广泛的。继《刑法修正案（九）》取消九个死刑罪名后，我国现行刑法中死刑罪名还剩四十六个。这四十六个罪名涉及十个类罪，其侵犯的客体既包括公民个人的生命财产权，亦包括国家安全、公共安全等诸多法益。依照犯罪学的被害人概念，则

---

[1]　许章润主编：《犯罪学》（第三版），法律出版社 2007 年版，第 123 页。
[2]　郭建安：《犯罪被害人学》，北京大学出版社 1997 年版，第 5 页。
[3]　吕宗慧："论我国保护刑事被害人诉讼权利的新发展"，《法学评论》，1996 年第 5 期。

不仅个人而且单位、社会和国家都会成为被害人，如此则失去了讨论被害人对死刑案件影响的真正意义。因此，本文中涉及的被害人，限定在被犯罪行为具体侵害的犯罪对象上，如危害国家安全罪、军人违反职责罪、危害国防利益、贪污贿赂罪涉及的十一个罪名，因犯罪行为作用的犯罪对象不是具体的个人，不在此文中讨论。而其他二十五个罪名虽然侵害的客体不同，但每个具体犯罪行为均会造成具体的犯罪对象受到损失，本文仅将受到真正损害的个人列入被害人的范畴，个别案件中由于舆论的影响使大众成为声讨被告人的一分子时，可将社会大众列为特殊情形下的被害人。由于被害人在涉及死刑案件的一些个罪中会出现死亡的情形，如杀人案中的被害人已经被被告人杀死，或强奸案中的被害人因不堪受辱选择自杀，或抢劫案中的被害人因伤势过重不治身亡等情况下，被害人的范围还应包括被害人的近亲属或其他与被害人有密切关系的个人或单位。

综上所述，本文所指的被害人是指在死刑案件中受到被告人犯罪行为侵犯而受到损害或损失的个人，以及因被告人的行为导致死亡的被害人的近亲属以及其他与被害人有密切关系的个人或单位。

（二）不同刑事被害人在死刑案件中的作用

被害人在我国现行刑事诉讼体系中并不是一个独立的参与主体，其权利的维护主要通过国家公诉机关通过公诉的形式得到体现，若被害人要求民事赔偿可以提起刑事附带民事诉讼，但被害人对被告人的犯罪行为不能直接提起控诉，被害人对于被告人的定罪与量刑所提出的意见不会得到司法机关的支持。实践中，被害人在大部分死刑案件中主要起客观作用，很少发挥主观作用，即被害人在案件中受到伤害的程度会被视为被告人犯罪行为造成的客观犯罪结果，法官会根据危害程度对被告人进行定罪量刑，受害人因侵害造成的心理损害以及受害人对待被告人的心理感受不在法官定罪量刑的考虑范围之内。仅当受害人的遇害引发民众的共鸣时，形成强大的舆论对司法判决产生影响时才能体现受害人对被告人量刑的影响。在传统社会，我国死刑判决的设立很大程度上是报应刑思想的体现，对被告人处以死刑就包含了安抚被害人的意图。因为当国法不对杀人者处罚时，其近亲属则会以报仇的方式寻求解决，复仇者常会得到民众的理解与支持，对复仇者处罚不符合民意，不处罚又国法不容。为避免这类尴尬，传统社会中统治者很注意被害人情绪的抚慰。因此，虽然现行刑事诉讼体系中被害人没有单独的地位，但不应忽视其对死刑判决的影响。在一起可能被判处死刑的案件中，被害人既有可能是完全无辜的；也有可能其行为举止对被告人产生一定的刺激导致被告人做出犯罪行为；甚至有些情况下被害人本身行为也构成了犯罪，其先行的犯罪行为是被告人实施犯罪的主要原因。这三类情况下，被害人对于死刑案件判决所起的作用是不同的。

1. 无辜被害人在死刑案件中的作用

这类被害人对犯罪的形成自身没有任何差错，是完全无辜受到犯罪行为伤害的对象。对于这类受害人最易获得民众的同情，法官判决量刑时亦会考虑这类受害人及其家属的心理状态。对于这类案件，法官会倾向于判处被告人死刑立即执行，这不仅是人们同情心的体现，更是从传统社会以来已植根于民意中"杀人偿命以令死者安息"观念的反映。以清朝时期的一个案例为例：一则记载于《刑案汇览》卷二十八清嘉庆年间的一桩命案体现出当受害人完全无辜可怜时，判决对于受害人家属的补偿心态：

钱楷奏审拟张良壁采生毙命一案，并请将不为究办之知县、知府革职、再行严审各一折。

此案：张良壁舐吸婴女精髓，前后共十六人，致毙女孩十一人，成废一人。实属穷凶极恶、人形兽性。该犯自嘉庆元年作俑，其始尚可托词不知，因此伤生。迨连毙一二命后，该犯岂毫无知觉，乃稔恶至十六年之久，毙命至十余人之多，凶残已极。

钱楷比照"采生折割人"凌迟处死律，量减，拟以斩决。庇护人妖，是何意见？试思：杀死一家非死罪二人，即应斩决；三人以上即应凌迟处死。

该犯残毙婴孩十余命，岂斩决所能蔽辜？张良壁一犯著即凌迟处死。该犯年已七旬，设因病致死或畏罪自裁，岂不幸逃显戮！著由四百里伟谕钱楷，接奉此旨，即先将该犯凌迟正法，示众；传齐十六家亲丁环视，以快人心而抒众愤。所有张良壁家产并著没收。集被害之十六家亲属，当官分给。仍将情形具奏。

根据此案例的记载，传统社会判处死刑有两种作用，一是罪有应得，本案中张良壁残害女婴达十六人，罪行昭昭，且手段恶劣，因此嘉庆帝认为不仅该处死刑，而且没有任何可轻缓之处，必须凌迟处死而非痛苦相对较轻的斩刑，这样才能是罪刑相当。二是舒缓被害人的愤怒。本案中皇帝批示要官府集合十六家亲属前去观刑，目的是让这十六家被害人的亲属能够"快人心而抒众愤"。这正是自古以来复仇思想的体现：只有亲眼看到仇人悲惨的结局，作为亲属方能放下心头积怨。这也是当代社会当出现以特别残忍手段残害生命的案件时，民众都希望凶手能被执行死刑，甚至希望凶手能在极度痛苦中死去方能解恨的心态。

这类完全无辜的被害人的悲惨遭遇，会让知情者从对被害人的同情转而成为巨大的愤怒，在当今信息发达的时代，媒体和网络有些时候就充当了"被害人"的角色，民众虽然没有受到犯罪的直接侵害，但他们对受害人所受的伤害感同身受。他们为被害人鸣不平，发表对被告人的定罪量刑的意见，并由于其声势浩大，对司法机关的正常审判总会造成一定的影响。2013 年 3 月 4 日长春周喜军偷车时因为车上婴儿啼哭将其残忍杀死，该案在当时引发了民众对其毫无人性的罪行的声讨，通过网络、媒体等方法表明要求立即判处其死刑的立场，周喜军在当年 11 月 22 日被执行死刑。2016 年 3 月 28 日中国台湾一名四岁女童被当街割喉，该案在中国台湾地区掀起了声讨废除死刑的浪潮，还有人提出先鞭刑再枪毙的刑罚，希望以怕痛阻止人们犯罪。可见对这类无端残忍杀人的案件，民众的反映依旧如传统社会一般的愤怒，对这类人"不杀已不足以平民愤"。此时的民意已经发展成为一种群体受害人的意思表示，此时民意对司法判决的影响还是很大的，以周喜军案为例，从案发到执行死刑仅用了 8 个月，在司法实践中是判处并执行死刑用时较短的一个案例。

这类被害人在死刑案件中一方面作为犯罪行为直接受到侵害的对象，表明了犯罪结果的严重程度，客观上对案件定性起着重要作用。另一方面被害人及与被害人产生共鸣心态的民众对被告人的死刑判决起着推动作用，有时会出现舆论影响司法判决的现象。群情激愤固然体现了一个民族的良心，但有时舆论的误导也会葬送一个人的生命。因此，当民众充当"被害人"角色时，理性应比感性更重要。

2. 有错被害人在死刑案件中的作用

在杀人与伤害案件中，存在被害人有过错的并不少见。比较经典的刘加奎杀人案就是被害人存在明显过错导致刘加奎情绪失控下发生了杀人行为。① 该案一审时法院认定刘加奎构成故意杀人罪，但事出有因故判处其死刑缓期两年执行。但检察院认为刘在公共场所蓄意杀人，情节恶劣，应判处死刑立即执行，二审法院支持了检察院的抗诉，判处刘死刑立即执行。该案上报到最高人民法院复核时，最高人民法院认为"一审判决根据本案的起因及矛盾发展上被害人一方有一定过错的具体情节，对被告人刘加奎判处死刑，缓刑两年执行，剥夺政治权利终身，并无不当"，至此，该案才尘埃落定。在本案中，正是由于被害人马立未咄咄逼人，纠缠刘加奎有错在先，才导致被告人情绪失控下激愤杀人，而且刘加奎在杀害马立未以及刺伤徐翠萍后试图自杀，说明被告人已经被被害人的行为逼到走投无路的境地。

在这类案件中，被害人除了为定罪提供客观证据外，他的不当行为也成案件判决时重要的酌定情节。虽然我国当前并没有明确的法律规定被害人存在过错的应如何量刑，但相关的司法解释和法院

① http://www. zuiming. net/704. html. 1997 年 10 月 22 日上午 11 时许，被告人刘加奎之妻胡坤芳在摊位上卖肉时，有客户来买排骨，因自己摊上已售完，便介绍左边摊主王×卖给客户，此时，被害人马立未之妻徐翠萍即在自己摊位上喊叫更低的价格，但客户嫌摊位上的排骨不好，仍买了王×摊位的排骨。为此，徐翠萍指责被告一方，继而与胡坤芳发生争执厮打，二人均受轻微伤，被群众拉开后，徐又把胡摊位上价值三百多元的猪肉甩到地上。市场治安科明确"各自看各自的伤，最后凭法医鉴定结果再行处理"。但是马立未夫妇拒绝市场治安管理人员的调解，在事发当日和次日多次强迫被告人刘加奎拿出三百六十元钱给徐翠萍看病，并殴打了刘加奎夫妇。被告人刘加奎在矛盾发生后，多次找市场治安科和随州市公安巡警大队等要求组织解决，并反映马立未方人多势众纠缠不休，请有关组织对自己给予保护。被害人马立未以刘加奎要向其妻赔礼道歉、承认错误为条件，托人给刘捎话要求私了，刘加奎拒绝并托亲属找公安机关要求解决。马立未知道后威胁说："黑道白道都不怕，不给我媳妇看好病解决不罢休！"11 月 24 日下午 3 时许，刘加奎被迫雇车同马立未一起到随州市第一医院放射科给徐翠萍拍片检查，结果无异常。马立未仍继续纠缠，刘加奎十分恼怒，掏出随身携带的剔骨刀朝马立未背部刺一刀，马立未、徐翠萍见状迅速跑开，徐翠萍跑动时摔倒在地，刘加奎朝徐的胸、背、腹部连刺数刀，又追上马立未，朝其胸、腹、背部等处猛刺十余刀，然后持刀自杀（致肝脏破裂）未遂，被群众当场抓获。马立未因被刺破肝脏致大出血而死亡；徐翠萍的损伤属重伤。

量刑指导意见对此都有评价。1999 年《全国法院维护农村稳定刑事审判工作座谈会纪要》中指出：对于被害人一方有明显过错或对矛盾激化负有直接责任，或者被告人有法定从轻处罚情节的，一般不应判处死刑立即执行。并指出以前对于有死亡后果即判处死刑的做法是错误的。这一纪要对于死刑判决有着重要的指导意义，也更符合中国人的道德评价观，与受害人完全无辜不同，受害人存在过错的杀人或伤害案件会得到民众的同情，期望能从轻发落被告人。一些父母因子女不孝、酗酒、时常打骂老人等情节将子女杀死的案件中，经常会有邻里请愿要求从轻判处，这不仅是传统社会中子女不孝理应受罚观念的影响，也是被害人存在过错使被告人的犯罪行为情理上容易获得支持。此后的一些文件也阐述了类似观点，如 2007 年《关于为构建社会主义和谐社会提供司法保障的若干意见》第 18 条规定：严格执行"保留死刑、严格控制死刑"的政策，对于具有法定从轻、减轻情节的，依法从轻或者减轻处罚，一般不判处死刑立即执行；对于因婚姻家庭、邻里纠纷等民间矛盾激化引发的案件，因被害方的过错行为引发的案件，案发后真诚悔罪并积极赔偿被害人损失的案件，应慎用死刑立即执行。2010 年，《最高人民法院关于贯彻宽严相济刑事政策的若干意见》第 22 条规定：对于因恋爱、婚姻、家庭、邻里纠纷等民间矛盾激化引发的犯罪，因劳动纠纷、管理失当等原因引发、犯罪动机不属恶劣的犯罪，因被害方过错或者基于义愤引发的或者具有防卫因素的突发性犯罪，应酌情从宽处罚。2010 年《人民法院量刑指导意见（试行）》中第 26 条规定：被害人有重大过错的，对被告人轻处 30%，有一般过错的，对被告人轻处 10%。并在具体个罪中的故意伤害罪中规定，因被害人的过错引发犯罪或对矛盾激化引发犯罪负有责任的，可以减少基准刑的20%以下量刑。

以上这些文件基本明确了当被害人有过错情况下应当对被告人减轻量刑，但毕竟没有正式的法律文件确定此项内容，使这项规定还存在不明确性。在死刑案件中，对被害人存在过错的应明确如何对被告人适用刑罚，何种情况可以判处死刑缓期执行，何种情况可以减轻至无期徒刑，使这一情节成为法定量刑情节而非酌定量刑情节。

3. 有罪被害人在死刑案件中的作用

这类被害人常出现在斗殴案件中，被害人的行为已符合犯罪的构成要件，但在对方还手时导致被害人死亡。此类案件中，由于被害人已经死亡，其无法再承担相应的刑事责任，并且他的死亡后果还对对方的定罪量刑产生了影响。在司法实践中，还存在由于有罪被害人已经死亡，而对对方过重量刑的情况。

案例：赵甲和赵乙两兄弟都在某城市当厨师。弟弟赵乙在饭店与女服务员发生冲突，女服务员的男朋友带来两个人，用啤酒瓶将赵乙的头打伤。赵乙当时并没有去做伤情鉴定，只是报了案，到其哥赵甲处后，将这件事告诉了赵甲，并告诉哥哥女服务员的男朋友明天要到饭店替女服务员领工资。

赵甲买了一把水果刀，第二天带着到赵乙工作的饭店找赵乙，二人见面后并没在预谋殴打女服务员及其男友。赵甲碰到女服务员的男友后，让对方向赵乙支付一千五百元，为其治伤。女服务员的男友叫来七个人，将赵甲拽到外面，八人将赵甲围住，对其拳打脚踢。赵甲为了反抗，就拿出水果刀向殴打他的人挥舞。赵乙看到哥哥被围在八个人中间，遂到厨房拿了一把西瓜刀，冲到人群中，与哥哥一起砍打。结果，八个围攻者中有一个人死亡，事后无法查明到底是谁所杀；另有一名围殴者在跑时绊倒，被赵甲上前捅了一刀，经鉴定为重伤。赵甲，赵乙兄弟二人见有人死了，遂逃跑。案发后，现场发现第三把刀。①

在这起案件中，围殴赵甲、赵乙的八人中一人死亡的后果与八人的行为紧密相关，赵甲、赵乙在八人围攻下用刀挥舞反抗的行为是否应该被评价为正当防卫是本案定罪的关键。该案是在案发后四年重审时，经过对比尸体的伤口与刀，鉴定结论认为死者死于赵甲的水果刀。据此法院认定赵甲、赵乙二人构成共同犯罪，赵甲构成故意伤害致人死亡和故意伤害罪，被判处了死刑。赵乙按故意伤害罪判处无期徒刑。死于赵甲刀下的人是在八人正在围殴赵甲和赵乙时，混乱中受刀伤而死的，八人围殴赵甲二人的行为已经构成了犯罪，且现场发现第三把刀说明八人中有人持刀，若赵甲二人不挥刀反抗有很大的可能受到巨大伤害，在此危急时刻，赵甲的行为显然符合正当防卫的构成要件，但由于被害人已经死亡，无法追究其刑事责任，于是实践中对被告人的量刑就会偏重，甚至不能正确定性。尤其在人数较多的互殴过程中造成的死亡很难定性为正当防卫或防卫过当。这类案件中，对于被害人很少会评价其死亡结果是咎由自取，反而会因其死亡结果的发生而追究被告人的责任以避免被害人家属上访等恶性事件的发生。

在被害人行为构成犯罪的死刑案件中，正确对被告人的行为定性是非常重要的，不明真相或别有用心的媒体不应制造舆论陷阱影响法官的正常审理，法官更不应受到其他外界因素的干扰判处被告人死刑。"过错"的外延应该包含"犯罪"，既然被害人有过错都应减轻被告人的刑罚，那么被害人构成犯罪更应该减轻被告人的量刑才符合罪刑相当的原则。

---

① 张明楷：《刑法的私塾》，北京大学出版社 2014 年版，第 338 页。

（三）刑事被害人的态度对死刑案件的影响

1. 被害人要求判处被告人死刑

刑事被害人对被告人的态度对被告人最后是否会判处死刑有一定的影响。尤其体现在故意杀人案以及故意伤害致死案中。以复旦投毒杀死室友案为例，一审判决林森浩死刑后，177 名复旦的学生写了一封《关于不要判林森浩同学"死刑"请求信》寄往上海市高级人民法院，希望能给林森浩一条生路，让他洗心革面后照顾黄的父母。但黄的父母并未接受林森浩的道歉，并坚持只有凶手得到应有的惩罚后，才会让黄洋入土为安。最后二审法院维持原判，林森浩于 2015 年 12 月被执行死刑。

在中国传统中，"杀人偿命"是天经地义的事，这与传统社会儒家思想与佛教思想的影响有关。"忠孝节义"作为儒家所宣扬的做人应具备的最基本的道德，其中就包含了臣子、子女应为君主、父母报仇的含义。正如《春秋公羊传·隐公十一年》载：君弑，臣不非子也。讨贼，非臣也；不复仇，非子也。在儒家思想浸润下，中国人早已形成"血债血偿"的观念，所谓"父母之仇不共戴天"，在国家公权力不能惩治仇人的情况下，只有"手刃仇人"才能"报仇雪恨"，为人子女者也才能获得解脱。如《列女传》中记载的许多复仇故事中的主人公，其活着的目的就是要报仇，当仇报了，其生命即可放弃了。除了儒家思想的影响外，佛教对中国人认识死亡的影响也很大。佛教强调因果轮回，与儒家的报应观有重合之处，民众相信作恶之人死后将进入十八层地狱为其生前的罪恶赎罪。似乎只有人死后也要受到折磨才能平缓受害人的不忿，才能让受害人家属得以心安。所以，在中国这样一个爱憎分明的国度里，很少出现受害人可以谅解被告人的情况，尤其是在受害人完全无辜的案件中。这种情况下，被告被判处死刑才能符合民意与法律。

2. 被害人与被告人达成谅解协议

随着近年来恢复性司法在我国的兴起，得到被害人谅解也成了死刑案件中不判处死刑立即执行的情形之一。在"少杀、慎杀"的死刑政策指引下，最高人民法院下发的如《关于贯彻宽严相济刑事政策的若干意见》等文件中，将被告人的积极悔罪，对被害人予以赔偿，获得被害人谅解作为酌定从轻的情节。《量刑指导意见（试行）》中也规定：对于取得被害人或其家属谅解的，综合考虑犯罪的性质、罪行轻重、谅解的原因以及认罪悔罪的程度等情况，可以减少基准刑的20%以下。在司法实践中，一些涉及可能被判处死刑的案件，由于被告人能积极向被害人家属赔偿，在获得被害人或其家属的谅解后，法院会考虑不判处其死刑。实践中会出现被害人为获得经济赔偿而出具谅解书的情况，导致出现"以钱换命"的现象，因此如何适用因获得被害人谅解而不判处死刑立即执行应该慎重，区别案件具体性质分情形适用。对于因婚姻家庭、邻里纠纷等民间矛盾激化引发的死刑案件不同于严重危害社会治安的其他死刑案件，如果被告人真诚悔罪、积极赔偿，往往能取得被害人的谅解，为"少杀、慎杀"政策的执行创造现实条件。那些主观恶性强、手段残忍、犯罪后果严重及具有其他从重量刑情节的案件，如针对不特定对象的严重暴力犯罪，如抢劫、绑架、爆炸、预谋报复杀人、雇凶杀人伤害、黑社会性质犯罪、危害公共安全等犯罪，应当排除，将案件限定在一个最小的范围之内。①

而且在受害人本身存在过错甚至有罪的情况下，民众还是比较

---

① 王彬辉："论我国被害人谅解影响死刑适用泛化及其程序规制"，《法学杂志》，2013 年第 9 期。

支持受害人能够谅解被告人的。中国虽然有复仇的传统，但同时也有着宽恕、宽容的一面。从孔子的"己所不欲，勿施于人"的宽恕思想到对民间影响较大的道教和佛教中都有相关表述。道教典籍《抱扑子·至理》亦有"恕己及人"的思想，佛教中"放下屠刀立地成佛"即是指人们如果能够放下种种妄念、恶念，即可成佛，亦有宽恕别人即是放过自己的意味。民间还有如"冤冤相报何时了"这类劝解等谚语，说明对此类情况还是有可能获得受害人谅解的，即使受害人或其家属不予谅解，社会舆论也会趋向谅解。如多年前的马加爵案，马加爵因不堪忍受同学的侮辱，愤而选择了一条杀人泄愤的不归路，舆论在对其残忍手段批判的同时也对其受到的不公对待充满了同情，对马加爵最后被处以死刑除了罪有应得外还多了份惋惜之情。犯罪人之所以犯罪不仅是其个人的问题，政府、社会也应对犯罪负有责任。因此，当被告人所犯下的罪行事出有因时，在获得被害人谅解之下应当可以不适用死刑立即执行。2016年6月29日，有多家媒体报道了一件精神病人砍伤九人获得八人谅解的案件，虽然本案被告人实施犯罪行为时是否处于精神病状态还有疑点，在一审被判处死刑的情况下，有八人与被告人的父亲达成了谅解协议，请求法院对被告人免除死刑判决。① 虽然该案有其特殊性，即被害人没有死亡且被告人可能处于精神病状态下作案，但完全无辜的被害人能够谅解被告人也说明国人已能够渐渐从传统报应刑的观念向现代教育刑观念转化，能够更宽容、理智地对待被告人。

死刑案件中的被害人作为被犯罪行为直接侵犯的对象，是犯罪危害的直接承受者，理应在案件审理过程中获得独立的诉讼地位，

---

① 具体案情参见 http://www. falvyushenghuo. com/html/2016/redian_ 0629/9693. html.

而不应只是作为定罪依据被动地参与。被害人在量刑中应该有发表量刑建议的权利，表达对被告人应否判处死刑的意见。并且与被告人达成的谅解协议也应该在有效监督下达成，不是以钱换刑被动无奈之下的选择，而是被告人出于真诚悔罪得到被害人真心原谅下的协议，是被害人权利的体现而非交易下的产物。被害人对死刑判决的影响既存在客观性，也应具备主观能动性，使死刑判决更加透明、公正。恐怕只有当被害人都能以包容、宽容的态度谅解被告人时，死刑的废除才有可能实现。

参考文献

一、古籍类

1. （春秋）孔丘. 论语［M］. 北京：中华书局，2006.

2. （汉）班固. 汉书［M］.（唐）颜师古，注. 北京：中华书局，2000.

3. （汉）司马迁. 史记［M］. 韩兆琦，主译. 北京：中华书局，2008.

4. （唐）白居易. 白居易集（百道判）［M］. 孙安邦、孙翰铖，解评. 太原：山西古籍出版社，2008.

5. （唐）张鷟. 龙筋凤髓判［M］. 田涛，郭成伟，校注. 北京：中国政法大学出版社，1996.

6. （唐）李林甫，等. 唐六典［M］. 陈仲夫，点校. 北京：中华书局，1992.

7. （唐）杜佑. 通典［M］. 北京：中华书局，1988.

8. （唐）长孙无忌. 唐律疏议［M］. 北京：法律出版社，1999.

9. （唐）刘肃. 大唐新语［M］. 许德楠，李鼎霞，点校. 北京：中华书局，2004.

10. （唐）刘餗. 隋唐嘉话 朝野金载［M］. 程毅中，点校. 北京：中华书局，2005.

11. （后汉）刘昫. 旧唐书［M］. 北京：中华书局，1975.

12. （宋）欧阳修. 新唐书［M］. 北京：中华书局，2003.

13. （宋）李昉，等. 文苑英华（判部）［G］. 北京：中华书局，1966.

14. （宋）王溥. 唐会要［M］. 上海：上海古籍出版社，2006.

15. （宋）宋敏求. 唐大诏令集解［M］. 北京：中华书局，2008.

16. （宋）司马光. 资治通鉴·唐纪［M］. （元）胡三省，音注. 北京：中华书局，1956.

17. （宋）幔亭曾孙. 名公书判清明集［M］. 北京：中华书局，1987.

18. （宋）郑克. 折狱龟鉴选［M］. 杨奉琨，译. 北京：群众出版社，1981.

19. （宋）王谠. 唐语林校正［M］. 北京：中华书局，2000.

20. （宋）范祖禹. 唐鉴［M］. 杨晓敏等，注释. 乌鲁木齐：新疆青少年出版社，1995.

21. （宋）洪迈. 容斋随笔［M］. 长沙：岳麓书社，1994.

22. （宋）王钦若. 册府元龟［G］. 北京：中华书局，1960.

23. （明）冯梦龙. 三言二拍［M］. 长沙：岳麓书社，1989.

24. （清）蒲松龄. 聊斋志异［M］. 中山大学中文系《聊斋志异》评选小组，选评. 北京：人民文学出版社，1977.

25. （清）曹雪芹，高鹗. 红楼梦［M］. 北京：人民文学出版社，1996.

26. （清）董皓. 全唐文［M］. 上海：上海古籍出版社，2007.

27. （清）曾国藩，李鸿章. 绝妙判决书［M］. 海口：海南出版社，1993.

二、著作类

28. 陈寅恪. 隋唐制度渊源略论稿 ［M］. 上海：三联书店，1954.

29. 曾一民. 唐代考课制度 ［M］. 台北：台湾商务印书馆，1978.

30. 汪潜. 唐代司法制度——唐六典选注 ［M］. 北京：法律出版社，1985.

31. 温公颐. 逻辑史教程 ［M］. 上海：上海人民出版社，1987.

32. 余时英. 士与中国文化 ［M］. 上海：上海人民出版社，1987.

33. 金诤. 科举制度与中国文化 ［M］. 上海：上海人民出版社，1990.

34. 刘海年，杨一凡. 中国珍稀法律典籍集成（唐判集）［M］. 北京：科学出版社，1994.

35. 梁治平. 寻求自然秩序中的和谐：中国传统法律文化研究 ［M］. 第二版. 北京：中国政法大学出版社，1997.

36. 汪世荣. 中国古代判词研究 ［M］. 北京：中国政法大学出版社，1997.

37. 汪世荣. 中国古代判例研究 ［M］. 北京：中国政法大学出版社，1997.

38. 贺卫方. 司法的理念与制度 ［M］. 北京：中国政法大学出版社，1998.

39. 陈金钊. 法律解释的哲学 ［M］. 济南：山东人民出版社，1999.

40. 王勋成. 唐代铨选与文学［M］. 北京：中华书局，2001.

41. 黄宗智. 民事审判与民间调解：清代的表达与实践［M］. 上海：上海书店出版社，2001.

42. 陈飞. 唐代试策考述［M］. 北京：中华书局，2002.

43. 林端. 儒家伦理与法律文化——社会学观点的探索［M］. 北京：中国政法大学出版社，2002.

44. 梁治平. 法辨：中国法的过去、现在与未来［M］. 第二版. 北京：中国政法大学出版社，2002.

45. 瞿同祖. 清代地方政府［M］. 北京：法律出版社，2003.

46. 周庆生. 语言与法律研究的新视野［M］. 北京：法律出版社，2003.

47. 冯友兰. 中国哲学简史［M］. 北京：新世界出版社，2004.

48. 梁治平. 法意与人情（第二版）［M］. 北京：法律出版社，2004.

49. 刘广安. 中国法律思想简史［M］. 北京：高等教育出版社，2004.

50. 田涛. 第二法门［M］. 北京：法律出版社，2004.

51. 杨建祥. 中国古代官德研究［M］. 上海：上海古籍出版社，2004.

52. 周云之. 中国逻辑史［M］. 太原：山西教育出版社，2004.

53. 霍存福. 复仇·报复刑·报应说——中国人法律观念的文化解说［M］. 长春：吉林人民出版社，2005.

54. 谢晖. 中国古典法律解释的哲学向度［M］. 北京：中国政法大学出版社，2005.

55. 张兆凯. 中国古代司法制度史［M］. 长沙：岳麓书

社，2005.

56. 瞿同祖. 中国法律与中国社会 ［M］. 北京：中华书局，2006.

57. 徐忠明. 案例、故事与明清时期的司法文化 ［M］. 北京：法律出版社，2006.

58. 林语堂. 吾国与吾民 ［M］. 西安：陕西师范大学出版社，2006.

59. 张中秋. 中西法律文化比较研究 ［M］. 北京：中国政法大学出版社，2006.

60. 费孝通. 乡土中国 ［M］. 上海：上海人民出版社，2007.

61. 龚鹏程. 唐代思潮 ［M］. 北京：商务印书馆，2007.

62. 任喜荣. 刑官的世界——中国法律人职业化的历史透视 ［M］. 北京：法律出版社，2007.

63. 林语堂. 苏东坡传 ［M］. 张振玉，译. 北京：现代教育出版社，2007.

64. 张晋藩. 中国法制史（第二版） ［M］. 北京：高等教育出版社，2007.

65. 赵静. 修辞学视域下的古代判词研究 ［M］. 成都：巴蜀书社，2008.

66. 吕思勉. 吕著中国通史 ［M］. 北京：当代世界出版社，2009.

67. 管伟. 中国古代法律解释的学理诠释 ［M］. 济南：山东大学出版社，2009.

68. 张晋藩. 中华法制文明的演进 ［M］. 北京：法律出版社，2010.

69. 夏锦文. 传承与创新中国传统法律文化的现代价值 ［M］.

北京：中国人民大学出版社，2012.

70. 曾宪义，马小红. 礼与法：中国传统法律文化总论［M］. 北京：中国人民大学出版社，2012.

71. 林存光. 政治的境界——中国古典政治哲学研究［M］. 北京：中国政法大学出版社，2014.

72. 王立峰. 法治中国［M］. 北京：人民出版社，2014.

73. 许章润. 汉语法学论纲［M］，桂林：广西师范大学出版社，2014.

74. ［日］仁井田升. 唐令拾遗［M］. 栗劲，霍存福，等译，编译. 吉林：长春出版社，1989.

75. ［美］伯尔曼. 法律与革命［M］. 贺卫方，等译. 北京：中国大百科全书出版社，1993.

76. ［美］德沃金. 法律的帝国［M］. 李常青，译. 北京：中国大百科全书出版社，1996.

77. ［德］马克斯·韦伯. 经济与社会［M］. 林荣远，译. 北京：商务印书馆，1997.

78. ［美］H. W. 埃尔曼. 比较法律文化［M］. 贺卫方，高鸿钧，译. 北京：清华大学出版社，2002.

79. ［日］滋贺秀三. 中国家族法原理［M］. 张建国，李力，译. 池田浩明，审订. 北京，法律出版社，2003.

80. ［德］马克斯·韦伯. 儒教与道教［M］. 王容芬，译. 北京：商务印书馆，2004.

81. ［美］孙隆基. 中国文化的深层结构［M］. 桂林：广西师范大学出版社，2004.

82. ［美］E. 博登海默. 法理学——法律哲学与法律方法［M］. 邓正来，译. 北京：中国政法大学出版社，2004.

83．［德］马克斯·韦伯. 法律社会学［M］. 康乐，简惠美，译. 桂林：广西师范大学出版社，2005.

84．［美］黄仁宇. 万历十五年［M］. 北京：中华书局，2006.

85．［日］池田温. 敦煌文书的世界［M］. 张铭心，郝轶君，译. 北京：中华书局，2007.

86．［美］黄仁宇. 中国大历史［M］. 第二版. 北京：生活·读书·新知三联书店，2007.

87．［美］德克·布迪，克拉伦斯·莫里斯. 中华帝国的法律［M］. 朱勇，译. 南京：江苏人民出版社，2008.

88．［日］寺田浩明. 权利与冤抑［M］. 北京：清华大学出版社，2012.

三、论文类

89．蹇长春．"百道判"及其学术价值——兼论白居易的早期思想［J］. 西北师院学报，1984（3）.

90．武树臣. 循吏、酷吏与汉代法律文化［J］. 中外法学，1993（5）.

91．齐陈骏. 读伯3813号《唐判集》札记［J］. 敦煌学辑刊，1996（1）.

92．吴承学. 唐代判文文体及源流研究［J］. 文学遗产，1999（6）.

93．霍存福. 张鷟《龙筋凤髓判》与白居易《甲乙判》异同论［J］. 法制与社会发展，1997（2）.

94．霍存福.《龙筋凤髓判》判目破译：张鷟判词问目源自真实案例、奏章、史事考［J］. 吉林大学社会学学报，1998（2）.

95．何勤华. 宋代的判例法研究及其法学价值［J］. 华东政法学院学报，2000（1）.

96．霍存福．中国传统法文化的文化性状与文化追寻——情理法的发生、发展及其命运［J］．法制与社会发展，2001（3）.

97．张立文．"德法合治"的理论基础和价值［J］．高校理论战线，2001（3）.

98．郝铁川．论依法治国与以德治国［J］．求是杂志，2001（6）.

99．苗怀明．唐代选官制度与中国古代判词文体的成熟［J］．河南社会科学，2002（1）.

100．苗怀明．中国古代判词的发展轨迹及其文化蕴涵［J］．广州大学学报（社会科学版），2002（2）.

101．王斐弘．辉煌与印证：敦煌《文明判集残卷》研究［J］．现代法学，2003（4）.

102．谢晖．中国古典法律解释的知识智慧——法律解释的知识形态［J］．法律科学，2005（6）.

103．孙笑侠．中国传统法官的实质性思维［J］．浙江大学学报，2005（7）.

104．张中秋．传统中国法的道德原理及其价值［J］．南京大学学报，2008（1）.

105．谭淑娟．吏事的变体与范式的立则——《张鷟龙筋凤髓判》的性质及创作分析［J］．贵阳学院学报（社会科学版），2008（3）.

106．谭淑娟．从科举与唐律的关系看唐代铨选试判的社会作用——以《文苑英华》中判文为考察对象［J］．兰台世界，2008.

107．刘愫贞．论白居易《甲乙判》语言的价值及其法文化精神［J］．中国论文网下载中心，http：//www. studa. net/gudai/

090209/10511393 – 3〔2009 – 3 – 1〕.

108. 霍存福. 中国传统法文化精神论纲〔J〕, 吉林公安高等学科学报, 2009（5）.

109. 马小红. 混合法的制度设计："法律"与"法官"的折中〔J〕. 河北法学, 2010（2）.

110. 霍存福. "断狱平"或"持法平"：中国古代司法的价值标准——"听讼明"、"断狱平"系列研究之一〔J〕. 华东政法大学学报, 2010（5）.

111. 张晋藩. 中国古代廉政法制建设及其启示〔J〕. 法商研究, 2011（4）.

112. 齐延平, 孟雯. 中国法文化传统与现代法治〔J〕. 法学杂志, 2012（8）.

113. 马建红. 传统法律文化调适的必要与可能〔J〕. 法学杂志, 2012（12）.

114. 张龑. 论我国法律体系中的家与个体自由原则〔J〕. 中外法学, 2013（4）.

115. 冯春萍, 张红昌. 也论中国法文化传统与现代法治——与齐延平教授等商榷〔J〕. 法学杂志, 2013（10）.

116. 陈景良. 唐宋州县治理的本土经验：从宋代司法职业化的趋向说起〔J〕. 法制与社会发展, 2014（1）.

117. 张中秋. 传统中国法的精神及其哲学〔J〕. 中国法学, 2014（2）.

118. 范忠信. 律令关系、礼刑关系与律令制法律体系演进〔J〕. 法律科学, 2014（4）.

119. 邱溆, 杨丽. 家法族规中的戒与罚：介于法与情的道德规训〔J〕. 云南大学学报（社会科学版）, 2014（5）.

120. 武树臣. 法律传统与法治智慧 [J]. 河北法学, 2014 (5).

121. 范忠信. 起源时期中国法制和秩序的基本旨趣与特征 [J]. 法制与社会发展, 2014 (6).

122. 龙大轩. 孝道中国传统法律的核心价值 [J]. 法学研究, 2015 (3).

123. 何勤华. 中国传统法文化中良善公正之规定及其实践 [J]. 中国法律评论, 2016 (1).

124. 苏力, 齐家: 父慈子孝与长幼有序 [J]. 法制与社会发展, 2016 (2).

125. 王跃生. 中国当代家庭、家户和家的"分"与"合" [J]. 中国社会科学, 2016 (4).

126. [美] 本杰明, 史华兹. 论中国的法律观 [J]. 中外法学, 1991 (3).

127. [美] 德克, 博德著, 刘健译. 传统中国法律的基本观念 [J]. 中外法学, 1992 (1).

128. [英] 崔瑞德著, 初唐法律论 [J]. 张中秋译. 中外法学, 1993 (3).

129. [美] 黄宗智. 认识中国——走向从实践出发的社会科学 [J]. 中国社会科学, 2005 (1).

后 记

这部著作是黑龙江省哲学社会科学专项项目"中国传统法律制度的现代化研究"的最终成果。其中积累了自项目立项以来的研究成果，也是我从事中国法制史教学十年来的经验总结。既有对自己在科研中产生疑问的继续探讨，亦有对课堂中同学们提出的问题进行深入研究后得出的一些心得。历经两年的时间终于完成了这部著作。其中第四章和第五章内容是项目组成员夏婷婷的研究成果。在研究过程中最深刻的体会就是中国传统法律制度的博大精深不是经由一个项目即可阐述清晰的，而且中国传统法律制度的优秀内涵在当代社会仍有着巨大的生机，值得进一步深入研究。这部著作是作为一个项目结题的终点，亦是我继续研究中国传统优秀法律制度的一个节点，我会在此基础上不断学习，弥补这部著作中的缺失。

这部著作的出版要感谢知识产权出版社的大力支持，更要感谢大庆师范学院法学院的领导和同事们对我科研教学工作的肯定与帮助。最后我要感谢我的父母家人对我科研工作的支持，感谢我的女儿包容我对她的疏于关注。

学海无涯，唯有终日乾乾，夕惕若厉！

房 丽

2017 年 5 月